경제학 위의 오늘

경제학 위의 오늘

초판 1쇄 발행 2017년 3월 23일

지은이 한성안
펴낸이 변선욱
펴낸곳 왕의서재
마케팅 변창욱
디자인 우리와미디어

출판등록 2008년 7월 25일 제313-2008-120호
주소 서울시 양천구 목동서로 186(목동 919) 성우네트빌 1411호
전화 02-3142-8004
팩스 02-3142-8011
이메일 latentman75@gmail.com
블로그 blog.naver.com/kinglib

ISBN **979-11-86615-19-5 03320**

책값은 표지 뒤쪽에 있습니다.
파본은 구입하신 서점에서 교환해드립니다.

"이 연구는 2016년 영산대학교 교내연구비의 지원을 받아 수행되었습니다"

"한국출판문화산업진흥원의 출판콘텐츠 창작자금을 지원받아 제작되었습니다"

이 도서의 국립중앙도서관 출판예정도서목록(CIP)은 서지정보유통지원시스템 홈페이지(http://seoji.nl.go.kr)와 국가자료공동목록시스템(http://www.nl.go.kr/kolisnet)에서 이용하실 수 있습니다.(CIP제어번호: CIP2017005883)

경제학은 어떻게 우리 삶을 통제하고 있나?

경제학 위의 오늘

한성안 지음

"바보야, 문제는 경제야!" 맞는 말이다. 하지만 이 말은 절반의 진실일 뿐이다. 믿기 힘들겠지만 바로 '하드한' 그 경제가 실은 정치와 사회는 물론 문화 등 '소프트한' 요인들에 의해 좌우되기 때문이다. 경제적 결과는 경제적 원인만으로 결정되지 않는다.

경제적 현상이 경제적 요인이 아니라 정치, 사회, 문화와 같은 '비경제적 요인non-economic factor'들의 상호작용에 따라 움직인다는 것!

전통적 경제교육을 받는 사람들에게 이런 생각은 생소할 뿐만 아니라, 믿기 어려울 것이다. 나아가 비과학적 상상력이나 흔히 접하는 운동권 정치경제학자들의 '서사적 잡설'로 치부될지도 모르겠다.

하지만 나는 이 책에서 독자들이 품을 수 있는 의심에 대해 신뢰성을 확보하기 위한 튼튼한 학술적 근거를 댈 것이다. 미국과 유럽에서 지난 200년 동안 연구되어 온 '제도경제학'의 관점이 그것이다. 이 책에 수록된 모든 글 속에는 제도경제학의 '학술적 쟁점'들이 깊숙이 들어있다.

통상 경제학은 사회과학 중 가장 회피하고 싶은 분야로 악명 높다. 거기에는 합당한 이유가 있다. 단지 독자들 책임이 아니라는 말이다. 첫째 이유는 인간의 삶이 경제뿐 아니라 앞에서 본 다양한 비경제적 요인들과 밀접히 연관되어 있는데도, 경제학은 그것을 경제적 범주 안으로 가둠으로써 삶을 단순화해 버린 데 있다. 단순하게 잘 정리된 수학방정식이 인간의 현실을 잘 설명해 줄 리가 없다. 수학이 어려워서라기보다 오히려 현실을 설명하지 못하기 때문에 독자들이 경제학을 꺼리는 것이다.

둘째, 경제학이 초점을 맞추는 주제가 일반인들의 관심과 다르기 때문이다. 이자율, 통화량, 주식과 채권, 수출, 이윤, 수요, 공급 등 경제학이 다루는 주제는 전 인구의 10%도 안 되는 사장님이나 투기꾼들의 얘기일 뿐 일반인들의 삶과 별 관계가 없다. 우리에겐 오히려 전셋값, 월급, 실업, 물가, 불평등, 빈곤과 같은 단어가 더 절실하다.

경제학이 보기 싫은 셋째 이유는 경제학자들에게서 발견된다. 그들은 경제학을 현실 속에서 풀어내지 못한다. 경제 이론을 현실에 적용할 수 있는 방법을 가르쳐주지도 않는다. 적용방법을 가르쳐 주는 것도 학자 몫이다. 모든 가르침이 '교과서' 안에서만 이루어지니 배워도 현실에 적용해 볼 재간이 없는 것이다.

나는 이런 세 가지 문제점을 극복하기 위해 전통적 방식과 다르게 경제를 설명할 것이다. 첫 번째 문제인 이론의 현실 설명력을 높이기 위해 비경제적 요인들을 활용하며, 두 번째 문제를 해결하기 위해 일반인들의 삶과 직결된 주제만을 다뤘다. 세 번째 문제를 해결하기 위해서는 매일 일어나는 사건, 곧 일상사를 사례로 들어 경제학을 설명했다. 삶 자체가 경제학이다!

경제는 인간의 활동이다. 나아가 사회과학으로서 경제학은 역설적으로 인문학 위에 서 있다. 이 책은 경제학을 물질과 물리학적 메커니즘이 아니라 인간과 인문학의 관점에서 바라봄으로써 경제학의 비현실적 문제를 해결하고 있다. 경제학을 '인문학'으로부터 접근하는 방법은 이 책의 독특한 성격일 뿐 아니라 경제학을 한층 더 빠르고 쉽게 이해할 수 있는 미덕이기도 하다.

경제학을 쉽게 이해하도록 현실 친화적인 연구모형, 주제, 그리고 사례를 활용했다 하더라도 이 책이 일반적인 대중 경제 서적처럼 결코 통속적이지 않다는 점에 유념해 주기를 바란다. 이 책은 사실 엄격한 아카데미즘을 고수한다. 비록 현실 문제를 다루고 대중 독자를 향하지만, 독자들이 신뢰할 수 있어야 하기 때문이다.

따라서 이 책을 읽는 독자들은 모든 글에 용해된 나의 '학술적 프레임'에 주목하는 약간의 수고를 들여야 한다. 그러한 프레임들은 경제학 연구의 주제들이며, 내가 독창적인 방식으로 구축한 것들이다. 이런 것들에 피로감을 느끼는 독자라면 이 책을 굳이 읽을 필요는 없다. 이런 아카데미즘 없이 출간된 흥미 중심의 대중서는 시중에 차고 넘친다.

학술적 프레임은 까다롭긴 하지만 여러 가지 점에서 유용하다. 첫째, 하나의 글을 제대로 읽고 나면 많은 현실적 사건들을 통찰력 있게 이해할 역량을 갖게 된다. 하나로써 열을 안다!

둘째, 책을 읽고 글을 쓰는 능력을 얻을 수 있다. 모든 좋은 글엔 항상 이런 학술적 프레임이 숨겨져 있다. 잡글엔 그런 게 없다! 따라서 '좋은 글'을 읽어 낼 수 있게 된다.

좋은 글을 많이 접하면 좋은 글을 쓸 수 있게 된다. 나쁜 친구 사귀면 나쁜 사람 되고 좋은 친구 사귀면 훌륭한 사람 되는 것과 같은 이치다. 따라서 나는 이 책이 올바른 독서와 좋은 글쓰기를 열망하는 사람들에게 많은 도움이 되리라고 믿는다.

셋째, 18세기에 등장한 이후 자본주의는 수차례의 격변을 겪었다. 그 속에는 종말을 예언할 정도의 위기도 포함됐다. '지식기반경제', '5차 기술경제패러다임변화', '4차 산업혁명'으로 지칭되는 바와 같이 21세기에 자본주의는 또 하나의 거대한 변화를 겪고 있다. 이런 패러다임적 변화로 성장은 비약적으로 이루어진다. 하지만 동시에 사회적 모순과 갈등은 증폭되고 나아가 그러한 갈등은 새로운 내용과 낯선 모습을 띠고 등장하고 있다. 전통적인 접근방법과 해결방법은 무용지물이 돼 버렸다. 이제 새로운 해석과 대안이 필요하다. 나는 독자들이 베블런이 역설한 전통적인 '사유습성habit of thought'에서 해방되어 자본주의의 새로운 변화와 그것이 수반되는 문제들을 새로운 방식으로 이해할 수 있기를 기대한다.

이 책을 읽어가는 과정에서 독자들이 겪을 몇 가지 불만에 대해 미리 변명하고 싶다. 먼저, 이론적 틀이 반복적으로 등장하는 문제다. 하지만 학문의 권능은 다양한 현상을 하나의 '원리'로 설명할 수 있는 능력이다. 예컨대, 주류경제학은 효율성과 경쟁으로 모든 경제현상을 설명한다. 반복은 학문의 속성이다.

이 원리가 적용되는 사례의 '시의성', 곧 타이밍도 독자의 마음을 불편하게 할 수 있다. 세상은 항상 변하기 때문에 제시되는 사례의 휘발성은 실로 매우 크다. 하지만 역사에서는 어제의 사건이 오늘 반복되는 수가 적지 않다. 그리고 모습은 달라도 그 본질은 유사하다. 사례의 타이밍에 집착할 필요가 없다는 말이다.

아카데미즘은 대중에게 낯설며 시장의 요구와도 대립한다. 그런데도 나의 고집을 흔쾌히 수용함으로써 출판에 동의해 주신 왕의서재에 고마움을 전한다. 시장에서의 성공 여부는 깨어있는 독자들의 지식 사랑에 달려 있다. 이 책의 취지와 실용성이 독자들의 호응을 얻어 출판사의 시장적 성공은 물론 독자들의 지적 역량에 도움이 되기를 간절히 원한다. 나는 그것이 우리 모두가 염원하는 '좋은 사회Good Society'로 인도해 주리라고 믿는다.

선동 마을에서,

한성안

차례

01장

실업자는 놀고 싶어 노는 사람들(?)

: 교육부의 대학 평가에 담긴 경제학

학문은 무엇을 연구하느냐에 따라 대략 세 가지로 나뉜다. 먼저, 자연을 연구대상으로 삼는 자연과학이 있다. 수학, 물리학, 화학, 생물학, 천문학이 이에 포함된다. 이와 비교해 인문학은 인간에 대한 질문을 연구대상으로 선택한다. '문·사·철'로 뭉뚱그려 불리는 문학, 역사학, 철학이 대표적이다. 마지막으로 이 인간들의 모임, 곧 사회를 연구대상으로 삼는 사회과학이 또 한 축을 형성하는데, 나와 이 책의 독자들이 만나는 분야인 경제학이 여기에 포함된다.

경제학은 사회과학에 속한다. 곧, 자연과학과 인문학에 속하지 않는다는 말이다. 따라서 대부분의 독자는 인문학으로 경제학을 바라보자는 나의 의견에 선뜻 동의하기 어려울 것이다. 많은 사람이 수많은 수학적 그래프와 함수식으로 경제학을 만나는 현실을 고려하면 독자들의 이런 태도가 이해되지 않는 바도 아니다. 아마 이런 접근방법을 엉뚱하게 생각할는지도 모르겠다. 여러 글을 통해 앞으로 더 확실히 이해되겠지만, 가장 직접적인 사례를 통해 이 접근방식에 다가서 보자.

경제학은 사회과학이다. 하지만 그것은 인문학 위에 서 있다. 인문학은 인간에 관해 다양한 고민을 한다. 하지만 그 많은 인문학의 주제를 경제학이 모두 다룰 수는 없다.

인간 그 자체에 관한 한, 경제학은 인간의 심리, 인지능력, 본성, 존재양식, 인간의 보편성, 삶의 목적에 관한 논의에 관심을 둔다. 각각의 주제는 인간은 이기적인가 이타적인가, 인간의 합리성은 완전한가 불완전한가, 인간은 무엇으로 정의되는가, 인간은 개인적인가 사회적인가, 인간은 무엇을 위해 사는가로 구체화할 수 있다.

이 중에서 인간의 본성에 관한 인문학적 주제를 선택해 인문학과 경제학의 관계를 들여다보자. 인간의 본성, 곧 본유적 성격은 무엇인가? 인간의 본성을 정의하는 방식은 실로 다양하다. 그중 지금까지 경제학자들에게 가장 큰 관심을 끌어온 정의는 '노동'에 관한 것이다.

앞으로 더 자세히 언급하겠지만, 경제학은 사회적 영향력에 따라 주류경제학mainstream economics과 비주류경제학non-mainstream economics으로 나뉜다. 모든 현대 경제학은 서양의 문화에 그 기원을 두고 있다. 서양문화는 그리스문화와 기독교문화의 두 축 위에 서 있다. 두 축은 한편으로 서로 보완하거나 다른 한편으로 대립하면서 서양문화를 형성해 온 터라 서양문화를 하나의 축으로 간단히 환원해 버릴 수는 없다.

주류경제학은 기독교문화로부터 독특한 방식으로 노동을 해석한다. 곧, 노동에 관한 주류경제학의 생각은 특수한 문화적 기반과 영 무관하지 않다는 것이다. 예컨대 『성서』의 기록에 따르면 아담과 이브는 낙원에서 일하지 않고 매일 놀았다. 하지만 사탄의 유혹에 넘어가 이브는 금단의 열매를 따 먹고 말았다. 그것은 원죄다!

죄의 대가로 둘은 노동의 형벌을 받았다. 여가는 낙원이 제공하는 축복이고, 노동은 추방된 죄인이 받은 형벌이다. 따라서 인간은 형벌로서의 노동을 혐오하고 여가를 선호한다.

인간은 이제 본성상 원죄를 저지른 악한 존재일 뿐 아니라 노동을 꺼리는 '게으른' 존재다. 틈만 나면 인간은 일터에서 도망치려 한다. 이런 존재들은 스스로 노동하지 않으려 한다. 이들에게 일을 시키려면 감시와 통제, 나아가 고통이 가해져야 한다. 몽둥이나 굶주림이 필요한 것이다. 인간이란 무엇인가? 이것이 인문학적 질문에 대한 주류경제학의 생각, 곧 주류경제학에 고유한 '노동의 인문학'이다.

이제 이 노동의 인문학으로 우리 앞에 서 있는 실업자들을 한번 바라보자. 어떻게 보이는가? 그는 놀고 있다. 하지만 그것은 그가 노는 것을 적극적으로 선택한 결과다. 이를 '자발적 실업voluntary unemployment'이라고 부른다. 주류경제학자들에게 실업은 자발적이며, 항상 그렇다! 모든 실업자는 놀고 싶어 놀고 있을 뿐이다. 그러니 특별히 관심을 기

울일 필요가 없는 사람들이다. 이들을 노동하게 하는 방법은 무엇인가? 일하도록 끝없이 압력을 가하거나 다그치면 된다. 그것도 안 통하면 배를 곯리면 된다. 배고프면 일터로 나오기 때문이다. 감시와 압박, 저임금과 빈곤이 실업을 해결해 준다.

하지만 비주류경제학자들은 이와 다른 노동의 인문학을 갖고 있다. 예컨대, 마르크스에게 인간은 노동을 통해 비로소 자아를 실현하는 존재, 곧 노동하는 존재로 선언된다. 이런 생각은 인간을 제작하는 존재, 곧 '호모 파베르Homo faber'로 정의한 프랑스의 철학자 앙리 베르그송과 같다.

이런 형이상학적 설명과 달리 소스타인 베블런의 생각은 좀 더 과학적이다. 인간의 본능은 다양한데 그중에 '제작 본능workmanship instinct'이 있다. 노동과 관련된 이 본유적 능력은 진화과정에서 선택됐다. 인간은 제작함으로써 공동체의 삶에 이바지하며 보람도 느낀다. 이들에게 노동은 인간의 본성일 뿐 아니라 삶의 의미를 충족시켜주는 행복한 활동이다.

고역과 장시간 노동에 시달린 나머지 달콤한 휴식을 갈망하는 21세기 한국 노동자들에게 이런 노동의 인문학은 냉소의 대상이 될지 모르겠다. 하지만 2주간 휴식은 달콤할지언정 2년 휴식이 악몽이라는 사실을 부인할 사람은 아무도 없다. 인간은 본래 게으르지 않다! 그뿐만 아니라 노동하지 않고 생활은 물론 생존마저 할 수 없는 게 현실이다. 그런데도 놀고 있다면? 그는 일하고 싶거나 일해야 하는 상황임에도 불가피하게 놀고 있는 것이다. 비주류경제학자에게 실업은 항상 '비자발적involuntary'이다!

비주류경제학에서는 노동의 인문학과 이런 현실을 종합해 볼 때 노동하도록 사람을 굳이 압박하거나 채근할 필요는 없다. 그러잖아도 일하고 싶어 미칠 지경이다. 하지만 일할 곳이 없다!

구조조정 문제로 요즘 대학가 분위기가 흉흉하다. 이 와중에 기준으로 내놓은 교육부의 잣대가 가관이다. 취업률 잣대가 그중 하나인데, 취업률이 낮은 대학을 구조조정의 1순위로 삼겠다는 것이다. 그 때문에 대학교수들은 거의 매주 취업대책회의를 연다. 하지만 일자리가 없는데 대학이 무슨 수로 취업률을 높인단 말인가. 그저 취업자 수만 조사하고 전화로 취업 여부를 확인하며 취업을 독려하는 게 전부다.

교육부는 졸업생들을 자발적 실업자로 취급하는 것 같다. 천성이 게을러 놀고 싶어 노는 작자들이니 교수들이 독려하면 노동현장에 나서리라 생각하는 것 같다. 하지만 나는 마냥 놀고 싶어 하는 제자들을 본 적이 없다. 그들은 모두 일하고 싶어도 일자리가 없어 어쩔 수 없이 놀고 있는 사람들이다. 취업 안 된 제자를 독려하는 교수도 마음 아프고, 전화를 받는 제자도 숨고 싶을 뿐이다. 주류경제학적 노동의 인문학에 세뇌된 교육부 때문에 요즘 온 세상이 스트레스로 고통받고 있다. 인문학만 바뀌어도 경제정책은 바뀐다. 경제학 연구에서 인문학은 이처럼 중요하다.

02장

인간의 욕망은 절대 무한하지 않다

: 사도세자의 경제학

대다수 학생이 강의 때 배운 이론과 그 결론을 중시하며 이를 암기하는 데 바쁘다. 하지만 그 결론은 사실 특정한 가정assumption으로부터 도출된 결과일 뿐이다. 결론은 가정에 따라 달라진다. 예컨대, 인간이 영혼을 갖는 영적 존재라고 가정하면, 사후세계가 존재한다는 결론이 도출되지만, 인간이 영혼 없는 물질적 존재일 뿐이라고 가정하면 사후세계가 존재하지 않는다는 결론이 도출된다. 서로 다른 결론이 도출된 이유는 서로 다른 가정으로부터 출발했기 때문이다.

그러니 결론보다 중요한 것은 오히려 가정이다. 뭔가를 판단하려면 무엇보다 가정을 들춰내 공론의 광장으로 끌어낼 필요가 있다. 결론을 무조건 믿고 암기하지 말자는 말이다. 이때 이론의 채택 여부는 채택된

가정이 얼마나 과학적이고 현실적이며, 보편성을 갖췄는가일 것이다.

모든 학문이 그렇지만 경제학은 특히 그렇다. 경제학이야말로 결론의 학문이 아니라 가정의 학문이다. 나는 경제학을 비롯해 모든 강의의 절반 이상을 이 훈련을 쌓는 데 할애한다. 그래야 학생들에게 개방적 사고, 올바른 판단력, 창의적 시도가 가능할 것으로 믿기 때문이다.

다른 학문을 본격적으로 연구할 역량이 부족하니 경제학의 가정은 대부분 인문학, 특히 철학에서 빌려온다. 우리에게 가장 익숙한 경제학의 가정은 '인간의 욕망'에 관한 것이다. 곧, 인간의 욕망은 어디까지인가? 앞에서 말한 주류경제학이자 보수적인 '신고전학파 경제학neo-classical economics'은 인간의 욕망이 무한하다고 가정한다. 경제학 분야에 관련되니, 이때 욕망의 대상은 물질과 화폐다. 그들의 가정을 좀 더 구체적으로 정식화하면 '물질과 화폐에 대한 인간의 욕망은 무한하다.'

그런데 이것으로 끝나지 않는다는 사실에 주목해야 한다. 신고전학파 경제학은 인간에 대한 새로운 가정을 추가한다. 인간에 대한 동질성homogeneity 가정이다. 다시 말해 모든 인간은 같다! 이 가정을 욕망에 대한 가정에 결합시키면 욕망에 대한 가정은 다음과 같이 수정된다. '물질과 화폐에 대한 모든 인간의 욕망은 무한하다!'

무슨 말인고 하면, 갑돌이와 갑순이는 물론이고 존 록펠러와 테레사 수녀, 이완용과 안창호, 이건희와 김구, 박정희와 장준하, 이명박과 노무현, 박근혜와 문재인 '모든' 사람이 '똑같이' 물질과 화폐에 대한 욕망을 끝없이 불태운다는 것이다.

신 앞에 모두가 평등하듯이 물질과 화폐에 대한 욕망도 모두가 같다! 마지막 글에 실망스러운 부사절을 끼워 넣어 미안하지만, 근대 시민사회의 고귀한 평등이념이 신고전학파 경제학에서 이렇게 몹쓸 방식으로 쓰인다는 점을 보여주기 위해 넣은 사족이다.

한 달 전 이미 만기 된 정기예금을 가만히 두고 볼 수 없어 이자라도 건져야겠다고 아내와 함께 시간을 내어 간만에 은행에 방문했다. 몇 푼 안 되지만, 적어도 물가상승분만큼은 보전해야 본전이라도 건질 수 있을 것 아닌가. 인문학 운운하지만, 그 정도 돈 감각은 기본이다.

아내가 매일 텃밭과 서재에 처박혀 있다가 오랜만에 시내로 나왔으니, 나온 김에 뭐 하나는 떼고 가잔다. 한참 전부터 영화 '암살'과 '베테랑'이 천만 관객을 돌파했다고 떠들썩했지만, 나는 그걸 보지 못했다. 이번에 두 편 다 정복하자며 신나게 합의했다. 그런데 영화관에 더는 이 영화들이 걸려 있지 않았다. 너무 오래돼 이미 철수했단다. 영화관 홀의 돌아가는 스크린에서 '사도'를 발견했다. 꿩 대신 닭이라도 잡자.

8일간의 사건이 긴장감 있게 전개되고 있었다. 어차피 보편적 가치와 사회문제를 다룬 영화가 아니니, 미시적 관점에 충실하며 영화를 감상했다. 영화는 영조와 사도세자 두 사람의 심리적 갈등을 잘 묘사하고 있었다. 여러 가지 측면에서 해석될 수 있겠지만, 내겐 사도세자에 대한 영조의 임금 교육 방식이 영화의 주제로 해석됐다.

한 나라의 왕이 되자면 혹독한 교육과 훈련과정을 거쳐야 한다. 물고 뜯는 승냥이 떼 같은 관료들과 대결해야 하는 탓이다. 아들을 왕으로 앉히자면, 따뜻한 아버지이기를 포기해야 한다. 그러니 아버지 '왕'은 아들인 '세자'를 혹독하게 대해야 한다. 왕으로서 아버지에겐 그게 당위다. 기대수준이 높으니 어린 아들의 언행이 마음에 안 들어 사사건건 간섭한다. 그리고 핀잔과 무시로 일관한다. 그것은 아들에게 반발을 키우고, 급기야 내겐 우울증으로 추정되는 화병을 만든다.

그런데 이 대목에서 의문이 떠오른다. 왕이 되자면 그 정도 훈련은 받아야 하지 않는가? 조금만 더 참으면 지존에 오를 수 있을 텐데 말이다. 실제로 사도세자의 측근들은 영화에서 최고의 결과를 얻기 위해 조금만 더 인내할 것을 간곡히 조언한다.

감상평을 서로 나누면서 아내가 똑같은 문제를 제기했다. 영조가 막장드라마를 연출하고 사도가 그것을 인내하는 과정이 추가되었더라면 영화가 재미를 더했을 것 같단다. 재벌가의 자식들이나 며느리들을 볼 때도 그건 단지 픽션이 아니므로 막장드라마로 폄훼되지 않았을 거란다. 재벌 2세들은 물론 며느리들도 오만가지 잔소리, 핀잔, 무시를 경험하지 않았나. 왜 그랬을까? 화폐와 물질, 더 나아가 권력에 대한 모든 인간의 욕망은 무한하기 때문 아닌가?

하지만 사도는 그럴 생각이 없다. 그에게 화폐와 권력은 욕망의 대상이 아니다. 그는 영조에게서 빛나는 전하보다 따뜻한 아버지를 원했고, 예법에 충실한 중전과 세자비에게 존중받는 세자보다 사랑받는 아들과 남편이 되기를 원했으며, 아들에게는 함께 뛰노는 아빠가 되기를 욕망했을 뿐이다. 화폐, 물질, 권력에 대한 그의 욕망은 절대 무한하지 않았다.

내가 좀 오버한 것인지 모르나, 나는 이 영화에서 주류경제학에 던지는 이준익 감독의 조롱을 읽어낼 수 있었다. 인간은 동질적이지 않다. 인간은 오히려 서로 '이질적heterogeneous'이다. 따라서 화폐, 물질, 권력에 대한 모든 인간의 욕망은 무한하지 않다. 갑순이도, 갑돌이도, 사도도, 테레사 수녀도, 안창호도, 김구도, 장준하도, 노무현도, 문재인도 그리고 나도! 그러니 애먼 사람 잡아두고 무한한 욕망을 가져야 인생 바로 산다는 엉터리 설교, 그만 걷어치우라. 이 사기꾼들아!

로맨틱했던 연애 시절이 생각나 5,000원짜리 팝콘 한 통을 샀다. 젊은 친구들한테 구닥다리 소리도 안 듣고, 과시도 할 겸 사 들고 들어갔는데, 10쌍 정도의 젊은 커플 중 아무도 팝콘을 안 들고 있다. 유행이 지났나, 아니면 모두 실용적으로 변했나? 하기야, 사람은 모두 같지 않으니까. 맞다. 올바른 가정을 설정해야 현실이 제대로 이해되는구나.

03장

합리적으로 소비했다는 착각

: 조영남의 그림과 내 책

인간의 인지능력에 대한 가정은 경제학에서 매우 중요한 인문학적 주제다. 주류 신고전학파 경제학은 르네 데카르트의 이성주의 철학에 따라 인간의 합리성이 완전하다고 한다. 하지만 비주류경제학 중 '진화적 제도경제학evolutionary institutional economics'은 찰스 다윈의 진화생물학에 따라 인간의 합리성은 제한되어 있다고 가정한다. 이런 가정들은 학술적 용어로 각각 완전 합리성perfect rationality과 제한적 합리성bounded rationality으로 정리된다.

이 가정은 소비자의 행동방식에 적용되어 서로 다른 수요·소비함수를 도출해낸다. 신고전학파 경제학은 소비자가 제품을 살 때 그에 대해 완전한 정보와 지식을 가지고 구매한다고 주장한다. 반면 진화적 제도경제학은 생산자와 소비자 사이에 제품에 대한 정보와 지식의 보유량이 다르다고 본다. 생산자는 자신의 제품을 훤히 꿰뚫고 있지만, 소비자는 그에 관해 아는 바가 없다. 곧 '정보의 비대칭성' 때문에 소비자는 합리적으로 소비할 수 없다.

그뿐 아니다. 제품에 대한 정보와 지식과는 무관하게 소비자는 상품을 구매한다. 남이 구매하는 것을 보고 따라 구매한다. 부산 근교 동해안 해수욕장 주변에는 찐빵 가게들이 늘어서 있다. 드라이브 중 어떤 가게를 선택할지 망설여질 때 대다수는 줄이 긴 가게를 선택한다. 영화는 예술이다. 하지만 영화 관람자들은 영화의 내용이나 예술성보다 예매율과 관람객 수를 보고 영화관에 간다.

책 사는 행위도 마찬가지다. 독자들은 책의 내용을 따지기보다 유명인이나 베스트셀러 작가의 책을 산다. 즉 주체적 판단 없이 남의 판단이나 소문과 후광에 따라 덜컥 구매한다는 것이다.

일찍이 프랜시스 베이컨은 올바른 지식을 가로막는 인지적 장애물로 선입견과 편견을 부각하면서 이를 '우상'으로 표현했다. 종족의 우상, 동굴의 우상, 시장의 우상, 극장의 우상으로 구분하는데, 그중 시장의 우상과 극장의 우상은 소비자의 현실적 행동을 잘 이해하게 해준다.

시장의 우상이란 교류가 활발한 시장에서 많은 사람이 이야기를 주고받으면서 어떤 말을 지어내면 사람들은 그 말을 실제라고 믿으며, 그 선입견에 따라 생각하고 행동하는 것을 말한다. 극장의 우상을 섬

기는 사람들은 사이비 철학이나 통념, 전통적 권위, 사회적 명성을 무조건 믿어버리고 따른다.

연구의 결과인지 개인적 사견인지를 따지지 않고 교수 말이면 무조건 필기하고 암기하는 한국의 대학생들이나, 일류대 출신의 행동과 말에 무조건 '가산점'을 부여하는 학벌 숭배 문화도 극장의 우상에 해당한다. 400여 년 전의 우상들은 21세기 지식기반경제에서도 소비자들의 의식을 여전히 지배하고 있다. 그 덕에 떼돈을 벌 수 있으니, 장사꾼들은 희희낙락 입이 찢어진다.

'자유로운 영혼', 가수 조영남에 대한 평가는 다양하다. 혹자는 일생 저렇게 많은 여성을 어떻게 취할 수 있는지 그 능력을 부러워한다. 하지만 그의 자유로운 영혼이 지저분한 호색 행각으로 해석되는 내 생각도 존중되어야 한다. 나아가, 나는 그걸 부러워하지도 않는다. 그것보다 더 재미있고 행복한 나의 삶이 분명히 존재하기 때문이다.

오히려 그 볼품없는 노친네에게 몸을 바치는 여성들의 판단이 참

희한하다. 사회적 명성은 판단을 흐리게 하고, 선입견을 만들어 내가 보기에 별 볼 일 없는 사람을 우상으로 만드는가 보다.

그래선지 그가 그린 그림은 고가로 불티나게 팔린다. 그것도 내가 이해할 수 없는 대목이다. 십수 년을 전문적으로 훈련받은 화가의 그림이 많고, 기교 넘치면서도 독창적이기도 한 화가도 많은데, 전문적 훈련은커녕, 별 예술성도 없는 작품(?)이 어떻게 소비자들의 폭발적 구매대상이 되는가 말이다. 소비자들의 머리에 들어있는 시장과 극장의 우상은 여기서 끝나지 않는다. 조영남이 그리지 않은 그림조차도 조영남의 그림으로 믿으며, 서로 사고자 안달이 나 있다. 실로 미친(!) 소비자들이다.

시장의 소비자는 믿을 게 못 된다. 조영남은 돈을 많이 벌어 기쁠지 모르나, 그건 제한적 합리성만을 갖춘 소비자, 시장과 극장의 우상을 섬기는 맹목적 신도들의 광란에 불과할 뿐이다.

시장의 섬김을 받지 못하며, 극장에 상연되지 못하는 화가들이여, 시장 소비자들에게서 선택받지 못했다고 너무 낙담할 필요는 없다. 많은 소비자에겐 당신의 작품을 평가하고 판단할 지식이 어차피 없다. 생활이 그대를 속일지라도 슬퍼하거나 노하지 말라!

작년에 책 한 권을 출판했다. 『인문학으로 이해하는 경제학 광장』이다. 그리 잘 팔리지 않는단다. 아카데미즘을 고수하는 대중 서적이라 출판사도 이미 그것을 알고 출판했다. '안 팔려도 이런 책 정도는 있어야 한다'며 굳이 출판을 강행한 출판사 대표에게 고마울 따름이지만, 잘 안 팔려 나도 바늘방석에 앉은 기분이다. 시장의 소비자에게 외면당한 것이다.

그런데 엊그제 약간의 낭보가 전달됐다. 매일경제신문사가 제정한 '정진기 언론문화상'의 수상후보 저서로 선정되었으니 서류를 보내 달란다. 매경 창업자 정진기의 업적을 기리기 위해 만든 상인데, 올해로 34회째란다. 전통 있고 권위 있는 상이라니 다행이다. 교수 등 해당 분야의 전문가들이 엄격하게 심사한단다. 오늘 총장, 학장 추천서, 이력서, 공적 조서, 책 10권 등의 서류를 보냈다.

상은 아직 받지 못했지만 기쁜 일이다. 시장의 소비자가 외면했지만, 학자들이 내 책의 진가를 알아주었기 때문이다. 가장 바라던 일이다. 나는 더 이상을 바라지 않는다. 수많은 경제경영서 가운데 학자들이 내 책을 후보로 선정했다는 것만으로 과분하다. 심사위원들이 대부분 신고전학파 경제학자들일 텐데, 고맙기도 하다. 자기들 세계관을 신랄하게 비판했는데도 후보로 선택했다. 그런 조건은 또 비주류경제학자가 부릴 수 있는 욕심의 한계이기도 하다. 어차피 못 받을 상이니 지금이라도 자랑해야겠다.

우리 지역의 대표적 공공연구기관인 부산발전연구원에 초청돼 특강을 했다. 이 책을 중심으로 강의해 달라는 연구자들의 요청이다. 열강을 했다. 많은 질문이 오갔다. 공부하는 분들이라 그런지, 질문 하나하나가 무척 정확하다. 관심과 질문을 표명해주니 행복할 따름이다.

다음엔 부산복지개발원에서 특강을 하기로 예약돼 있다. 『인문학으로 이해하는 경제학 광장』! 그걸 복지, 그리고 '좋은 경제'와 관련해 강의해 달라고 하신다. 여기도 공부하는 분들이다. 감사할 따름이다. 부산대학교, 경북대학교의 특강도 예약된 상태다. 배우려는 의지가 있는 학생들에게 강의한다고 하니 무엇보다 가슴이 설레며 기다려진다.

출판사 대표님, 책이 안 팔려 죄송합니다. 시장의 소비자들이 외면하는 걸 제가 어떡하겠습니까? 그래도 공부하시는 분들이 그리 나쁘게 평가하지 않으시니, 상한 속 좀 푸세요. 조영남의 그림에 광란하는 그따위 소비자들에게 많이 팔리는 건, 저도 바라지 않습니다. 적자는 안 나게 제가 조치하겠습니다.

04장

왕조 자본주의

: 어느 사장의 맷값부터 땅콩회항까지,
유한계급들의 감춰진 욕망

자본주의는 본질에서 자본가, 곧 돈을 가진 자들의 경제체제다. 기업가로 불리는 자본가들은 자본주의 없이 존재할 수 없다. 그들의 생활신조는 다다익선, 많을수록 좋다! 그 때문에 가능한 한 많은 양의 이윤을 추구하는 것이 기업의 목적이라는 주장에 대부분 동의한다. 마르크스는 기업의 이런 행동을 '축적을 위한 축적'이라고 냉소했고, 혹자는 이를 '탐욕'으로 비난하기도 한다.

한데 이런 설명은 우리의 지적 욕구를 충족시켜주기에 어쩐지 미흡하다. 도대체 기업은 왜 이처럼 미친 듯이 축적을 위한 축적에 매진하는가? 재벌들은 왜 그토록 많은 돈을 축적하려 드는가? 우리가 보기에 돈을 충분히 축적해 놓고 있는데도 말이다. 이 기괴하고 미친 행동은 게걸스런 탐욕만으로 설명될 수 없다.

물론 돈벌이 그 자체가 재미일 수 있다. 하지만 그것만으로 모든 것이 이해되지는 않는다. 이윤이라는 경제적 동기 저편엔 다른 동기들이 깊숙이 숨어 있다.

막스 베버에 따르면 프로테스탄트 기업가의 이윤활동은 물질적 이익보다 관념적 가치에 따라 전개된다. "이윤은 다른 궁극적 목적, 즉 종교적 구원의 수단이지 그 자체로 목적이 아니다. 이러한 초월적 보상이 이윤추구의 추동력이며, 이윤은 이러한 보상에 도달하기 위한 수단"일 뿐이라는 것이다. 물론 그의 말을 다 믿을 필요는 없다. 모든 기업가가 그처럼 경건하지는 않기 때문이다.

소스타인 베블런은 놀고먹는 부유한 '유한계급leisure class'들이 타인에게 자신을 뽐내기 위해 소비한다는 사실을 밝혀주었다. "값비싼 재화를 과시적으로 소비하는 것은 유한계급의 신사가 명성을 얻어낼 방법이다." 추격자들을 따돌리고 이런 '과시적 소비'를 계속 감당해내자면 끝없이 돈을 벌어야 한다. 기업가들은 과시하고 주목받기 위해 축적한다. 역설적으로 들리지만, 기업가들은 경제적 목적이 아니라 이처럼 사회적 목적을 달성하기 위해 생산한다.

베버도 기업가의 이윤활동을 단지 프로테스탄트 윤리로만 설명하지 않았다. 그는 기업이 "재화에 대한 새로운 통제력을 추구"하기 위해 이윤활동을 한다고 본다. 다시 말해 이윤활동의 근본적인 목적은 축적 그 자체보다 타인을 지배하는 것이다. 경제적 행동 뒤에 정치적 목

적이 숨어 있다는 말이다.

슘페터는 이윤활동 뒤에 숨겨진 정치적 측면을 훨씬 과감히 보여준다. 기업은 왜 혁신하는가? "사적인 왕국을 건설하고자 하는 꿈과 의지", 그리고 "정복 의지"가 혁신 동기다. 신고전학파 경제학의 아류인 '내생 성장론자endogenous growth'들이 슘페터의 저서로부터 독점이윤만을 혁신 동기로 추려내 띄우고 있지만, 실제로 혁신가들의 혁신 동기는 그처럼 단순하지 않다. 혁신활동의 배후에도 과시와 지배, 곧 사회적이며 정치적인 동기가 숨어 있다.

이윤활동의 궁극적 목적은 자신만의 왕국에서 과시를 통해 칭송을 받고, 신민을 위협하고 지배하는 쾌감을 누리는 것이다. 근대자본주의가 전근대적 수단을 결코 포기하지 않는다는 베블런의 선언은 절대 틀리지 않았다. 근대와 전근대의 공존! 이건 자본주의사회에서 이상한 현상이 아니다.

순수자본주의를 꿈꾸는 신고전학파 경제학자들과 자본주의의 근대성을 높이 평가하는 마르크스 경제학자들은 부정하고 싶겠지만, 전근대의 덕목은 자본주의 본질이며, 전근대적 방식은 근대자본주의의 오장육부와 같다. 불순한 전근대적 제도 없이 순수한 근대자본주의는 존재할 수 없다. 종교와 차별의 전근대적 문화는 물론 강압과 폭력 등 전근대적 통치방식의 후원 없이 자본주의 시장은 작동될 수 없다.

신자유주의 경제학자 프리드리히 하이에크Friedrich Hayek가 사랑한 자유주의 시장은 노동조합을 탄압할 강력한 국가폭력 없이 존재할 수 없다. 신자유주의 경제학자가 '정치경제학자'일 수밖에 없는 이유다. 근대자본주의는 '왕조 자본주의'다!

최첨단 기술을 전 세계에 공급하는 삼성의 이건희 황제가 등장하면 제국의 모든 신료는 도열해 머리를 조아린다. 인터넷 공간을 종횡무진 휘젓는 근대적 매체들은 현대 일가의 형제간 상속 다툼을 거리낌 없이 '왕자의 난'으로 표현하지 않았던가?

2007년 한화 김승연 회장은 조폭을 용병으로 동원했다. 지엄한 세자를 폭행한 술집종업원을 보복폭행으로 응징함으로써 왕조의 권위를 세우기 위해서다. 2010년 최철원 M&M 대표는 고용승계를 요구하는 자기 백성을 곤장 대신 야구방망이로 내리치며 2천만 원의 맷값을 지불했다. 2014년 프라임베이커리 강수태 회장은 차량 이동을 요구한 호텔직원의 뺨을 장지갑으로 때려 왕의 권위를 만방에 과시했다.

2016년에도 왕조는 건재했다. 정일선 현대BNG 사장은 140장 분량의 '운전자 칙령'을 제정해 운전기사를 괴롭히다 검찰에 조사를 받았다. '빨리 가라'는 명령이 내려지면 운전기사는 신호나 차선을 무시하고 질주해야 하며, '가자'라는 문자가 하달되면 번개같이 뛰어나가 출발 30분 전에 도열해 있어야 했다. 대림산업 이해욱 부회장은 운전기사가 자신과 눈을 마주치는 게 싫다며 룸미러를 돌리고 사이드미러를 접은 채 운전하도록 지시했고, 운전이 마음에 들지 않으면 욕설을 퍼붓고 뒤통수를 가격했다고 한다.

2014년 12월에 발생한 '땅콩회항사건'은 왕조 자본주의 역사에서 기념비적인 사건이다. 대한항공 조양호 회장의 장녀인 조현아 전 부사장은 뉴욕발 대한항공 일등석에서 마카다미아를 봉지째 가져다준 시녀의 서비스를 문제 삼으며 이륙을 위해 활주로로 이동 중이던 항공기를 되돌려 수석 환관(!)을 내리게 했다. 조현아 공주의 지엄한 명령으로 탑승했던 250여 명의 백성 역시 출발이 20분가량 연착되는 불편을 겪었다.

왕조 자본주의라고 하지만 너무 심하다. 경제적 이윤의 극대화 원칙 뒤에 숨겨진 정치적, 사회적 동기에 주목하면, 이해되지 못할 바는 아니다.

05장

진보와 주류경제학은 동침할 수 있을까?

: 문재인의 국민성장 패러독스

무릇 살아있는 존재 곧, 생물에게 먹고사는 일만큼 기본적인 게 없으니 인간에게 경제가 일차적인 관심사인 건 당연할지도 모른다. 하지만 호모사피엔스로서 인간은 그냥 먹고살지 않는다. 먹고사는 방식이 다른 생물과 많이 다르다. 기술을 개발해 먹고사는 점은 물론 제도institution를 마련해 먹고사는 점이 다르다. '경제란 그냥 먹고사는 일인데 뭘 그리 복잡하게 말하며 잘난 체하느냐'는 벽창호 독자들은 계속 귀를 막고 있겠지만, 이런 차이에 주목하는 것은 매우 중요하다.

제도는 먹고사는 방식을 결정한다. 제도를 통해 인간의 경제적 활동이 통제하거나 촉진되기 때문이다. 예컨대, 환경기준이 엄격한 독일에서 기업은 환경친화적 기술로 생산이라는 경제활동을 수행해야 하지만, 그렇지 않은 한국에서는 오물을 강에 내다 버리면서 생산한다.

독일에서 환경기준을 엄격히 준수하던 폭스바겐이 한국에서 맘대로 생산, 판매하는 이유는 바로 환경과 관련된 형식적 제도formal institution, 그리고 환경에 대한 소비자의 문화라는 비형식적 제도informal institution의 차이 때문이다.

제도가 경제활동에 미치는 결과에 관한 사례는 눈만 돌리면 어디서든 쉽게 발견할 수 있다. 나아가 그것은 수많은 경제학자에게서 확인됐다. '어떻게'에 관한 질문이 경제학에서는 무척 중요하다는 말이다.

'어떻게'에 관한 질문은 경제학의 '학파'를 가른다. 경제학파에 관해선 앞에서 간간이 언급되어 조금씩 감을 잡아가고 있으리라 생각된다. 경제학은 지향하는 가치관에 따라 진보와 보수로 나뉜다. 이분법 싫어하는 사람들에겐 유감스럽지만, 사실은 사실이다. 내가 인정하기 싫어도 객관적으로 실재한다는 것이다.

이를테면, 신고전학파 경제학은 시장과 자본주의체제를 적극적으로 옹호한다. 자본주의의 주인은 자본가capitalist, 곧 '돈쟁이'들이고 이들은 시장이라는 체제를 통해 비로소 돈을 합법적으로(!) 벌어들일 수 있다. 이 때문에 시장과 자본주의를 지키고 수호하는 신고전학파 경제학자들은 실제론 자본가 혹은 기업의 이익을 대변한다. 신고전학파 경제학은 기업의 이익을 대변하는 보수적 경제학파다.

반면 마르크스경제학은 노동자야말로 경제적 가치의 직접적 생산자이며, 시장과 자본주의는 이런 가치를 자본가에게 효과적으로 넘겨주는 핵심적 장치다. 따라서 자본주의와 시장은 궁극적으로 폐하여 없애야 한다. 대단히 진보적인 경제학이다. 급진경제학으로 부를 수도 있겠다.

마르크스만큼 급진적이지는 않더라도 제법 진보적인 경제학도 있다. 케인스경제학과 진화적 제도경제학인데, 전자는 시장과 자본주의를 개혁하는 데 주력하고, 후자는 개혁을 실천하면서도 궁극적으로 이 체제를 극복하는 꿈을 놓지 않는다. 둘 다 시장과 자본주의는 수정 또는 개혁되어야 한다는 점에 동의하고 있다.

이들에 따르면 시장과 현재의 자본주의 아래서 인간은 궁극적으로 행복해질 수 없다. 시장과 자본주의는 불평등과 배제를 일상화하고 불의를 계속해서 활용함으로써 인간의 도덕적 삶마저 훼손하기 때문이다. 이 과정에서 노동자와 빈곤층은 물론 중산층도 좋은 삶을 누릴 수 없다. 따라서 현재로썬 마르크스처럼 급진적 방식이 불가능하지만 어떤 경우에도 '다른 방식'으로 먹고살 필요가 있다. 이때 다른 방식은 좀 더 '평등하게, 함께, 그리고 인간답게, 더 나아가 정의로운' 방식을 말한다. 이들은 진보적이다!

경제학은 경제, 사회, 정치에 미치는 영향력에 따라서도 구분된다. 앞에서 잠시 언급한 바 있는 주류경제학과 비주류경제학이 그것이다. 주류와 비주류의 위치는 시대적 상황과 권력관계에 따라 달라지지만

지금 사회에서 주류는 신고전학파 경제학이다. 결국, 보수적 경제학이 경제 현실은 물론 사회 전체를 주도하고 있는 셈이다. 현대사회는 '보수적 방식'으로 먹고산다.

우리 사회에서 주류경제학은 신고전학파 경제학이며, 그것의 정치적 성향은 보수적이다. 보수적 방식으로 먹고산다는 것은 무엇을 의미할까?

첫째, 현재의 시장경제와 자본주의를 수호하면서 먹고산다. 우리나라의 자본주의는 미국 자본주의에 가깝고, 미국 자본주의는 '자유시장경제', 더 나아가 1980년대 초 레이건 대통령 이후 '신자유주의'로 불리니, 보수적으로 먹고산다는 것은 우리가 바로 신자유주의적 방식으로 경제를 운영하고 있다는 것이다. 시장 만세! 순수 자본주의여 영원하라! 신자유주의의 폐해는 이미 잘 알려졌다. 비인간성, 불의, 투기, 불평등의 결정판이다.

둘째, 보수적 경제학은 신고전학파다. 그들은 분배보다 성장을 중시한다. 더 정확하게 말하면 성장만 중시한다. 분배는 시장의 원리에 따라 자동으로 이루어지기 때문에 이들에겐 별도의 분배이론이 필요 없다. 이들에게 국가가 개입하는 분배방식은 악덕이며 금기사항이다. 국가의 분배정책을 입에 올리면 안 된다. 각자도생하라!

셋째, 신고전학파 경제학은 성장에 목을 맨다. 그렇다면 어떻게 성장할 것인가? 이들에 따르면 자본의 축적을 통해 성장한다. 자본은 어떻게 축적되는가? 생산된 것을 절약함으로써 축적된다. 어떻게 절약하나? 비용을 절감함으로써 절약한다. 비용절감은 노동자의 임금을 낮춤으로써 달성된다.

혹자는 자본가의 절제로부터 자본이 축적된다고 오해하기도 하는데, 자본은 한 개인의 절약이 아니라 수많은 노동자집단의 임금을 착취함으로써 축적된다. 일개인이 아무리 아껴도 자동차산업에 필요한 거대한 자본을 마련할 수 없다! 절약으로 작은 부자는 될 수 있을지언정 큰 부자는 결코 될 수 없다. 이것을 꼭 명심해야 저들의 세련된 속임수에 넘어가지 않게 된다. 절약의 주체는 기업이 아니라 노동자였음도 반드시 기억하자.

넷째, 기업의 자본축적을 위해 이처럼 노동자는 강제로 절약하고 있다. 납득하기 어렵겠지만, 그것은 합법적(!)이다. 왜냐하면, 그러한 강제절약이 바로 자유시장을 통해 이루어지기 때문이다. 그렇다면 이런 시장적 강제가 통하지 않을 땐 어떻게 할 것인가? '비시장적' 공적제도를 새롭게 마련해야 할 것이다. 이를테면, 노동시장의 유연성을 확대하는 제도가 강화되어야 한다. 이 속에서 정리해고는 유연해지고 비정규직은 증가한다. 그것도 모자라면 노동조합을 폭력으로 탄압해 절약을 강제할 수 있다. 물론 그 결과는 자본의 성장이다! 자본의 성장이 '국가발전'으로 오도되고 있지만 말이다.

문재인 의원이 '국민성장'을 기치로 내걸고 대통령선거 캠프를 출범했다. 500명의 교수가 참여했단다. 나의 비주류경제학적 연구방향과 정책수단은 여러 가지 측면에서 그와 크게 대립하지 않는다. 나는 그의 일거수일투족에 호의를 갖고 바라보고 있다.

그런데 신문 기사를 접하고 보니, 문재인에 대한 내 생각이 뭔가 잘못되지 않았나 생각되어 걱정이다. 몇 가지 검토해 보자.

첫째, 성장이 화두로 제시되고 있다. 나는 기본적으로 현 단계에서 우리 경제의 획기적 성장이 더는 불가능하다고 본다. 우리나라는 선진국 대열에 이미 들어섰다.

선진국들의 성장률은 대략 2% 미만으로 고만고만하다. 20살이 넘은 청년의 키가 더 크지 않듯이 성숙기에 들면 경제도 획기적으로 성장할 수 없다. 키 키우자며 호르몬주사 맞는다고 크지 않는다. 중년이 알통 키우려 헬스클럽 너무 열심히 다니면, 근육이 파열되거나 염증에 시달린다. 보약 먹어도 별수 없다. 잘 지키는 게 최선이다. 물론 혁신함으로써 성장할 순 있다. 하지만 그것은 패러다임적 변화를 전제해야 한다. 패러다임 전환을 쉽게 생각하면 크게 낭패당하니, 함부로 입에 올리지 말자.

현 단계에서는 무리하게 성장률을 끌어올리기보다 균형 잡힌 성장에 주력해야 한다. 이를 위해서는 부와 소득의 분배를 평등하게 개선해야 한다. 그것이 지금 단계에서는 더 자연스럽다. 물론 분배를 통해 획기적 성장이 일어날 순 없다. 하지만 건강한 삶, 곧 모든 구성원이 함께 성장하는 발전development을 이룰 수는 있다. 그 속에서 획기적이지는 못하더라도 적절한 성장을 경험할 가능성도 있다.

둘째, 주류경제학자들을 영입했다고 한다. 이 땅에서 주류는 잘나가는 사람들이다. 이 체제에서 잘나갔으니, 이 체제를 개혁하기보다 보호하고 지키고자 하는 사람들, 곧 보수적인 사람들이다. 물론 주류적 체제에서 천신만고 끝에 잘나가게 된 '후천적 주류'도 있다. 나는 이들을 문제 삼지 않는다. 오히려 패배가 만연한 비주류에서 후천적 주류들은 희망을 준다. 나는 비주류에서 주류로 성공한 이런 사람들이 많이 나오면 좋겠다.

문재인이 지난 총선 각각 광주 서을 지역과 부산 해운대갑 지역에 출마한 양향자 전 삼성전자 상무와 유영민 전 포스코경영연구소 사장 같은 성공한 비주류들을 영입한 것을 매우 바람직하게 생각한다. 하지만 오리지널 주류, 곧 '선천적 주류'는 다르다. 그들에겐 보수적 문화가 뼛속 깊이 각인되어 있다. 그들은 비주류의 생각과 처지를 이해할 수 없다. 경제학 분야에서는 특별히 그렇다.

주류경제학자들이 문재인 대선캠프에 다수 참여해서 성장이 화두로 내세워졌는지는 모르겠다. 하지만 그들은 본래 시장과 자본주의를 개혁할 필요를 못 느낀다. 학자는 이론적 틀에 따라 사고하고 행동한다. 주류경제학으로부터 개혁을 기대할 수 없는 이유다. 아마 말치레 정도는 할 수 있을 것이다. 하지만 정책프로그램의 설계와 그 실행단계에 들어가면 구체적 행동은 달라진다.

성장을 위해 임금절약이 정당하다 할 것이고, 노동시장의 유연화와 비정규직의 확대가 대안이 될 수밖에 없다. 그게 쉽게 관철되지 않으면, 노동탄압으로 대응할 것이다. 주류경제학자들에게 그 외에는 방법이 없다. 다른 뭐가 있을까?

혹자는 그들이 기술혁신을 통해 성장하는 방법을 제시하리라고 기대할 수 있다. 하지만 일반 독자들에겐 생소한 말로, 주류경제학의 이론에는 기술혁신이 끼어들 수 없다. 기술혁신이 고려되면 그들의 교과서가 바뀌어야 한다. 교과서로 먹고사는 사람들에게 그건 결코 용납될 수 없다.

예컨대, 역동적이고 그 결과가 불확실한 기술혁신 활동은 결국 그들이 금지옥엽 귀하게 여기던 '일반균형', 나아가 '파레토최적'의 달성을 불가능하게 한다. 그렇게 되면 그들이 그처럼 찬양해 온 자본주의 시장의 조화와 안정성을 설교할 수 없게 된다. 목사가 성서와 다른 말을 하면서 강대상에 설 수 없잖은가!

경제학 공부 좀 한 분들은 요즘 '내생 성장론'이 기술혁신을 고려하지 않느냐고 반문할 것이다. 하지만 지금 거기까지 깊이 들어갈 수는 없다. 비전공 독자들에게 민폐가 되기 때문이다. 다만 그들이 언급하는 혁신은 베블런과 슘페터가 말하는 진정한 의미의 창조와 혁신과는 아무런 관계가 없다는 나의 말로 줄이자. 박근혜 혼자 '창조경제' 하느라 진땀 빼는 모습이 보이지 않는가? 도와줄 능력을 갖춘 주류경제학자가 없기 때문이다.

결국, 성장이 화두가 되면 그 방식이 쟁점이 되는데, 주류경제학의 성장 전략은 임금인하를 통한 절약, 노동시장의 유연화와 비정규직 양산, 나아가 노동탄압밖에 다른 방식이 없다.

주류경제학과 보수주의자들에 의해 성장지상주의는 우리 문화로 고착되어 있다. 그러니 세를 모으고 불리는 쪽에서 성장 담론을 꺼내는 건 당연하다. 하나 그 정치적 판단이 실제로 성장 전략으로 이어진다면 문재인이 대통령으로 당선되는 순간 결국 경제는 보수의 신자유주의 정글로 진화할 것이다. 그런 세상을 만들기 위해 평소 내가 그에게 지지를 보내지 않았으며, 그런 야수와 같은 문재인을 나는 상상해 본 적도 없다.

실로 외연을 넓혀 정권을 바꿀 필요가 있다. 그 의미가 무엇이든 간에 중도는 실재한다. 저 악마 같은 자들과 무식한 불통 대통령을 앞에 두고 중도는 물론 지극히 정상인 사람 중에 그 필요성을 절감하지 않은 사람들은 없을 것이다. 그들에게 다가설 필요가 있다.

하지만 중도에는 상식, 정의, 박애 등 보편적 가치를 존중하는 중도가 있고, '보수의 변종'인 중도도 있다. 전자에 대해 '진보적' 문재인은 성찰하고 반성함으로써 지지를 끌어내야 한다. 하지만 후자에 대해선 자신의 '좋음'을 버릴 것이 아니라 설득을 통해 그들을 견인해야 한다. 좀 더 강하게, 더 감동적으로! 지성으로 설득하기 전에 감성으로 마음을 흔들어야 하는데 그게 부족해 걱정이다. 이런 내 생각은 비단 문재인에게만 해당되지 않는다. 좋은 삶을 꿈꾸는 모든 진보적 지도자들에게도 들려주고 싶은 말이다.

06장

주류경제학의 가정

: 민중은 개, 돼지!

경제학이 어렵게 여겨질지 모르나, 그 원리를 알면 대단히 간단하다. 깊이 따져보면 우리가 '매일 하는 소리'다. 먹고사는 일을 주제로 삼았으니, 그렇지 않을 수가 없다. 누군 먹고 누군 안 먹나? 입에 들어가는 종류는 다르지만, 모두 먹고살아야 한다는 사실엔 차이가 없다.

먹고살긴 해야 하는데 어떻게? 앞에서 대략 살펴본 것처럼 이 먹고사는 '방법' 때문에 경제학자들의 생각은 달라진다. 그것이 마침내 경제학파의 차이를 유발했다. 먹고사는 방법은 손으로 집어 먹을 것인가, 젓가락으로 먹을 것인가에 관한 것이 아니라 '경제체제'의 문제다.

신고전학파와 신자유주의자들은 시장경제체제가 인간이 먹고살 수 있는 최선의 방책이라고 확신한다. 반면 마르크스경제학은 궁극적으로 시장이 폐지되고 자율적 공동체의 관리방식으로 대체해야 한다고 생각한다. 케인스경제학과 진화적 제도경제학 등 비주류경제학은 시장과 정부개입이 공존하는 혼합 경제체제를 먹고사는 대안으로 잠정적으로 제안한다.

먹고사는 방식, 곧 경제체제에 관한 생각이 이처럼 다른 이유는 많다. 그중에서 근본적인 것은 각자의 '인문학'이 다르기 때문이다. 인간에 대한 가정은 경제학자마다 다르다.

첫째, 신고전학파와 신자유주의자와 같은 주류경제학자들은 인간을 '개인적 존재'라고 규정한다. 이에 따라 개인으로부터 시작해 사회를 설명한다. 이를 방법론적 개인주의methodological individualism라고 부르는데, 주류경제학의 이 연구방법은 두 가지 중요한 결론을 낳는다.

하나는 개인으로 사회를 설명할 수 있으니, 사회에 대해 별도로 연구할 필요가 없다는 결론이다. 개인만 연구하면 사회는 저절로 설명된다! 이로부터 파생되는 또 하나의 결론은 사회는 존재하지 않는다는 것이다! 연구할 필요 없고, 존재하지 않는 것에 언급할 필요가 없음은 물론이다.

주류경제학 교과서에는 사회society라는 용어가 등장하지 않는다. 사회가 개입되면 주류경제학 체계는 붕괴한다. 그 결과 그 학자들의 존재기반도 사라지게 된다. 익숙하지 않은 언어를 자꾸 듣는다는 것은 썩 유쾌하지 않지만, 그걸로 밥그릇마저 빼앗기게 되면 대단히 큰 문제다. 주류경제학자들이 사회에 극도의 혐오감을 가질 수밖에 없다.

방법론적 개인주의는 연구 과정에만 적용되지 않는다. 그들의 학술적 연구방법론은 일상생활에서 그대로 실천된다. 그들의 개인주의는 타인과 사회에 대한 무관심으로 나타난다. 남이야 죽든 말든 상관하지 않는다. 'It's your business!' 따라서 이들에게 인간은 '사회적 존재'라는 아리스토텔레스의 말은 꾸며낸 말일 뿐이다. 중고교 시절 아리스토텔레스 덕분에 사회과목 시험에서 만점을 받은 주류경제학자에게 사회적 존재라는 인간의 존재양식의 본질은 모순덩어리이자 일종의 계륵이다.

둘째, 인간 삶의 목적에 관해 경제학에는 두 가지 전통이 있다. 하나는 쾌락을 추구하는 존재로 인간을 바라보는 아리스티포스의 '쾌락주의hedonism' 전통이고, 또 하나는 인간이 좋은 삶을 추구한다는 아리스토텔레스의 '에우다이모니아eudaimonia' 전통이다.

주류경제학은 쾌락주의의 전통을 따른다. 그들에 따르면 인간은 물질적, 감각적 쾌락을 추구하는 존재다. 따라서 배부르고 섹스만 자주 할 수 있으면 인간은 만족한다. 물질적 안락과 감각적 쾌락 외에 정의, 민주주의, 공공선 따위엔 관심이 없다. 좋은 삶? 너나 잘하세요.

셋째, 인간의 본성은 이기적이라고 선언한다. 이기주의는 앞에 말한 개인주의가 극단적으로 진화한 모습으로 자신의 이익만을 도모하는 심리를 말한다. 이기적 존재에게 타인과 사회는 안중에 없을 뿐 아니라 그것들은 자신의 쾌락에 필요한 '도구'일 뿐이다. 모두가 상대방을 착취와 성공의 수단으로 간주한다.

모두가 이기적이니 서로 적이 될 수밖에 없다. 삶은 어차피 먹고 먹히는 '정글'이다. 그러므로 경쟁competition이 사람 사는 최선의 방식이다! 공생과 협력적 생활방식, 나아가 사회적 안전망은 인간의 본성에 맞지 않는다. 나만 살면 그만이다. 타인의 고통에 대한 연민? 그건 위선일 뿐이다.

넷째, 인간은 본래 게으른 존재다. 따라서 배고프거나 춥지 않으면 자발적으로 일하지 않는다. 이 때문에 불평등이 미덕이다. 경제적으로 불평등해야 일할 동기가 발생하고, 신분적 질서가 확립되어야 게으른 대중에게 노동을 강제할 수 있다. 베블런이 언급한 '제작본능'이나 베르그송이 찬양한 '호모파베르(제작하는 존재)'는 허황한 소설일 뿐이다.

다섯째, 개인적 존재, 쾌락주의적 존재, 이기적 존재, 악하고 게으른 성격은 인간의 본유적 특성으로 불변한다. 곧, 타고난 본성이기 때문에 절대 변할 수 없다는 '자연주의적' 인간관을 가지고 있다. 따라서 인간의 능력도 타고난다. 타고난 능력에 따라 대우받고 살면 가장 자연스럽다. 만유인력법칙에 따라 시장이 균형과 조화를 이루듯이 타고난 대로 살면 가장 조화롭다. 제도나 교육을 통해 바꿀 수 없으며, 바꾸는 건 바람직하지도 않다. 송충이는 솔잎 먹고 자라야 한다.

주류경제학의 인문학을 쉽게 요약해보자. 민중은 쾌락만 추구하

는 개·돼지다! 그것도 자기 것만 챙기는 천성이 게으른 개·돼지다. 이 천성은 말로써 안 변하니 몽둥이로 다스려야 한다. 요즘 공개적으로 몽둥이를 들 순 없으니, 비정규직으로 불안에 떨거나 실업자로 배고프게 만들어야 한다.

사회안전망은 게으른 개·돼지들을 더 나태하게 만든다. 이때 신분제의 최상위에 위치하는 1%의 지배계급이 99%의 개·돼지들을 다스려야 한다. 그게 가장 자연스럽다. 그걸 주류경제학은 '일반균형general equilibrium'이라고 부른다. 그들은 이 학술적 결론(!)을 굳게 믿는다! 복잡한 수학과 그래프로 꾸미고 있지만, 주류경제학의 메시지는 이처럼 간단하다.

사람들을 깜짝 놀라게 한 신문 기사가 있었다. 나향욱이라는 교육부 정책기획관의 발언 때문이다. 나 씨의 발언을 열거해 보자. "나는 신분제를 공고화시켜야 한다고 생각한다." "민중은 개·돼지로 취급하면 된다." "개·돼지로 보고 먹고살게만 해주면 된다고." 지금 말하는 민중이 누구냐는 기자의 질문에 그는 "99%지."라고 즉답했다. "신분이 정해져 있으면 좋겠다는 거다. 미국을 보면 흑인이나 히스패닉, 이런 애들은 정치니 뭐니 이런 높은 데 올라가려고 하지도 않는다. 대신 상·하원 (…) 위에 있는 사람들이 걔들까지 먹고살 수 있게 해주면 되는 거다."

기획관 자녀도 비정규직이 돼서 99%로 살 수 있다. 그게 남의 일 같으냐는 질문에 정확한 답은 들리지 않았으나 '아니다, 그럴 리 없다'는 취지로 대답했다고 한다.

기자는 다시 물었다. '기획관은 구의역에서 컵라면도 못 먹고 죽은 아이가 가슴 아프지도 않은가. 사회가 안 변하면 내 자식도 그렇게 될 수 있는 거다. 그게 내 자식이라고 생각해 봐라.' 그의 답은 단호하다. "그게 어떻게 내 자식처럼 생각되나. 그게 자기 자식 일처럼 생각이 되나." '우리는 내 자식처럼 가슴이 아프다'는 기자의 말에 "그렇게 말하는 건 위선"이라고 확답했단다.

그는 누구인가? 발언 내용을 보니, 정확히 주류경제학의 신봉자다. 그런데, 나 씨만 그렇지 않다. 폭식 투쟁으로 세월호희생자를 조롱하던 '일베(일간베스트저장소)' 무리도 주류경제학의 인문학을 굳게 믿는다. 일베라고 무식하다고 생각하면 안 된다. 그들의 생각은 주류경제학의 인문학을 충실히 반영한다. 일베야말로 주류경제학의 '절친'이다. 친구를 친구로, 자식을 자식으로 부르지 못하는 이 '지식인'들의 마음을 이해 못 하는 건 아니지만 단언컨대, 주류경제학자들만큼 일베의 주장에 동의하는 부류도 없을 것이다.

2013년 국회 국정감사 중 새누리당의 김진태 의원이 '일베 활동'을 하다 기자들의 눈에 붙잡혔다. 지난 2014년 5월 13일, 서울시장선거에서 새누리당 정몽준 후보는 자기 정책을 정확히 이해하려면 일베를 방문하라라고 권했다. 박근혜 대통령도 일베에 열광하는 사람 중 하나다.

"박근혜 대통령이 보수 성향의 커뮤니티 사이트인 '일베'를 보고 정치적 판단을 한다는 이야기가 있다."고 2013년 11월 28일 민주당 민병두 전략홍보본부장이 주장했다. 민 본부장은 이날 어느 방송 프로그램에 출연해 "박 대통령이 이전 야당 대표 시절에는 미니홈피를 한 시간 보고 위안을 찾고 정치적 아이디어와 모티브를 찾았다고 하는데 새누리당 의원들 얘기를 들어보면 요새는 박 대통령이 '일베'를 보고 정치적 판단을 한다는 이야기가 있다"고 말했다. 일베를 따르는 자, 모두 주류경제학의 인문학을 신봉하는 자들이다. 민중을 개·돼지로 취급한다는 말이다.

그런데 이 모두를 한통속으로 몰아넣기엔 좀 과하다고 할 수 있다. 김진태, 정몽준, 박근혜야 대중을 주류경제학의 인문학으로 훈육해야 자신의 부와 권력, 과시욕을 유지할 수 있으니 이해된다. 그들은 이걸 믿어야 한다. 안 믿으면 죽는다! 지옥 가는 벌을 받을지도 모른다. 하지만 다른 이들은 알고 보면 딱하고 불쌍한 중생들이다.

나향욱이 뭘 아나? 출세하자니 주류경제학을 열심히 공부하지 않으면 안 되는 세상이다. 행정고시 칠 때 죽도록 암기한 주류경제학의 지식, 최고대학의 교수들에게서 배운 주류경제학의 교훈대로 말했을 뿐이다. 자기는 아니라고 항변할지 모르나 그 역시 주류경제학자들에게 철저히 사육된 개·돼지일 뿐이다.

일베는 더더욱 불쌍한 존재들이다. 물질적 안락과 감각적 쾌락에만 급급해하는 환경에 처했을 뿐, '좋은' 교육을 받은 적도 없고, '차원 높은' 인문학을 접해 본 적도 없으니, 주류경제학을 특별히 안 배워도 주류경제학의 인문학에 스스로 자신을 가둘 수밖에 없다.

문제는 더 큰 곳에 있다. 이 글을 읽고 있는 독자들은 개·돼지로 사육된 존재 아닌가? 혹자는 고교 시절의 사회과목을 통해, 다른 이는 대학 교양과목인 '경제원론'을 수강함으로써, 또 다른 이는 경제신문과 보수일간지를 통해, 더러는 '개독교'의 교리로 평생 명시적, 암묵적으로 사육되니 아니라고 말하기 어려울 것이다.

나도 학부 4년 동안 철저하게 주류경제학의 인문학으로 사육되었고, 지금도 그 프레임을 완전히 벗어나지 못하고 있다. 주류경제학의 폐해는 참으로 크다.

대한민국은 개·돼지의 우리다. 나향욱의 말이 맞다. 그러니 크게 놀랄 일이 못 된다. 개·돼지라고 불리니, 화나고 부끄러운가? 맞다. 나도 화나고 부끄럽다. 하지만 나 씨만 너무 비난하지 말자. 이참에 스스로 성찰해 보자는 말이다. 나는 어느새 개·돼지로 진화해 버린 건 아닌가?

성찰이야말로 개·돼지이기를 거부하는 첫걸음이다. 그런데 성찰도 쉽지 않다. 성찰은 판단을 요구하는데, 판단을 하자면 대안적 기준, 여기서는 주류경제학의 인문학에 대한 '대안적인 경제학의 인문학'이 필요하기 때문이다. 나는 비주류경제학, 그중에서도 '진화적 제도경제학evolutionary-institutional economics'을 그 대안으로 제시하고 싶다. 케인스경제학 나아가 좀 아쉽지만, 마르크스경제학도 추천할 만하다.

이런 대안적 경제학 덕분에 세상이 개·돼지의 우리가 아니라 인간적으로 먹고사는 경제체제, 곧 나향욱도 일베도 사람으로 거듭나는 인간적 공동체가 될 수 있다는 희망을 버리지 않는다.

07장

규제된 노동이 성장을 촉진한다

: 노동개혁보다 부패 척결이 먼저인 이유

인간은 사회적 존재이므로 홀로 살 수 없고 집단을 이루며 산다. 인간이 좋든 나쁘든 모두 나와 똑같은 존재라면 별문제가 없겠지만, 불행인지 다행인지 모두가 서로 다르다. 그러니 서로 다른 사람들의 공존을 도모하며, 갈등을 조정해내기 위해 제도가 필요하다. 제도는 인간의 요청으로 의식적으로 창조됐다. 정치제도, 사법제도, 노동제도, 복지제도와 같은 이런 제도는 보통 형식화된다. 이를 형식적 제도라고 부른다.

이와 달리 제도가 무의식적으로 형성되는 예도 있다. 수백 년 동안 누적된 습관도 우리의 행동을 제어하는 제도에 속한다. 전통, 관습,

습관도 있지만, 종교, 도덕 등 가치관을 결정하는 제도도 있다. 이런 다양한 문화도 일종의 제도로 손에 잡히지 않는 비형식적 제도다. 베블런은 이런 비형식적 제도, 곧 '문화'가 인간의 경제활동에 영향을 미치는 사실을 드러내 준 경제학자다.

형식적 제도든 비형식적 제도든 모든 제도는 인간의 삶에 영향을 미친다. 아무 영향을 미치지 않고 존재하는 제도는 없다. 신고전학파 제도경제학자인 더글러스 노스Douglass Cecil North가 행위자에 대한 제도의 제약성에 주목했다면, 베블런 제도경제학자인 클라렌스 에이어스Clarence Edwin Ayres는 그 촉진성을 강조했다. 다시 말해, 제도에 대한 각자의 정의를 들여다보면, 전자는 제도가 인간의 행동을 제약한다고 보는 반면 후자는 제도가 인간의 행동을 촉진한다고 역설한다.

제도의 영향을 말할 때, 우리는 일반적으로 경제적 영향, 나아가 성장 효과에만 주목한다. 경제학자들이 그렇고 그중 '신고전학파적' 제도경제학자들이 특히 그렇다. 경제학이 사회과학을 점령하고 있으니 여타 사회과학자들도 주눅이 들어 제도의 효과를 '성장 효과'로 스스로 축소해 버린다.

제도가 성장 효과를 낳는다는 점은 중요하다. 자원이 낭비되고 혁신이 조롱당할 때 기획재정부라는 형식적 제도는 성장을 촉진해줄 것이다. 반면 한물간 전통과 습관 등 비형식적 제도는 성장을 심각하게 방해할 수 있다. 제도와 경제적 효과, 곧 성장은 일정 부분 상관관계가 있다.

하지만 제도가 경제적 효과와 성장 때문에만 존재하지는 않는다. 종교와 전통 등 비형식적 제도는 소통능력을 향상한다. 소통이 원활해지면 스트레스도 풀리고 삶이 즐거워진다. 이게 꼭 성장에 도움이 된다고는 할 수는 없다. 문화적 효과가 더 중요하다는 것이다. 경제적 효과가 없다고 해서 무익하다고 속단하면 안 된다.

경제적 효과, 성장과 직접적인 관계가 없으면서 또 다른 중요한 효과를 낳는 제도도 있다. 복지제도와 노동제도와 같은 사회적 제도가 그것이다. 신고전학파 경제학자들은 물론이고 그에 굴복한 여타 사회과학자들, 심지어 인문학자들도 이 두 제도를 거론할 때 대부분 성장 효과와 경제적 효과에 주목한다.

하지만 복지제도와 노동제도는 원래 성장을 위해 창조되지 않았다. 그것들은 인권과 연대를 위해 창조된 것이다. 다시 말해 경제적 효과보다 인문학적 효과와 사회적 효과를 낳기 위해 만들어진 제도라는 것이다. 이런 제도들이 성장을 촉진할 수도 있고, 성장을 방해할 수도 있다. 경제적 효과가 불분명할 수 있다는 뜻이다. 그러나 이 제도들로 사회적 약자와 노동자의 눈물을 닦아주는 사회적 효과가 존재한다는 것은 분명하다.

이런 사회적 효과는 이미 리처드 프리맨Richard Freeman이 실증했다. 성장과 분배에 관한 1990년대 주요논문들을 전수조사한 결과를 보면, 전체 중 약 3분의 1을 차지하는 논문에서 복지제도가 경제성장을 지체시킨다고 주장했지만, 나머지 3분의 2에 해당하는 논문들에서는 경제성장에 긍정적 효과가 있다고 확인됐다. 하지만 후자의 효과는 두드러지지 않았다. 분배가 경제성장을 촉진하지만, 그 효과가 미미하다는 것이다. 그러나 어떤 경우에도 사회적 약자의 눈물을 닦아주는 효과, 곧 사회적 효과는 확실하다는 사실을 확인할 수 있었다.

노동시장제도도 예외가 아니다. 실제로 많은 연구를 종합해 보면 노동시장 규제제도가 성장에 미치는 영향력이 분명하지 않다. 예컨대, 1990~2004년간 133개국 경제성장률과 노동시장 자유화에 관한 모리스 올트먼Morris Altman의 실증연구는 두 변수 사이에 통계적으로 어떤 의미 있는 효과를 보여주지 않았다.

신고전학파 경제학자들이 주장하듯이 노동시장의 규제가 강화됨으로써 성장이 지체되지 않았다는 것이다. 오히려 신고전학파가 칭송하는 '자유'시장은 "적절한 노동시장 규제로부터 혜택을 입는다!" 실증연구 결과로부터 그는 노동시장의 자유화를 규제한 덕에 성장이 촉진된다는 사실을 확인한 것이다. 불분명한 경제적 효과에도 불구하고 분명한 사회적 효과, 나아가 인문학적 효과가 존재한다면 그런 제도는 존치하는 것이 바람직하다.

노동개혁이 화제다. 손꼽기 어려울 만큼 많은 불의를 덮으려고 이걸 몰아붙이는 것 같다. 뒤가 구리니 그럴 수 있다. 이를 주장하는 사람들은 항상 그렇게 살아왔던 터다.

하지만 국가 정책을 수립하고 집행할 땐 공동체에 대한 올바른 철학과 신뢰할 수 있는 자료가 필요하다. 이제 좀 더 최근과 가까운 2013년 경제자유지수Index of Economic Freedom에 관한 자료를 들여다보자. 혹시 의심의 눈초리로 대할까 봐 미리 밝혀두는데, 이 자료는 미국의 보수적 싱크탱크인 헤리티지재단Heritage Foundation에서 가져온 것이다.

이 보고서에 따르면 우리나라의 노동시장 규제제도가 다른 국가와 비교해서 강하다는 건 사실이다. 약 60점인 세계평균보다 우리의 노동시장 자유지수가 48.7이며, 177개국 중 135위에 머무르니 규제가 강한 것은 맞다.

하지만 재정자유도와 교역자유도를 제외하면 대부분의 다른 경제자유도는 세계평균을 웃돈다. 사유재산제도는 26위로 평균보다 훨씬 더 보장돼 있고, 투자자유도와 금융자유도도 각각 37위와 17위로 세계평균을 한참 웃돈다. 더욱이 기업의 자유화는 무려 세계 9위에 속한다. 거의 최고 수준이다. 이렇게 '잘 챙겨갈 수 있도록 해 주고' '자유로운' 환경에서도 성장하지 못한다면 그건 당사자의 책임이거나 노동시장제도와 다른 곳에서 그 원인을 찾아야 한다.

실제로 부패로부터 자유도는 54점으로 세계평균 40.6보다 낮다(낮을수록 부패하지 않다). 177개국 중 42위에 머무르니 OECD(경제협력개발기구) 회원국(34개국)치고 엄청 부패해 있다고 보아야 한다.

헤리티지 보고서는 10대 재벌 총수들의 부패로 인한 수감 결정은 물론 집행이 유예된 사실을 언급하면서 한국에서 "부패는 실질적 관심사로 남아 있다"고 정리한다.

헤리티지보고서의 결과와 앞에서 본 리처드 프리맨의 연구와 모리스 올트먼의 연구를 종합해 보면, 우리나라 경제가 성장하지 않는다면 노동시장 규제보다 오히려 재벌과 정치권의 부패 때문일 가능성이 더 크다. 세계 9위의 자유로운 기업 환경에서 135위의 노동시장 규제는 오히려 필요하다. 그것은 노동자의 눈물을 닦아주는 사회적 효과를 가져다주기 때문이다.

노동시장이 규제된다고 해서 성장이 지체된다는 학술적 결론은 여전히 존재하지 않는다. 만 보를 물러서서, 규제된 노동시장의 경제적 효과도 불분명하다. 하지만 그 사회적 효과는 분명하다.

불분명한 경제적 효과는 부패를 척결함으로써 모색해야 한다. 재벌개혁은 물론 정경유착, 탈세, 장·차관과 국회의원의 위장전입, 부동산과 주식투기, 병역기피, 취업청탁, 이런 것부터 먼저 개혁하는 게 설득력이 있다. 노동시장제도를 개혁하기보다 사기꾼을 규제하기 위한 제도를 마련하는 것이 더 급하다, 규제된 노동시장과 규제된 부패, 그것이 성장을 촉진하는 길이요, 우리 공동체가 행복하게 사는 길이다.

08장

아니 땐 굴뚝은 결코 하나가 아니다

: 그리스 경제위기가 복지지출에서 비롯됐다는 식의 경제 오류들

국어사전에서는 통상 '학문學問'을 배우고 익히는 과정이나 지식 그 자체로 정의하고 있지만 나는 그것을 문자 그대로 '배우고學 묻는問 과정'에 가깝다고 생각한다. 배움은 선생의 가르침으로 도달하지만, 생활 속의 경험으로도 이루어진다. 내가 지금까지 어쭙잖게 학문이란 것을 해 오면서 배운 것은 궁극적 진리 혹은 지식 그 자체보다 배우고 묻는 방법methodology이었던 것 같다.

배우고 묻는 방법에 따라 지식의 질과 방향은 달라진다. 그런 점에서 우리가 믿고 있는 진리 혹은 사실이란 참으로 상대적이다. 다만, 극단적 상대주의의 무책임성에 환멸을 느끼고, 그것이 일으키는 지적 황폐화와 거리를 두기 위해 학문은 다양한 장치를 마련하는데, 그중 하나가 인과관계causation를 중심으로 배우고 묻는 것이다. 곧, 모든 결과에는 원인이 있기 마련이다. 한 결과를 거꾸로 추적해 보면 원原시적인 요인因이 반드시 존재한다는 것이다. 그러고 보면 '아니 땐 굴뚝에 연기 나지 않는다.'는 말만큼 학문적인 우리네 속담도 없을 것이다.

사회현상을 분석할 때 현대인들이 가장 주목하는 원인은 경제적 원인(요인)이다. 경제학자의 밥줄을 지켜주기 때문에 내겐 반갑지만 사회현상을 경제적 원인만으로 환원하는 방법은 잘못이다.

예컨대, 삼성 이재용 부회장의 부는 순수한 경제적 원인보다 문화·정치적 요인으로 획득되었다. 삼성그룹의 베테랑 임원, 직원과 비교할 때 그는 상대적으로 작은 경제활동만으로 수조 원의 부를 소유하고 있다. 혈연관계를 이용해 아버지의 노력에 무임승차한다는 해괴한 '고대적(!)' 문화에 힘입어 경제적 부를 획득했으니 이 경우 문화적 원인이 경제적 결과를 유발한 것이다. 하물며 그의 할아버지인 이병철 회장은 정부의 막강한 지원에 힘입어 경제적 부를 얻었으니 이재용의 경제적 부는 문화적 요인은 물론 정치적 원인에 기인하는 것이다.

이병철의 축재과정은 일제가 남긴 적산기업敵産, 곧 적의 재산을 거의 공짜로 불하받아 시작됐다. 해방 후 약 2,700개에 이르던 적산기업은 현재의 재벌들에 헐값으로 매각됐다. 경제적 합리성과 전혀 관계없이 팔렸다는 말이다. 이 과정에서 당연히 정치적 특혜가 난무했다. "저마다 승리욕이 넘치는 얼굴로 어떻게든 줄을 대기 위해 머리통이

깨지라 몰려들면서 브로커가 날뛰고 정치권력이 춤을 췄다." 그리고 정치권에 연줄을 댄 "사람이 대부분 하루아침에 새 주인으로 등장했다." 이재용 삼성 부회장의 경제적 부는 경제적 원인은 물론 정치적, 문화적 원인이 상호작용한 결과인 것이다.

또 원인은 국가영토 내부로 국한되지도 않는다. 어떤 경제주체도 외부조건과 무관하게 경제활동을 할 수 없기 때문이다. 경제는 폐쇄체제closed system가 아니라 기본적으로 개방체제open system다. 내부원인internal factor뿐 아니라 외부원인external factor의 영향을 받는다는 것이다.

이처럼 하나의 결과를 낳은 요인은 하나가 아니라 여러 가지다. 이 때문에 사회현상을 분석할 때 일원론monism보다 다원론pluralism이 더 설득력이 있다. 나아가 그 다양한 요인들은 독립적으로 영향을 미치지 않고 복잡하게 상호 작용interaction하면서 하나의 결과를 만들어 낸다. 물론 이 과정에서 결과가 거꾸로 원인에 되먹임feedback되는 일이 자주 일어난다. 이런 방법론은 통상 다원론으로 오해되고 있지만, 더 정확하게 말하면 총체론holism이다. 총체론은 다원론, 상호작용과 피드백으로 구성된다. 진화적 제도경제학 문헌에서 이것은 중첩결정성super-imposition으로도 표현된다.

다른 예를 들어보자. 1996년 한국은 외환위기를 겪었다. 당시 외환위기라는 특정한 경제적 결과를 두고 다양한 인과관계가 제시된 바 있다. 한쪽은 한국경제의 내부로부터 원인을 찾았다. 재벌의 잘못된 지배구조, 그로부터 비롯한 과잉투자와 중복투자가 외환위기의 원인이라는 것이다. 이들은 재벌의 지배구조 개선을 정책수단으로 제시했다.

반면, 다른 한쪽은 작은 변화에도 민감하게 반응하는 외국투기자본을 외환위기의 원인으로 제시했다. 국제 금융자본의 투기적 행태가 외환위기를 불러일으켰다는 것이다. 곧, 갑작스럽게 투자자금을 회수해가는 바람에 한국의 대기업이 유동성 위기에 빠졌다고 분석한다. 앞의 주장이 내부원인에 주목했다면 이 견해는 외부요인을 핵심 원인으로 꼽았다. 이런 분석은 물론 이재용 삼성 부회장에게도 적용된다. 전후 복구상황, 미국의 호황, 미국의 반공과 자본주의 육성정책 등 선대회장 이병철이 직면했던 외부환경은 경제적 축적에 매우 유리했다.

결국, 하나의 특정 경제현상은 다양한 원인이 복잡한 상호작용을 거쳐 중첩적으로 형성된 결과다. 여기에는 경제적 요인은 물론 정치적, 문화적, 그리고 역사적 조건이 상호작용할 뿐 아니라 이런 내부요인에 외부요인이 가세한 것이다. 경제를 제대로 이해하자면 일원론보다 총체론에서 바라봐야 할 뿐 아니라 내부원인과 외부원인을 함께 고려해야 한다는 것이다. 그러한 방법이 비록 단호하고 미학적인 결론을 보여주지 못하더라도 말이다.

그리스가 왜 경제위기에 빠졌나를 두고 다양한 원인이 제시됐다. 보수진영은 단호하다. 복지지출이 그리스를 경제위기로 내몰았다는 것이다. 이들은 경제에 문제가 발생하면 항상 복지 타령이다. 일원론자들이다. 하지만 2014년 현재 그리스의 GDP 대비 공공복지지출 비율은 24% 정도다. OECD 평균인 21.6%를 약간 웃돈다. 비슷한 수준의 룩

셈부르크(23.5%), 네덜란드(24.7%), 슬로베니아(23.7%), 포르투갈(25.2%), 독일(25.8%)이 국가부도를 경험하지 않았다. 그런 점에서 높은 복지지출이 국가채무위기의 원인이 될 수 없다. 그들 논리대로라면 이 국가들은 훨씬 더 일찍 국가부도를 겪었어야 했다.

더 나아가 복지지출이 지나치게(!) 높은 벨기에(30.7%), 오스트리아(28.4%), 덴마크(30.1%), 핀란드(31.0%), 프랑스(31.0%), 스페인(26.8%), 스웨덴(28.1%)은 모두 잘살고 있다. 복지 하나만으로 경제위기를 단호하고 명확하게 설명하는 교조적 방식은 항상 실패한다. 이런 비과학적 도그마를 부여잡고 있는 대한민국의 주류경제학자들을 보고 있으면 왜 저러고 사는지 모르겠다. 물론 그런 종교에 열광하는 광신도 국민의 지적 수준은 처량할 정도다.

그렇다고 내가 익숙한 '또 하나의 일원론적' 반대 주장을 전적으로 받아들이는 것은 아니다. 가령, 어떤 이들은 국제통화기금, 유럽중앙은행, 유럽집행위원회로 대표되는 트로이카 채권단의 무자비한 탐욕 때문에 그리스가 경제위기에 직면했다고 비난한다. 곧, 외부적 요인이 그리스 경제위기를 불렀다는 것이다.

빌린 돈 대부분이 경제 활성화 정책에 쓰이지 못하고 돌려막기에 다시 들어가 버리는 현상을 비추어 볼 때 틀린 말이 아니다. 특히 노동하지 않고 버는 금융자본의 이득은 부도덕하다. 더 나아가 금융자본에 높은 이득을 제공하는 고이자율은 경제 활성화를 방해한다. 이자율은 낮을수록 좋다! 그런 이유로 그리스에 대한 부채의 상당 부분은 탕감

되어야 한다. 그동안 받아먹은 이자에 만족해야 정의롭다!

하지만 나는 이런 외부 조건이 충족된다고 해서 그리스의 경제가 회복되리라고 믿지 않는다. 완화된 외부수탈분을 경제 활성화에 활용할 내부적 조건이 마련돼야 하기 때문이다. 그리스의 재정위기는 왜 발생했는가? 세출보다 세입이 작을 때 발생한다. 그렇다면 세입이 왜 작은가? 탈세 때문이다. 탈세는 뇌물을 통해 부드럽게 진행된다.

국제투명성기구TI가 2012년 〈세계재정건전성Global Financial Integrity〉 보고서에서 "그리스가 지난 10년간 국외로 유출된 탈세와 뇌물 등으로 잃어버린 돈만 해도 가장 최근(2012년)의 구제금융 1,200억 유로(현 환율로 1,332억 달러)와 맞먹는다."고 지적하지 않았는가!

"공립병원 처치와 수술 급행료는 최소 100유로(12만5,000원)에서 최대 3만 유로(3,755만 원). 개인과 기업의 탈세 규모에 따라 회계장부를 눈감아주는 대가는 100~2만 유로, 건축 인허가 급행료 200~8,000유로, 불법건축물도 200~5,000유로면 적법 건물로 둔갑, 운전면허 발급 급행료는 4만500유로"(연합뉴스 2015-07-14)로 보고됐다.

공무원들이 이렇게 부패하니 우리나라의 자원외교, 4대강 사업, 방위산업체 비리와 같은 낭비적 사업도 얼마나 많이 남발되었을까! 탈세로 세입규모는 감소했는데 세출도 늘어난다. 국가재정이 파탄 날 게 뻔하다. 세금이 걷히지도 않고, 걷힌 세금도 낭비되어 버리는 판국에 빌려 온 돈이라고 온전하게 쓰일 리 없다.

"그리스인들의 마음과 제도들 사이에 깊숙이 스며든 가치관의 위기"에서 그리스 부패의 뿌리를 찾은 이 보고서는 "부패를 용인하는 오랜 관습이 부패 방지나 거부를 포기하게 하는 숙명론과 맞물려" 일상의 작은 부패를 지속시키고 개혁을 무산시킨다고 개탄했다. 민주주의 문화의 발흥지에서 탈세와 부패가 '그리스적 문화'로 뿌리내린 것이다.

이런 판국에 과도한 복지지출에 책임을 돌리는 건 정직하지 못하다. 나아가 국제 금융자본의 탐욕만 비난한다고 해서 해결될 일도 아니다. 모두 명쾌한 원인을 설정하고 있다. 그리고 그 논리의 아름다움에 매료되어 감탄하고 있다. 웃기는 일이다.

그리스 경제의 위기! 실증자료로 판단컨대, 나는 복지지출이 내부

요인이라는 주장에 전적으로 동의하지 않지만, 미약하게나마 영향을 미쳤을 수도 있다고 생각한다. 국제 금융자본의 몰인정한 탐욕도 그리스 경제위기의 극복을 방해하는 대단히 중요한 외부적 원인임이 틀림없다. 하지만 위기극복에 장애가 되는 것은 외부적 원인만이 아니다. 부패와 탈세 등 정치적, 문화적 원인 등 또 다른 내부적 원인에 주목하지 않는 한 그리스가 경제위기에서 탈출할 기회는 요원하리라 생각된다. 아무리 부채가 탕감되더라도 말이다

모든 경제 현실은 다양한 내부요인 사이의 복잡한 상호작용은 물론 이 내부요인들과 외부요인들이 중첩된 결과다. 어렵지만 이 모든 것들을 함께 고쳐야 한다. 하나만 고친다고 해결되지 않는다. 대한민국의 경제도 마찬가지다.

인과관계를 설정할 때, 명쾌하고 아름다운 일원론보다 오히려 불확실하고 누추한 총체론에 따라 배우고 묻는 방법이 훨씬 현실적이며 과학적이다. 그래야 문제가 제대로 해결될 수 있다. 제도경제학의 연구 방법론이다.

09장

이스털린의 역설

: 욕망은 통제될 때 행복에 더 가까워진다

'희소한 자원'과 '무한한 욕망'은 경제학이 존재하기 위한 대전제로 흔히 회자된다. 자원은 제한되어 있는데, 그것을 차지하려는 욕심이 들끓어 오르면 그 큰 틈새를 메울 방도를 찾지 않으면 안 된다. 이 문제를 해결하자면 먼저 희소한 자원을 효율적으로 활용할 필요가 있다. 그것도 부족하면, 그 욕망을 채워 줄 재화를 더 많이 생산하면 된다. '효율성'과 '성장'이 두 가지 전제로부터 발생하는 문제를 해결하는 방법이다. 이 결과 우리는 비용 극소화와 절약, 그리고 공급의 확대와 성장의 강박관념에 사로잡히게 된다. 신고전학파 경제학자들에게 고유한 이런 강박관념은 실은 희소한 자원과 무한한 욕망이라는 대전제에 그 기원을 두고 있다.

신고전학파 경제학은 자연주의 철학 위에 서 있다. 자원이 희소한 이유는 그 '부존량이 자연적으로 제한'되어 있기 때문이다. 신고전학파 경제학자들이 노동과 자본의 '증가'를 언급할 때도, 그 배후에는 그것을 부존량賦存量, endowment, 곧 '천부적으로 존재하는 자연물'로 보는 자연주의적 관점이 깔렸다. 따라서 그들에게 자원의 희소성은 보편적 법칙이다.

하지만 자원의 희소성에 대한 전제가 얼마나 비현실적인지는 내가 다른 책에서 이미 자세히 설명했다. 요약하면, 기술 수준이 매우 높아 생산성이 고도화된 현대사회에서 자원은 더 이상 희소하지 않다. 그것은 인류 전사에 적용될 보편적 조건이 아니라 기술 수준이 매우 낮은 중세시대 아니면 기껏해야 18세기 초에나 통할 법한 역사적인 전제에 불과하다. 20세기 중반 존 케네스 갈브레이스는 물론 그의 30년 선배인 케인스도 이미 희소성의 시대가 끝나고 '풍요의 시대'가 도래했다고 선언했다.

무한한 욕망의 전제는 어떤가? 신고전학파 경제학자들에게 인간은 쾌락hedon을 통해 행복을 추구하는 쾌락주의자hedonist다. 이 경우 쾌락은 행복이다. 그중에서도 육체적 쾌락이 중요한데, 그들에게 인간은 계산에 관한 지적능력을 제외하면 동물과 다르지 않기 때문이다.

인간은 육체적 쾌락을 추구하기 위해 완벽한 계산능력을 활용하는 존재, 곧 합리적 쾌락주의자다. 자신의 쾌락을 철저히 계산하는 존재, 인간의 이런 모습은 타고났다. 나아가 쾌락을 향하는 욕망은 끝이 없다. 물론, 왜 그것이 무한한지에 대한 설명도 없다. 욕망의 무한성 역시 인간의 본성이기 때문이다. 욕망의 무한성도 보편적 법칙이다. 자원의 희소성처럼 욕망의 무한성도 이처럼 자연주의적 세계관의 산물이다.

신고전학파 경제학에서 쾌락은 물질, 곧 부와 소득으로 측정된다. 쾌락에 대한 무한한 욕망은 부와 소득의 양으로 충족된다. 이때 부와 소득이 높을수록 쾌락의 양은 증가한다. 신고전학파 경제학자들에게 쾌락은 곧 행복이기 때문에, 부와 소득이 높으면 최종적으로 행복도 증가한다. 부자가 되면 행복하다!

행복하기를 원하는가? 부자가 되라. 부자로 되고 싶은가? 열심히 일하고 많이 만들어라. 무한한 노동과 무한성장이 무한한 행복의 비결이다. 이것이 신고전학파 경제학의 행복론이다. 신고전학파의 행복 함수는 다다익선多多益善으로 요약된다. 많으면 많을수록 좋다.

하지만 무한한 욕망이 인간의 본유적 속성인지는 분명하지 않다.

동서양을 불문하고 자본주의 경제체제가 등장하기 전 전근대사회에서는 욕망을 절제하는 문화가 지배적이었다. 고대불교는 물론 중세기독교도 무욕, 검약, 절제를 미덕으로 삼았다. 무욕의 미덕을 설파한 부처의 추종자가 구름처럼 많았고, 모래알처럼 많은 군중이 심령이 가난한 자를 복 있는 자로 칭송한 예수를 따른 이유는 무한한 욕망 못지않게 적절한 욕망이 인간의 본성이라는 것을 방증하는지도 모른다.

무신론자이지만 나 역시 그렇다. 물질에 대한 나의 욕망은 절대 무한하지 않다고 확신한다. 너무 가난해도 안 되지만, 너무 많아도 행복하지 않다. 과유불급過猶不及! 지나침은 미치지 않은 것보다 못하다.

많은 이들이 다다익선을 언급하면 과학적이라고 평가하고, 과유불급을 입에 올리면 종교적이라고 오인한다. 과유불급! 그것은 인간의 본성과 결코 어긋나지 않는다. 그 역시 과학적 언어다. 아리스토텔레스가 '중용'을 좋은 삶의 첫 번째 기준으로 설정했다는 사실도 기억하자.

1974년, 경제학자 리처드 이스털린Richard Easterlin은 1946년부터 30개 빈곤국가와 부유한 국가의 행복규모를 연구했다. 그 결과, 그는 흥미로운 사실을 발견했다. 먼저, 모든 나라에서 소득이 증가하면 사람들은 행복감을 느낀다는 것이다. 물질이 뒷받침되어야 인간은 행복하며 빈곤하면 불행하다. 당연한 사실이다.

이스털린의 발견은 여기서 끝나지 않았다. 소득이 높아지면 행복감은 증가하지만, 일정 수준을 넘어서면 소득이 더 증가하더라도 대다수 사람은 더 큰 행복을 느끼지 않더라는 것이다. 이것을 '이스털린의 역설Easterlin's paradox'이라고 부른다.

그 후, 대니얼 카너먼Daniel Kahneman과 앵거스 디턴Angus Dieton은 갤럽이 2008~2009년 실시한 미국인 45만 명에 대한 설문조사 결과를 분석했다. 이에 따르면 소득이 높을수록 미국인들의 행복감은 커졌다. 하지만 그러한 플러스(+)의 관계는 연간 소득 7만5,000달러, 우리 돈으로 약 8,700만 원까지 유지됐다. 그 이후부터는 소득증가가 행복감을 키우는 효과가 거의 사라져 그 이상은 돈을 더 벌어도 일상적인 행복감에는 큰 차이가 없는 것으로 밝혀졌다.

소득이 일정 수준에 이르고 기본적인 욕구가 충족되면 소득 증가가 행복에 영향을 미치지 않는다는 이스털린의 역설이 다시 입증된 셈이다. 행복을 얻기 위해 물질은 실로 필요하다. 가난하면 불행하고 소득이 뒷받침되면 행복하다. 하지만 무한한 소득과 부가 행복의 절대 조건은 아니다. 물질에 대한 사람들의 욕망은 무한하지 않은 것이다.

신고전학파 경제학의 무한한 욕망이라는 자연주의적 전제는 과학적으로 뒷받침되지 않는다. 다다익선보다 과유불급이 오히려 사실에 더 가깝다. 그런데도 우리는 신고전학파의 검증되지 않은 가설을 진리로 믿으며, 부질없는 질주와 축적의 습관에 내 삶을 탕진하고 있다. 더 문제인 것은 그런 그릇된 문화 탓에 브레이크 없는 욕망을 충족하기 위해 타인의 착취와 탈취는 물론 사기와 기만마저도 자연스러운 미덕으로 칭송하며 부러워한다는 데 있다.

물론 물질에 대한 무한한 욕망의 전제가 완전히 오류라고 예단할 수는 없다. 왜냐하면, 그런 행위자들이 실제로 존재하기 때문이다. 하지만 모두가 그렇지는 않다. 무한한 욕망으로 무장된 '욕망의 전사'들은 사회구성원 중 소수에 불과하다. 근대인은 극단주의, 다다익선, 무한한 욕망을 과학으로 포장하는 대신 중용, 과유불급, 적절한 삶을 종교로 깎아내리는 신고전학파 경제학의 희생자다.

이제 이스털린의 역설이 일어나는 이유를 알아볼 차례다. 왜 이런 역설이 일어날까? 많은 경제학자가 이스털린의 역설로 명명된 '사실'의 원인을 규명하고자 힘썼다. 한계효용, 습관, 과로 등 개인적 요소, 그리고 정치관계와 같은 제도적 요소 등 다양한 요인들로 설득하려 시도했는데, '사회적 관계'에 주목하는 연구가 매우 흥미롭다.

앤드루 클라크Andrew E. Clark, 폴 프리저스Paul Fritjers, 마이클 실즈Michael A. Shields는 물론 많은 경제학자의 실증연구에 따르면 경제적 불평등이 행복감을 결정한다. 불평등은 타인의 존재를 전제하는 개념이다. 곧, 나의 불평등은 타인의 경제적 부와 비교된 결과다. 따라서 불평등은 사회적 관계, 나아가 비교를 내포한다. 행복은 타인과 비교된 나의 처지, 곧 불평등한 상황에 좌우된다. 이때, 나의 경제적 처지가 작년과 비교해서 개선되더라도 다른 사람의 소득이 더 증가해 격차가 그대로 유지되거나 더 벌어지면 행복은 증가하지 않고 오히려 감소한다. 경제학 용어로 요약하면, '절대소득'은 증가하지만 '상대소득relative income'이 감소한 것이다.

상대소득이 감소하면 불평등이 증가한다. 곧, 내 절대소득이 증가하더라도 상대소득이 감소하면, 내 처지가 한심하게 느껴져 불행해지는 것이다. 사촌이 논을 사면 배가 아프다! 불평등이 행복을 좌우한다는 생각은 소스타인 베블런과 제임스 듀젠베리James Stemble Duesenberry에서 출발했다.

소비자 심리조사기관인 스칸디아 인터내셔널 소속 부자심리모니터의 2012년 조사에 따르면 13개 조사대상국 중 두바이 사람들은 좋은 삶을 위해 27만6,150달러의 돈이 필요했다. 1위 두바이에 이어 싱가포르와 홍콩이 각각 22만7,553달러와 19만7,702달러로 2위와 3위를 차지했다. 반면 유럽국가는 행복에 필요한 연 소득이 낮은 편에 속했다.

13개 국가에서 행복에 필요한 돈이 가장 적은 나라는 독일로 연평균 소득이 8만5,781달러였다. 다음은 10만4,477달러로 조사된 오스트리아, 이어 프랑스가 11만4,344달러, 영국이 13만3,010달러였다. 부유한 유럽인들이지만 작은 소득으로 충분히 행복해한다. 튼튼한 사회복지제도로 불평등이 해소돼 상대소득이 높아졌기 때문이다. 유럽인들의 욕망은 두바이, 홍콩, 싱가포르인보다 훨씬 낮았다. 그들의 욕망은 무한하지 않았고, 그것은 사회적 관계에 의해 스스로 통제됐다.

이스털린과 그 후속 연구들을 종합해 보자. 첫째, 소득이 매우 낮으면 불행하다. 그러므로 행복해지려면 절대소득은 높아야 한다. 둘째,

하지만 일정 수준 이상을 넘는 순간 절대소득이 추가되더라도 행복은 더 커지지 않는다. 셋째, 상대소득도 행복을 결정하는 요인이다. 절대소득이 증가하더라도 행복이 증가하지 않는 이유는 상대소득이 낮기 때문이다. 불평등하면 돈을 더 벌어도 불행하다. 그 때문에 욕망도 무한해진다.

행복한 나라를 만들고 싶은가? 자꾸 더 많이 벌려고만 하지 말고 제도를 개선함으로써 좀 더 평등해지자! 그러면 욕망도 무한하지 않게 된다. 욕망이 항상 무한한 것은 아니다. 위 학자들의 연구만으로 제한할 때, 적어도 그것은 '제도'의 함수다.

불평등이 불행의 원인이다. 왜 불평등한가? 누군가가 사회의 부와 소득을 독점하기 때문이다. 누가 독점하는가? 일부 욕망의 전사들이다. 무한한 욕망으로 무장된 이들은 중용의 삶을 추구하는 대다수 보통사람의 부와 소득을 끝없이 독점한다. 이 속에서 불평등이 발생하

며, 그 결과 사회구성원들은 불행해진다.

무한한 욕망은 성장의 추동력이라기보다 불행의 원천에 가깝다. 욕망을 통제해야 한다. 통제에는 자율적 통제와 타율적 통제가 있다. 무한한 욕망의 전사에게 욕망에 대한 자율적 통제를 기대하기는 어려울 것이다. 행복해지고 싶은가? 욕망의 전사를 통제하자. 이를 위해서는 특별한 제도적 장치가 필요하다.

우리 집에 반려견 두 마리가 있었다. 부엽이라고 부르는 시베리안 허스키가 경비의 역할을 못 해 하는 수 없이 경비에 특화된 셰퍼드 한 마리를 더 입양했다. 그 녀석의 이름은 팔복이다. 그런데 문제가 생겼다. 부엽이가 자랄수록 혈기왕성한 '남자'로 되어간 것이다. 여자 손님만 오면 다리를 감고 붕가붕가를 해댄다. 남성성을 주체하기 어려웠던지 자주 집을 나간다. 그리곤 어느 날 돌아오지 않았다. 우리 동네 개 십여 마리도 몽땅 사라졌다고 한다. 말복 근처였으니 모두 보신탕으로 되었을 것이란다.

후회된다. 진즉에 그 욕망을 통제해주었어야 했는데. 중성화수술이 필요한 이유를 뒤늦게 알게 됐다. 본능이 거세돼 애석하긴 하지만 인간과 공존하려면 욕망이 통제됐어야 했다. 미적거리다 시기를 놓쳐 욕망을 통제할 수 없었던 것이다. 무한한 욕망, 그 끝은 비참하다.

팔복이의 중성화수술을 위해 당장 동물병원으로 직행했다. 팔복이는 현재 내시다. 좀 처량하긴 하지만 명민함은 물론 민첩함과 강력함을 유감없이 보여주고 있다. 팔복이도 우리도 스트레스받지 않고 함께 행복한 삶을 누리고 있다. 무한한 욕망, 스스로 통제할 수도 있겠다. 하지만 그렇게 할 수 없다면 누군가가 통제해줘야 한다. 그것이 공존하는 차선책일 수 있다.

부엽이와 팔복이를 보고 있으니, 이 땅에 존재하는 모든 것을 독점하려는 욕망의 전사들이 겹친다. 한해 5억 원을 생활비로 쓴다는 장관, 수십 수백억을 갈취한 전직 검사, 자식을 위해 지도교수까지 교체시킨 여자, 권력을 위해서라면 간도 떼어내 주는 '기름 장어' 대선 주자, 대통령이 된 것에도 만족하지 못하고 퇴임 후를 위해 일해재단이니, 청계재단이니, 미르재단과 K스포츠재단이니 각종 재단을 설립하는 국가 최고 통치자들! 한 줌밖에 안 되면서 공존을 불가능하게 하여 전체를 불행에 빠뜨리는 이 욕망의 전사들을 어찌할꼬!

10장

치킨게임과 죄수의 딜레마에 갇힌 현대 경제학

: 그들에게 게임은 왜 늘 네거티브섬일까

대체로 나는 원론 수준의 용어로 경제에 관한 글을 쓴다. 경제학원론을 한 학기 정도 수강한 분이라면 내 서술방식에 싫증을 내겠지만, 그런 독자들은 현실적으로 많지 않다. 그러니 경제학자가 원론 수준의 용어로 글을 쓸 수밖에 없다. 한데 경제학에 문외한인 독자들 때문에만 기초개념을 가지고 글을 쓰지는 않는다. 기본개념 안에 경제학의 정의는 물론 방법론, 나아가 철학까지 용해되어 있기 때문이다. 기본에는 모든 게 농축되어 있다. 그러니 이것만 잘 이해해도 경제학의 절반 이상은 잡아내는 셈이다. 식상하다고 생각한 분들한테 쉽다고 건성으로 읽거나 우습게 보지 말라고 조언하고 싶다.

다시 원론부터 시작해 보자. 경제학이론은 연구대상이 되는 '행위자'에 따라 미시경제학과 거시경제학으로 나뉜다. 전자에서는 작은 단위(미시적 단위)인 수요자와 공급자가, 후자에서는 큰 행위자(거시적 단위)인 정부의 경제활동이 연구대상이 된다.

신고전학파 경제학의 미시경제학 파트에 종종 '게임이론game theory'이란 게 등장한다. 게임이론은 1944년 수학자 노이만John von Neumann과 모르겐슈테른Oskar Morgenstern이 본격적으로 시작해 경제학에 적용된 방법론이다.

미국의 물리학자인 모스Philip Morse가 이 이론을 맨 처음 제2차 세계대전 잠수함 전투에 적용했다. 그 후 게임이론은 주로 군사학에 활용됐다. 전투용 이론인 셈이다. 게임의 프레임이 좀 다르긴 하지만 이해를 돕기 위해 예를 들자면, 게임이론은 『손자병법』의 수학적 버전으로 불러도 크게 무리가 없을 것이다.

두 사람이 함께 쓴 책 『게임이론과 경제행동』에서 엿볼 수 있듯이 게임이론은 현재 경제학 연구에 널리 적용되고 있다. 우리에겐 주로 '죄수들의 딜레마' 게임이 잘 알려졌지만, 사실 게임이론에는 다양한 게임들이 포함되어 있다. 세상은 한 가지 게임으로 환원되는 게 아니라 다양한 조건 속에서 다양한 게임들이 여기저기서 동시에 펼쳐지는 복잡한 곳이기 때문이다.

복잡한 세상에서 이루어지는 게임들을 경기(게임)가 낳은 총합total sum을 중심으로 구분해 보자. 우리는 세상 어느 곳엔가 다음과 같은 상황을 발견할 수 있을 것이다. 두 사람의 게임참가자가 게임을 치른 결과, 총합이 제로로 되는 '제로섬게임zero-sum game'의 상황이다. 한쪽이 이득을 얻으면, 다른 쪽은 손실을 본다. 10의 파이를 두고 경기의 기여도에 따라 나눠 가지는 8+2=10의 게임이 아니다. 한쪽이 10을 가져가 버리기 때문에 다른 한쪽은 10을 모두 뺏기는 게임, 곧 (+10)+(-10)=0이 되는 게임이다. 너무 매정해 쉽게 받아들이기 힘들겠지만 이런 무자비한 상황은 비일비재하며, 우리는 이런 상황을 공정하다고 생각하며 심지어 즐기기까지 하고 있다.

예컨대, 축구경기에서 3:1의 점수가 났다고, 이긴 팀이 3의 보상을 얻고, 진 팀이 1의 보상을 얻지 않는다. 3점을 얻은 팀이 10의 파이를 차지하는 대신, 1점을 얻은 팀은 10의 파이를 깡그리 건네주어야 한다. 이긴 팀은 승자의 영광을 독식하는 대신 진 팀은 패자의 치욕을 온전히 떠안고 쓸쓸히 퇴장해야 한다.

이와 다른 상황도 있다. 제로섬게임과 반대되는 '비제로섬게임non-zero-sum game'이 그것이다. 앞의 게임에서 게임의 결과, 그 합이 항상 제로가 된 것과 반대로, 비제로섬게임에서는 두 사람의 경기결과가 제로가 아니다. 이때 두 가지 경우가 예상되는데, 하나는 [+]의 결과가, 다른 하나는 [-]의 결과가 등장한다. 전자는 포지티브섬게임positive sum game이고 후자는 네거티브섬게임negative sum game이다. 비제로섬게임의 결과는 이처럼 두 가지인데, 이 중 어떤 것이 현실적 결과로 귀착될지는 불확실하다. 누가 그 결과를 정확히 예언할 수 있는가 말이다!

독자들이 확인하고 있듯이 나는 그 결과가 불확실하다고 분명히 말했다. 그런 나의 결론은 가장 단순하게 볼 때도 논리적일 뿐 아니라 타당하다. 하지만 게임이론을 좋아하는 사람들, 그중에서도 특히 신고전학파 경제학자들의 생각은 다르다. 그들에게 게임의 결과는 항상 확실하다. 그 결과는 예정되어 있다는 것이다. 어떤 경우에도 게임의 결과는 제로섬 아니면, 네거티브섬이다.

제로섬게임과 네거티브섬게임의 결과를 낳는 게임으로 자주 언급되는 게임이 '치킨게임chicken game'이다. 게임당사자 모두가 좁은 도로 양쪽 끝에서 서로를 향해 마주 보며 자동차로 질주하는 게임이다. 이판사판, 너 죽고 나 죽자는 것이다. 이때 자신을 향해 달려오는 차량에 겁을 먹고 먼저 운전대를 꺾는 사람은 겁쟁이, 곧 치킨으로 취급된다. 한쪽이 피할 때 피한 사람은 겁쟁이로 모욕을 당하지만, 반대로 '너 죽고 나 죽자'로 각오하고 돌진한 사람은 영광을 독식한다.

하지만, 둘 다 다른 쪽이 피할 거라고 눈 질끈 감고 애써 다짐하며 이판사판 돌진하면 진짜로 너 죽고 나 죽게 된다. 치킨으로 놀림감이 되지 않고 자존심을 세우고자 하거나, 영광을 독식하려는 욕심을 포기하지 않는 한, 어떤 경우에도 네거티브섬게임의 결과로 모두 죽게 된다. 1950년대 미국 갱 집단들 사이에서 유행했는데 깡패나 양아치들의 세상을 잘 반영하는 게임인 것이다.

'죄수들의 딜레마'라는 게임은 이런 결과를 가장 잘 보여준다. 이 이론이 가지는 '계몽적' 특성에 관해서 나는 최근 나의 신간 중 『뷰티풀 마인드』라는 글에서 언급한 적이 있다. 긴히 재론할 자리가 아니므로 그 결과를 간단히 줄여 보자.

두 명의 공범들은 자신들의 범죄행위에 대해 자백하거나 묵비권을 행사할 수 있다. 곧, 두 가지 전략 중 하나를 자신의 합리적 계산에 따라 선택할 수 있다. 이들이 각 방에서 따로 심문을 받을 경우, 두 명의 죄수들은 어떤 결정에 이를까?

이 게임에서 둘이 함께 묵비권을 행사하면 가볍게 풀려날 수 있지만, 결국 모두 자백함으로써 무거운 형벌을 받게 된다. '경제학적' 게임이론에서 이들은 서로가 함께 패하는 네거티브섬 상황에서 결코 빠져나올 수 없다. 진퇴양난, 곧 딜레마dilemma에 빠진 것이다. 이들은 왜 이런 딜레마로부터 빠져나오지 못하는가? 그리고 '죄수들의 딜레마'를 미시경제학 파트에 슬쩍 끼워 넣은 주류경제학자들은 왜 이 게임의 결과가 필연적으로 네거티브섬의 결과를 낳을 수밖에 없다고 확언했는가?

게임의 당사자가 '죄수'들이기 때문이다. 죄수들은 저 살자고 수단과 방법을 가리지 않는 이기적 존재다. 또, 타인에 대한 신뢰를 이미 헌신짝처럼 던져 버린 망가진 족속들이다. 주류경제학은 현실의 행위자들이 모두 이기적이며 망할 족속들이라고 가정하고 있다. 이런 잘못된 가정의 포로가 되어 있으니 모든 사람은 이런 딜레마에서 벗어날 수 없다. 그로 인해 네거티브섬은 확증된 법칙이다!

야권의 대표적 대선주자 둘이 있다. 정권교체를 원하는 야권지지자들은 이 두 사람이 통합하기를 바란다. 하지만 두 사람이 이판사판식 치킨게임을 벌인다. 전쟁에서 백병전을 벌이고 있는 듯하다. 그 결과 죄수들의 딜레마, 곧 분열이라는 네거티브섬에서 벗어날 수 없을 것이라는 전망도 한다.

하지만 나는 좀 다르게 생각한다. 아니, 다르게 생각하고 싶다! 나는 두 사람이 신고전학파 경제학자들이 가정하고 있듯이 너 죽고 나 죽자 식으로 돌진하는 깡패도, 이기적이며 망가진 죄수도 아니라고 믿는다. 그리고 게임이론의 창시자들이 가정하듯이 지금은 전쟁을 벌일 만한 상황도 아니다.

내가 볼 때 두 사람은 자존심보다 공존을 도모하며, 타인을 신뢰하는 동시에 조금이나마 이타성을 발휘할 줄 아는 건전한 시민이라고 믿는다. 시민은 깡패와 죄수가 할 수 없는 일을 해낼 수 있다. 오늘 밤 성찰함으로써 자신의 위대한 본성을 확인한다면 제로섬이나 딜레마의 네거티브섬게임을 포지티브섬게임으로 바꿀 수 있다는 말이다. 성찰은 게임의 결과를 바꿀 수 있다. 경제학의 가정을 들여다보는 원론적 접근방식은 이래서 좋다.

11장

경제학 교수 90%가 하는 거짓말

: 헬조선과 불완전경쟁시장의 수호자들

경제학원론에서 우리는 시장market을 배운다. 제작품product이 상품commodity으로 교환되는 장소나 제도를 시장이라고 하는데, 제품이 상품으로 변신한 것은 그것의 가격으로 알 수 있다. 곧, 제품에 가격이 붙어 교환되는 곳이면, 거기는 시장이다. 그런 점에서 학교강의실에서 내가 제공하는 지식은 수업료라는 가격 없이 들을 수 없으니, 강의실은 실제로 시장이다. 물론 블로그와 페이스북에 올라온 똑같은 내용에 대해선 아무도 가격을 지불하지 않으니 여긴 시장이 아니다. 글로 지식을 제공하는 나로선 좀 억울하다.

시장은 하나의 형태로만 등장하지 않는다. 먼저, 완전경쟁시장

perfect competition market이 상상된다. 똑같은 상품에 같은 가격이 매겨지는데, 그건 상품에 대한 정보가 완전하고 시장의 진입과 퇴출에 걸림돌이 없기 때문이다. 물론, 정보와 상품에 대한 모든 사람의 인지능력은 완전해야 하고 시장에 오는 행위자들의 힘은 모두 고만고만해 가격에 영향을 줄 수 없다. 또, 모든 사람은 가격과 같은 경제적 항목만 생각할 정도로 동질적이다. 그리고 이런 완전한 합리성을 갖춘 경제적 인간들이 엄청 많다.

이와 대립하는 불완전경쟁시장non-perfect competition market이 존재하는데, 여기에는 독점시장, 과점시장, 독점적 경쟁시장이 포함된다. 현대, 삼성 등 소수의 거대 기업들이 시장을 지배하는 자동차시장은 독과점시장이다. 파리바게뜨와 뚜레쥬르가 평정한 제빵시장도 그렇다.

이제 두 시장을 구분해 보자. 먼저, 완전경쟁시장은 어떤 시장인가? 완전경쟁시장에서 가격은 수요곡선과 공급곡선이 만나는 점에서 결정된다. 이를 경쟁균형가격이라고 부르는데, 이것이 형성되자면 까다로운 조건들이 충족되어야 한다.

경쟁균형가격이 실제로 구현되자면, 시장에 참가하는 모든 사람이 완전히 똑똑해야 하고, 사기를 치거나 정보를 숨기면서 꼼수를 부려서는 안 된다. 이런 시쳇말을 교과서는 완전한 합리성perfect rationality과 경제적 인간homo economicus, 정보의 대칭성symmetry of information이라고 근사하게 표현한다.

두 번째 조건은 모든 사람이 똑같아야 한다. 성격도, 문화도, 재산 규모도, 사유능력도 같아야 하는데, 이를 행위자의 동질성homogeneity 가정이라고 표현한다. 나아가 이런 쌍둥이들이 소수가 아니라 다수여야 한다. 능력과 재산이 똑같은 사람들이 엄청나게 많이 모여 있으면 아무도 타인에게 정치적 영향력을 행사하지 못할 것이다.

두 번째 조건처럼 세 번째 조건은 많은 이들이 간과하는 부분이다. 완전경쟁시장에 참가하는 사람들은 서로를 몰라야 한다. 서로를 모르니 상대방의 계산과 처지에 무관심하다. 눈치 보지 않고 자기 방식대로 살면 된다. 사회적 존재가 아니라 개인적 존재라는 말이다. 서로 독립적으로 외면하면서 사니 사회적 공모와 결탁을 할 수 없다. 이 두 가지는 경쟁균형가격이 구현되기 위한 결정적 조건이다.

마지막 조건도 경쟁균형가격이 형성되기 위해 충족되어야 한다. 개인의 자유가 완전히 허용되어야 한다는 것이다. 너무 뻔한 말이라 의아해할지 모르겠지만 완전경쟁시장에서의 자유는 해당 산업에 대한 투자와 퇴장이 제 뜻대로 이뤄져야 한다는 말과 같다. 정부의 법적 규제가 없어야 하지만, 경제적 장벽도 없어야 한다.

경제적 장벽이 무슨 소린고? 이런 거다. 붕어빵 장사가 잘 되는 걸 본 한 교수는 붕어빵 장사를 쉽게(자유롭게!) 시작할 수 있다. 대규모 자본금과 특별한 경험과 기술이 필요 없기 때문이다. 하지만 자동차가 잘 팔린다고 내가 자동차공장을 쉽게 지을 수는 없다. 엄청난 돈과 기술이 요구되기 때문이다. 돈 없으면 자유도 없다. 이 경우 돈과 지식이 자

유로운 진입에 장벽이 된다. 완전경쟁시장에서 훍수저는 저리 가라!

완전한 합리성, 경제적 존재, 정보의 대칭성, 행위자의 동질성, 개인적 존재, 완전한 자유가 주어진다면 완전경쟁시장이 되고, 이 시장에서 형성된 가격은 경쟁균형가격이다. 이 가격 아래서 어떤 일이 일어날까? 모든 사람이 상품을 공정하게 교환하게 된다. 그리고 공평하게 분배되므로 평등하게 살게 된다. 노는 자원이 없게 되니 완전고용상태에 이른다. 아! 얼마나 스트레스 없고 평화로운 천국인가! 주류경제학이 묘사하는 자본주의의 상상도다.

나로선 도저히 이해되지 않지만 실제로 주류경제학자들은 현실이 이렇다고 믿는다. 그중 약간 의심하는 자들이 있더라도 조금만 참으면 머지않아 이런 세상, 곧 완전경쟁시장이 도래하리라고 확신하며, 대학에서 이 진리(!)를 강의한다. 많은 학생이 비싼 돈 내고 듣는 이야기가 바로 이런 것이다. 그런데도 잘 먹혀 들어간다. 왜 그럴까? 결론이 너무 아름답기 때문이다. 가정이 아름다우니 결론이 아름다울 수밖에 없다.

이렇게 세뇌된 후학들은 기업, 학교, 정계, 관료, 언론, 문화, 예술 각 영역에 완전경쟁시장의 전도사로 파송된다. 수준이 떨어지지만 '일베'도 거기서 돌쇠와 돌격대로 한몫한다. 그 결과 이 이데올로그들이 쌓아 온 지식의 양과 언어폭력에 압도되어 대다수 필부는 현실사회를 완전경쟁시장으로 오인하게 된다. '세상은 합리적이며 깨끗하다. 세상은 공정하다. 강자들은 혼자의 힘으로 실력을 쌓았다. 노력하면 반드시 좋은 세상이 된다!' 이런 독특한 문화에 의해 갈등적 현실은 평화를 얻고 추악한 강자들은 정당성을 확보한다.

완전경쟁시장은 실제로 존재할 수 있다. 대학가에 즐비한 삼겹살 주점은 이런 완전경쟁시장에 가장 가깝다. 적은 자본으로 아무나 주점의 주인이 될 수 있고, 돈 없어 아끼고자 하는 학생들밖에 없으니 싼 가격에 이목이 집중된다. 좁은 지역에서 가격정보도 잘 알려져 있으니 가격을 함부로 올릴 수 없다. 경쟁이 심해 가격이 이미 낮아져 있어, 가격을 더는 내리기도 어렵다. 삼겹살 품질도 비슷해지고 가격도 같아진다. 우리 시대의 대학가 모습이지만 완전경쟁시장의 전형이다.

하지만 이런 시장은 극히 드물다. 우리 시대를 풍미했던 삼겹살 주점형 완전경쟁시장도 이제 '역사'에 불과하다. 현재 자본주의의 대다수를 차지하는 시장은 완전경쟁시장이 아니라 불완전경쟁시장이다.

그렇다면 불완전경쟁시장은 어떤 시장이며 그 모습은 어떨까? 완전경쟁시장을 정확히 알면 불완전경쟁시장을 알기는 식은 죽 먹기다.

앞에서 본 시장에 필요한 완전한 합리성, 경제적 존재, 정보의 대칭성, 행위자의 동질성, 개인적 존재와 같은 조건들이 하나도 충족되지 않는 시장이기 때문이다. 곧, 완전한 합리성보다 제한적 합리성, 경제적 존재보다 비경제적 존재, 정보의 대칭성보다 정보의 비대칭성asymmetry of information, 동질성보다 이질성, 개인적 존재보다 사회적 존재의 조건이 충족되는 시장이다.

실제로 사람의 합리성은 완전하지 않다. 당장 내일 일어날 일도 모른다. 우리는 모두 과자의 중량, 함유물질을 꼼꼼히 보고 구매하지 않는다. 속임수인데도 우리는 원플러스원 상품을 잽싸게 낚아챈다. 또, 사람들은 경제적으로만 생각하지 않고, 사회적, 정치적으로 생각한다. 베블런이 잘 지적했듯이 소비자는 과시, 모방, 눈치 다시 말해 사회적 관계를 고려하며 소비한다.

수요자와 공급자의 상품에 관한 정보와 지식도 비대칭적으로 소유된다. 컴퓨터의 성능과 부품에 대해 나는 삼성전자만큼 알지 못한다. 알려주는 대로 믿을 뿐이다. 대기업과 중소기업, 부자와 빈자, 금수저 자식과 흙수저 자식은 서로 다르다. 각 쌍의 생산방식과 소비패턴은 서로 다르다. 예컨대, 부자는 과시를 목적으로 사회적으로 소비하지만, 빈자는 실용적 목적을 달성하기 위해 경제적으로 소비한다. 나아가 각 쌍 중 한 줌 '소수'의 대기업, 부자, 금수저 자식이 사회의 모든 사안을 결정한다. 또, 사람들은 어울려 다니며 돕거나 작당을 부린다. 항상 사회적 결탁이 이뤄진다. 이게 인간, 나아가 시장에 참가하는 경제적 존재들의 현실적 모습이다, 이런 존재들에 의해 결정되는 가격은 경쟁시장가격과 완전히 다르며, 그 결과도 달라질 수밖에 없다.

불완전경쟁시장에서는 소수의 강한 자들이 우월적 지위를 이용한 독과점가격, 짬짜미(담합), 결탁과 공모를 통한 사회적 가격, 그리고 정보의 비대칭성에 기대어 비도덕적 수탈을 기도하는 불공정가격 등 정치적 권력, 사회적 관계, 정의롭지 못한 관행 탓에 비경제적 가격이 형성된다. 그것은 경제적 가치의 부등가교환으로 이어지며, 그 결과 총체적 불평등 분배가 심화된다.

불완전경쟁시장에 주목하는 이유는 이처럼 그 시장을 지배하는 소수가 경제적 자원을 독차지하기 때문이다. 여기 해당하는 사례는 어렵지 않게 발견된다. 예컨대, 2014년 과자 원재룟값이 4.9% 오르는 동안 초코파이 가격이 50% 올랐고, 2015년 원유가격이 30% 내렸지만, LPG 가격은 30% 뛰었다.

2014년 롯데시네마와 CGV가 동시에 영화 관람료를 1,000원 인상하고, 서울우유·남양유업·매일유업이 차례로 우유 가격을 200원씩 인상하는 담합 방식의 독점 행위도 있다. 우월적 지위, 정보의 비대칭성, 사회적 공모를 통해 독점자들이 소비자로부터 경제적 가치를 수탈해간 사례들이다.

대기업은 이처럼 소비자에게서만 자원을 독차지하지 않는다. 완제품이나 부품을 납품하는 중소 하도급과 프렌차이즈(가맹점)를 쥐어짜 자원을 긁어모은다. 가령, 2014년 카페베네가 판촉비와 인테리어를 가맹점에 떠맡겨 2배의 폭리를 취하고, LG화학이 YSP라는 하도급업체에서 배터리라벨 기술을 탈취하며 동명전자에 1억6,000만 원의 부품대금을 부당하게 깎았다가 적발됐다.

이것으로 끝이 아니다. 대기업은 국가와도 공모해 국민의 세금을 독차지해간다. 4대강 사업 극히 일부분(2차 턴키 공사 3개 공구)에서만도 건설업체들은 담합으로 국민의 혈세를 1,893억이나 횡령했다. 정부 관료가 도와주거나 묵인하지 않으면 불가능한 일이다.

독점자들은 이처럼 우리에게 잘 알려진 방식으로만 경제적 자원을 독식하지 않는다. 혁신도 이를 가능하게 한다. 가장 정당성을 갖춘 혁신이 왜 이 장면에 등장하는지 의아해할 사람들이 적지 않을 것이다. 하지만 대기업의 혁신이 자신의 연구개발 투자 덕분만은 아니라는 사실에 유의해야 한다. 이들의 혁신은 공공연구기관과 대학의 기초연

구와 대형연구를 공짜로 취한 결과이며, 중소 하도급 기업의 점진적 혁신incremental innovation 등이 상호작용한 결과임을 잊지 말아야 한다. 거저먹을 수 있는 '사회적' 혁신 없이 대기업의 개인적 혁신은 불가능하다는 말이다. 따라서 혁신의 결과에 대한 무자비하고 몰염치한 독점은 이론적으로 뒷받침되지 않는다.

앞서 본 것처럼 소수 몇몇이 죄다 긁어가 버리니 있으니 나머지 대다수는 할 일도 없고, 그들에게 쓸 자원도 남아 있지 않다. 나아가 독점한 자원이 대부분 과잉으로 저축되어 있으니 자원이 활용되지 않고 있다. 이런 걸 자원의 비효율적 배분이라고 부른다. 저축은 자원이 비효율적으로 배분되어 쓰이지 않는 상태, 곧 투자되지 않고 놀고 있는 상태니 그리 좋아할 일은 아니다.

이 때문에 다수의 중소자영업자가 사업을 할 수 없고, 저임금 비정규직노동자들이 소비를 할 수 없으며, 청년들이 일이 없어 모든 것을 포기한 'N포 세대'로 전락한 것이다. 공정 대신 불공정, 평등 대신 불평등, 완전고용 대신 실업과 비정규직이 만연하고 개천에선 지렁이만 우글거리게 되는 것이다. 천국 대신 '헬조선'이 현실이 될 수밖에 없다.

다음은 OECD 34개 회원국 가운데 대한민국이 차지하는 위치다. 최저임금 수준 최하위, 저임금 노동자 비율 1위, 남녀 임금 격차 1위, 산업재해사망률 1위, 최고 수준의 비정규직 비중, 비정규직의 정규직 전환률 최하위, 학업 시간 1위, 대학교육 가계부담 1위, 사교육비 지출

1위, 교통사고 사망률 1위, 15세 이상 음주량 1위, 독주 소비량 1위, 주관적 건강상태 최하위, 어린이 행복지수 최하위, 청소년 행복지수 최하위, 이혼증가율 1위, 자살률 1위, 가계부채 1위, 출산율 최하위, 노인빈곤율 1위, 사회복지지출 최하위, 소득불평등 2위, 장시간 노동 2위, 국공립대 등록금 2위, 성범죄 발생률 2위, 국가청렴도 순위 27위, 언론자유지수 30위, 노조조직률 31위, 실로 헬조선이 우리가 목도하고 있는 현실이다!

불완전경쟁시장의 이런 헬조선 현실을 완전경쟁시장의 아름다운 천국으로 오도하는 자들이 바로 주류경제학자들이다. 대한민국 경제학 교수의 90%가 하는 일이다. 하지만 주류경제학자들과 그 제자들이 아무리 외치더라도 완전경쟁시장의 유토피아와 불완전경쟁시장의 지옥의 괴리는 갈수록 커지고 있다. 주류경제학의 완전경쟁시장 소설과 신앙이 허구로 밝혀질수록 독점자들의 정당성은 위협받게 된다. 그와 함께 독점자들이 지배하는 불완전경쟁시장도 유지되기 어려워진다.

신고전학파 경제학으로 포장된 '부드러운 문화'의 약발이 떨어지면 '강한 정치적 폭력'이 등장한다. 독점자들의 은혜를 입는 보수정당은 불완전경쟁시장을 유지하기 위해 다양한 제도를 동원한다. 그 첫 번째가 '가상의 적'을 동원하며 국민을 겁박하는 일이다. 그리고 비상상태를 선포해 '불완전경쟁시장의 적'들을 탄압한다. '북풍'은 이 땅의 불완전경쟁시장 수호자들이 선거 때마다 상습적으로 써먹는 수단이다. 국가비상사태선포는 더 급박할 때 써먹는 방법이다.

불완전경쟁시장은 비합리적, 정치적, 사회적, 비도덕적, 몰염치한 독점자들이 사회의 부를 독차지하는 제도적 파이프며, 그들의 발명품이다. 우리의 생각과 달리 그들은 완전경쟁시장을 가장 증오한다. 나아가 현대자본주의에서 보수정당은 불완전경쟁시장을 수호해주는 역할을 한다. 그들이 완전경쟁시장의 기반을 마련해 주는 임무를 수행한다고 생각하면 큰 오산이다.

주류경제학자들은 불완전경쟁시장을 완전경쟁시장으로 미화하면서 독점자와 보수정당에 기생한다.

12장

노동의 가치는 경제법칙으로 정해지지 않는다

: 전기료 누진제 폐지와 그 '못된 놈'의 에어컨

주식, 채권, 환율, 이자, 수출입 등을 줄줄이 꿰며 경제에 대해 설을 푸는 경제학자들을 별로 좋아하지 않는다. 명색이 경제학자인 내가 그것의 이론적 틀을 모르지 않으나, 그게 내가 바라는 '좋은' 경제에 이바지하기는커녕 오히려 경제를 나쁜 방향으로 이끌어 갈 뿐만 아니라 그 지표들이 좋아진다고 해서 내 삶이 나아지지도 않기 때문이다. 기업 잘 된다고 노동자의 삶이 더 좋아지는 경우를 보지 못했고, 내가 재직하고 있는 학교가 좋아진다고 내 경제적 조건이 나아진 것을 경험해 본 적도 없다.

월드컵 감독이었던 히딩크가 한 말로 한때 즐겨 인용된 적이 있지만, 가진 자들 역시 '항상 배고프다!' 그들의 지표가 개선된다고 내 처지가 나아지리라 기대할 수 없으니, 내가 이런 경제적 변수를 앞에 두고 하품을 할 수밖에 없다. 그런데도 경제신문 열심히 읽어가며 이런 지표의 동향을 파악하면서 내 앞에서 자랑삼아 설을 푸는 자들을 보고 있으면 불쌍하게 여겨진다. '그 시간에 네 살길 찾아봐라. 그게 힘들면, 정치에 참여해서 거시 경제적 조건을 바꾸려고 노력해 봐라.' 우리의 처지를 바꿀 수 있는 것은 그런 경제적 변수가 아니라 내 역량을 키우는 노력은 물론, 정치, 사회, 문화 등 비경제적 조건들이다.

나는 베블런이란 경제학자를 매우 흥미롭게 바라본다. 왜 그런가? 그야말로 비경제적 요인으로 경제적 현상을 체계적으로 바라본 최초의 경제학자이기 때문이다. 앞에서 말한 적 있는 그의 사회적 소비론은 대표적인 사례로 손꼽힌다. 사람들은 경제적 이유나 합리적 계산 결과에 따라 소비하지 않고, 남의 눈치를 보며, 곧 사회적 관계를 고려하며 소비한다. 소비라는 경제활동을 사회적 요인으로 설명한 것이다.

비경제적 요인으로 경제활동을 설명하는 그의 사례는 생산영역에서도 발견된다. 소비영역과 달리 생산영역에서는 노동행위가 이루어진다. 노동에는 여러 가지가 있다. 노동은 대표적으로 정신노동과 육체노동으로 구분된다. 전자를 위해 정신적 능력, 곧 지식 더 나아가 과학지식이 상대적으로 더 많이 요구되는 반면, 후자는 육체적 능력, 경우에 따라 경험지식이 있어야 한다.

이 중 어떤 노동이 가치 있고, 바람직한가? 이 질문에 사람들 대부분은 육체노동보다 정신노동이 더 가치 있고 바람직하다고 단정한다. 따라서 정신노동의 월급은 높고 육체노동의 월급은 낮아야 한다. 왜? 첫째, 육체노동은 힘들고, 더럽고, 위험하다. 그것은 본래 '바람직하지 않으며' '가치 없는' 노동이다. 둘째, 자본주의의 노동시장은 수요공급법칙에 따라 그렇게 평가하기 때문이다. 글을 읽는 독자 중 70%는 이런 주장을 의심하지 않는다. 경제 분석에서 '경제적 요인(수요공급법칙)'을 절대시하며, '주어진 현상'을 진리로 간주하는 주류경제학(신고전학파)의 사고를 충실히 따르는 사람들이다.

베블런은 그런 사고를 비웃었다. 베블런에게 그들은 눈에 보이는 현상을 본질로 오해하는 '현상론자'들이다. 정신노동이 경제적으로 더 높게 평가되고 있는 게 현실이지만, 통념 뒤에 감춰진 진실을 볼 수 있어야 한다. 나아가 그들은 경제적 현실을 오로지 경제요인만으로 분석하는 일원론자들이다. 일원론은 유일신을 믿는 종교에서나 통할 뿐, 복잡한 '세속'을 이해하는 데는 적합하지 않다. 또 대부분의 경제적 결과는 비경제적 요인의 결과다!

인간은 노동 없이 살 수 없다. 노동은 모든 경제적 가치의 원천이다. 이 점에서 베블런은 마르크스와 생각이 같다. 하지만 노동이 평가되는 방식에서 그는 신고전학파는 물론 마르크스와도 다르다.

원시사회에서 노동, 더 나아가 육체노동은 존중됐다. 생산성이 낮고 별다른 도구가 사용되지 않을 때 인간의 육체노동만큼 가치 있는 것은 없기 때문이다. 육체노동이 없으면 공동체는 생존조차 확보할 수 없게 된다. 육체노동만큼 경제적으로 가치 있으며, 사회적으로 바람직한 활동도 세상에 없었다. '노동요'가 단지 일 열심히 하라고 등장한 것만은 아니다. 노동은 진실로 찬양할 만했다. 어렵고, 더럽고, 위험함에도 불구하고 말이다.

하지만 상대적으로 평화롭던 원시공동체 사회가 붕괴하고 야만적 약탈사회가 도래했다. 노획물은 다양했다. 그중 포로들도 있었다. 잡혀온 포로들은 권리 박탈 상태에 처해있다. 그들은 공동체의 어떤 구성원에게서 도움을 받을 수 없었다. 그들은 보호받지 못하는 무력한 노예로 전락했다. 그들은 가장 천하고 비루한 존재였다. 승리한 공동체는 이 비루하고 천한 노예들에게 힘들고, 더럽고, 위험한 육체노동을 떠맡겼다.

육체노동은 여전히 경제적으로 가치 있는 노동이며, 사회적으로 바람직한 노동이었다. 하지만 이제 평가는 달라진다. 힘 있는 자들은 그것을 경제적으로 가장 가치 없으며, 사회적으로 가장 비난받을 행위로 강등시킨다. 뻔뻔스럽다!

베블런의 주장은 결국 이렇다. 노동의 경제적, 사회적 가치는 수요공급의 경제적 법칙(?)에 따라 결정되지 않는다. 그것은 바로 정치적 권력관계, 나아가 권력자들이 조작한 신고전학파 경제학이라는 문화, 곧 비경제적 요인으로 결정될 뿐이다. 뻔뻔스러운 힘과 뻔뻔스러운 문화가 노동의 가치를 평가하고 모욕하는 것이다.

힘없으면 귀찮은 일 모두 떠맡는다. 힘없으면 궂은일 도맡아 하고 선행을 베풀어도 비난받는다. 힘없으면 폭탄 돌리기의 종착역이 되고도 욕먹는다. 경제적으로 정당하게 평가받고 싶고, 사람 대접받고 싶은가? 힘을 가져라. 아마 정치경제학자로서 베블런의 조언일 거다. 그는 힘을 가지기 위해 신고전학파 경제학이라는 이 황당하고 야비한 문화를 극복하길 바랐다. 경제를 이해할 때 비경제적 요인, 여기서는 권력power이 무엇보다 중요하다는 말이다.

정부가 전기세 누진체제를 손봤다. 많은 사람이 누진제 폐지 혹은 대폭 수정에 찬성했다. 나도 누진요금이 무서워 전기를 맘대로 못 쓴다. 작년 겨울방학 때 아들이 10일 정도 머문 적이 있다. 자주 쓰지 않는 아래채에 보일러 대신 패널로 된 전기장판을 깔았다. 시골이니 도시가스가 안 들어오는 탓이다.

귀한 아들 추우면 안 된다고 엄마가 전기를 과감히 틀었다. '과감히'라고 했지만, 몇 시간 안 된다. 그런데 요금이 장난이 아니다. 4~5만 원 하던 전기료가 25만 원으로 껑충 뛰었다. 생색도 제대로 못 냈는데 대가는 참혹하다. 누진제의 위력을 통감했다.

폭서로 매일 열대야였던 해, 시골이니 도시 열섬으로부터 피해 있어 내게 열대야는 없다. 새벽엔 춥다. 하지만 낮에는 30도를 웃돈다는 점에선 도시와 비슷하다. 그래도 에어컨을 틀어 본 적이 없다. 시원하기 때문이지만 누진세가 무섭기도 하다.

동기의 작은 부분을 차지하지만 이런 생각도 없지 않다. 사실 에어컨이란 기계만큼 '못된 놈'의 기계도 없다. 많은 문명의 이기들이 사회 전체의 삶을 윤택하게 하지만, 에어컨은 철저히 이기적인 기계다.

에어컨을 가동하면 나는 시원하다. 시원하면 쾌적하다. 그리고 일의 능률도 향상된다. 하지만 내 공간의 열을 모두 밖으로 내보낸다. 나는 행복하지만, 타인은 불행해진다. 나는 시원하지만 남은 더워진다. 폭염을 피하자고 모두가 자신이 감당해야 할 열을 타인에게 밀쳐낸다. 하지만 그 많은 열을 온전히 감당해야 할 사람에겐 폭탄이나 다름없다. 내가 에어컨을 자제하는 이유 중 하나다. 위대한 사상도 아니다. 소시민에게 남겨진 마지막 작은 연대감이다.

모두가 나처럼 도시의 열섬을 피할 처지는 못 된다. 그래서 에어컨 끄고 폭염과 용감히 싸우길 권하지는 않는다. 그 때문에 폭염을 피할 수 있게 가정용 전기에 붙는 누진제도를 수정할 필요가 있다. 도시 열섬 속에 살아 본 나로서 그 주장에 충분히 공감한다. 하지만 누진제 폐지 후 그 많은 사람이 모두 에어컨을 빵빵 틀어 더위를 외부로 밀쳐 내 버리면, 누가 그 폭탄을 감당해야 하나. 그러잖아도 감기 들 정도로 에어컨을 빵빵 트는 고위층 집무실, 커피숍, 음식점, 영화관, 더 나아가 학교 교실에서 충분히 열 폭탄을 뿜어내고 있지 않은가.

힘들고, 더럽고, 위험한 노동을 하고 싶은 사람은 없다. 그것은 힘없는 사람에게 돌아간다. 경제는 권력관계에 따라 움직이는 것이다. 경제적 합리성도 실은 힘의 관계로부터 출발한다. 이런 경제가 과연 정의로운가?

폭염도 마찬가지다. 폭염을 즐길 자 아무도 없다. 에어컨을 소유한 자들은 폭염을 이리저리 돌린다. 에어컨이 없으니 저소득층과 빈곤층은 고스란히 폭염을 떠안아야 한다. 세금폭탄을 그토록 혐오했던 고소득층과 중산층은 이제 빈곤층의 폭염에도 관심을 기울여야 한다. 모두 빵빵 틀 생각을 조금만 양보하자. 그게 공공의 이익과 공공선을 높인다. 공공의 이익과 공공선이 함양되는 경제 속에서 비로소 힘없는 저소득층과 빈곤층이 생존의 기회를 얻을 수 있다.

따지고 보면 지금까지 가정만 공익과 공공선을 위해 희생해왔다. 그건 부당하다. 기업도, 학교도, 사장님들도, 고관대작도, 그리고 대통령도 공공선의 구현에 동참해야 한다. 에어컨 빵빵 틀어 힘없는 사람 열 받지 않도록 기업, 학교, 관공서, 높은 분들의 집무실에도 누진제를 적용해야 한다.

힘 받았다고 해서 가정용 전기 누진세율을 급격히 낮추지는 말자.

못된 놈의 에어컨 땜에 저소득층 더워 죽는다. 나아가 전기 많이 쓸수록 발전소 더 지어야 한다. 내 경험으로 미뤄 보건대, 우리나라에서 그 요구는 원자력발전소로 귀착될 가능성이 크다. 그건 모두에게 더 큰 재앙으로 돌아온다.

권력이 항상 나쁜 것만은 아니다. 정치권력은 공공선에 기여할 수 있다. 하지만 뻔뻔스러운 권력으로 밀어붙이는 경제가 반드시 선하거나 정의롭지만은 않다.

13장

3D는 어떻게 빈자의 직업으로 전락했나

: 모병제도와 진보

고등학교와 대학교를 거치다 보니 여러 직종에서 일하는 동문 친구들을 알게 된다. 교수, 법조인, 의사, 사장 등 이른바 '잘 나가는' 친구들이 있다. 물론 모두가 그렇지만은 않다. 내 친구 중엔 회사원들이 더 많다. 대부분 기술직과 관리직이다. 회사 안에서 그나마 잘 나가는 직군이다. 반면 영업직도 더러 있다. 차림새는 모두 깔끔하다. 얼굴에는 기름기가 흐르고 손발은 희고 깨끗하다.

만나면 각기 자기 분야의 경험과 고충을 털어놓곤 한다. 다들 힘들고 어렵단다. 그런데도 이들 사이에 힘들고 어려움의 차이는 있다. 모두 징징 짜고 있지만 내가 보기에 잘 나가는 양반들의 엄살이 제일

세다! 교수, 법조인, 의사, 사장의 일은 기술직, 관리직에 비해 상대적으로 편하고 쉽다. 잘 나가는 사람 대부분은 자기 하고 싶은 일을 하는 사람들이며, 적어도 남의 오더를 받아 들들 볶이는 처지가 아니기 때문이다.

그러나 영업직에 비하면 기술직과 관리직의 난이도는 새 발의 피다. 살 의향이 없는 사람들을 신발창이 다 닳도록 수없이 찾아다니며, 바짓가랑이를 부여잡고 팔아먹어야 하니, 그게 보통 일인가! 영업직 없으면 회사가 절대 안 돌아간다. 기술직이 아무리 잘 만들고, 관리직이 회사 관리 잘하더라도 팔리지 않으면 돈으로 회수되지 못하여 회사는 망해버린다. 깨끗하지만 회사에서 가장 힘들고 어려운 일이다. 이렇게 볼 때 영업직은 회사에서 가장 바람직하지만 모두 피하고 싶은 직무다. 고등학교 시절 좀 딱한 처지에 있던 친구들이 주로 맡아 수행하고 있더라. 잘 나가는 친구들과 기술직, 관리직이 힘들고 어렵다고 여겨 떠넘겨 버렸기 때문이다.

재작년 이 집으로 이사 올 때 공사판에서 짬짬이 일을 도왔다. 그때만 해도 몸이 팔팔해 블록 옮기기, 짐 나르기 등 이른바 노가다(막노동) 일을 잘해냈다. 하지만 한 달 정도 힘을 쓰니, 나중엔 온몸이 결리고 쑤신다. 나만 그런 게 아니다. 공사장에서 뼈가 굵어진 역전의 용사들도 마찬가지다. 그런데도 그 무거운 몸을 이끌고 매일 아침 8시에 그 힘든 일을 시작한다. 괜찮으냐고 물었다. 죽겠단다. 그런데도 먹고살자면 참고 일해야 한다. 근육이 뭉쳐 밤에 고통스럽지만, 소주 한 병으로

'마취'하고는 잘(!) 잔단다. 내가 보기에 뭉친 근육을 풀어주지 못하고 평생 고역에 시달리니, 골병이 드는 것이다. 영업직 발품도 육체노동에 비하면 양반이다.

노가다 일이야말로 정말 힘들고 어렵다. 집 지을 때, 우리 집 뒷산을 절개하고 석축을 쌓는 노동자의 일은 위험천만하기까지 했다. 그 무거운 바윗덩어리를 잘못 옮겼다가는 깔려 죽는다. 공부를 그리 잘하지 못해 한 번도 용기 있게 해 본 적 없는 말이지만 내 입에서 절로 나오는 말, '공부가 제일 쉬웠어요!' 그래서 모두가 이렇게 생각한다. 차라리 공부하지 이런 일 안 하련다. 지질한 자들이나 가져가라.

전원주택에 대한 평가는 사람마다 다를 것이다. 나는 본래부터 아파트를 '집'이라고 생각하지 않았다. 나아가 나는 여행을 좋아하지 않지만 움직이는 걸 좋아한다. 노동도 그중 하나다. 노동 없이 전원주택을 누릴 수 없다. 자연과 가깝기에 자연이 주는 영향에 대응하기 위해 수시로 집과 그 주변을 손봐야 한다.

텃밭 없는 전원주택은 팥소 없는 찐빵이다. 그런데 텃밭은 많은 주의와 노동을 요구한다. 텃밭 일구고 가꾸는 것, 곧 농사일은 장난이 아니다. 재미에 푹 빠져있지만 실은 힘들고 고된 일이다. 오십견, 허리 통증, 손가락 방아쇠증후군 등 농사일로 골병이 들었다. 다행히 스트레칭과 마사지로 자가 치료할 수 있었지만, 이런 새로운 자가치료 지식이 없었더라면 골병들어 영락없이 꼬부랑 할아버지가 되었을 것이다.

농사일은 힘들고 어려운 고역이다. 취미와 소일로 하는 텃밭 일과 양적, 질적으로 다르다. 그렇다고 아무도 농사짓지 않으면, 모두 굶어 죽는다. 그러니 별 배운 것 없고, 주변화된 사람들이 떠맡게 된다. 사회적으로 바람직하지만 이처럼 딱한 처지인 사람들이 이 고역을 전담한다.

학교에선 학생들이 매일 수백 킬로의 쓰레기를 버린다. 우리 동네 청소차는 산더미 같은 쓰레기를 월화수목 야밤에 실어 나른다. 음식물이 배출되는 화요일엔 청소차가 지나갈 때 악취가 진동한다. 하지만 차량 뒤엔 쓰레기에 코를 대고 악취를 흡입하며, 두 명의 환경미화원이 매달려 있다.

지금은 도시에서 찾아보기 어렵지만, 똥을 푸는 노동자도 있었다. 요즘 정화조 처리를 담당하는 사람들이다. 손과 몸은 똥 냄새로 배어 있다. 그 냄새와 함께 점심을 때운다. 힘들다. 그리고 위험하며 더럽기도 하다. 영락없이 3D다. 힘들고difficult, 위험하며dangerous, 더러운dirty 일이라는 말이다.

잘 나가는 사람, 기술자, 관리직, 영업직, 노동자, 농민, 모두가 꺼리는 일이다. 그런데도 누군가는 수행해야 한다. 막장드라마의 주인공들이 이 역을 맡아야 한다. 환경미화원과 분뇨처리 노동자가 없으면 이 세상은 어떻게 될까? 굳이 말 안 해도 상상이 되리라. 세상은 쓰레기와 똥 범벅이 되어 악취로 숨을 쉬지 못할 것이다.

보라. 누구의 노동이 경제적으로 가치 있고 사회적으로 바람직한가? 잘 나가는 사람 중 적어도 교수, 법조인, 사장, 그리고 관리직과 영업직 없어도 세상이 돌아가지만, 환경미화원과 똥장군 없으면 세상은 살 수 없다. 후자가 훨씬 경제적으로 가치 있고, 사회적으로 바람직하다! 아마 의사, 기술자, 농민과 비교해도 절대 덜하지 않을 것이다. 나 같은 교수 하나 없다고 세상 안 돌아가는 건 아니다.

이처럼 3D 업종의 경제적 가치와 사회적 필요성은 대단히 크다. 하지만 그 노동의 속성, 곧 어려움, 위험, 더러움 때문에 사람들은 그것을 스스로 부담하지 않고 타인에게 떠넘기고자 한다.

그렇다면 누가 부담할 것인가? 누가 이 어렵고, 위험하며 더러운 행위를 부담할 것인지를 결정하는 가장 강력한 요인은 권력이다. 앞에서 살펴본 대로 고대사회부터 3D 업종은 정치적으로 완전히 권리 없는 상태에 처한 노예에게 맡겨졌다. 힘 있는 놈은 쉽고, 안전하고, 깨끗한 활동을 독차지하지만 힘없는 놈에겐 어렵고, 위험하고, 더러운 노동이 전가된다. 주는 대로 받아라, 닥치고 3D!

두 번째 요인은 문화적이다. 사회구성원 중 한 부류를 차별하는 문화가 정착되면, 그 차별받는 쪽에게 3D 업무가 맡겨진다. 전근대사회에서 여성들이 그런 업무를 수행하며 대한민국 헬조선에서 사내 비정규직이 온갖 궂은일을 도맡는 것과 같다.

세 번째는 주변화되어 타인의 도움을 받기 어려운 사회적 약자들에게도 이런 업무가 밀쳐진다. 배제당하면 이리 채이고 저리 채이다 막장으로 굴러가게 된다.

마지막은 경제적 이유다. 곤궁 때문에 3D 업무를 피할 수 없는 경제적 약자는 이를 즐겨야 한다. 피할 수 없으면 즐겨라! 근대 사회에서 시장이 형성되자 3D 업무는 '시장'에서 상품으로 자유롭게(!) 거래되기 시작한다. 말이 자유로운 시장 거래지 실은 힘없고 가난한 자들에게 강요되는 것이다. 강하고 선택받은 부유한 자들이 쉽고, 안전하고, 깨끗해지기 위해, 더 나아가 그것을 독차지하기 위해 말이다.

3D 업무의 시장화, 그것은 사회가 원활하게 작동하기 위해 누군가 수행해야 하는 어렵고, 위험하며, 더러운 업무, 하지만 꼭 필요한 업무를 사회적, 경제적 약자에게 떠맡기는 일종의 제도와 다르지 않다. 그것은 강자의, 강자에 의한, 강자를 위한 제도다. 따라서 그것은 시장으로 포장된 비민주적이며 비인간적인 제도다. 시장원리가 다 정의로운 것은 아니다.

모병제가 뜨거운 감자다. 진보진영에서 모병제를 찬성하는 사람들이 꽤 있다. 모병제가 진보적이라는 판단 때문일 텐데, 그 이론적 근거도 없지 않다. 평화주의적 시각이 그렇고, 마르크스주의적 시각과도 어느 정도 맞닿아있다.

전쟁을 반대하는 평화주의자의 생각으론 군대 자체가 기피대상이다. 그러니 개인만이라도 이 야만적인 제도를 피하고자 할 것이다. 이 경우 모병제가 개인적 대안이 된다. 마르크스적 관점에서 볼 때, 봉건사회와 앙시앙레짐(구제도)에 비해 자본주의와 시장은 더 진보적이다. 군대라는 야만적 조직과 그 안에서 일어나는 전근대적 관계를 문명화하는 방법으로 병역의 시장화, 곧 모병제가 활용될 수 있겠다.

그러나 국민국가가 현존하고 상대방의 야만적이고 엽기적 판단을 완전히 배제할 수 없는 현실에서 군대는 불가피하다. 평화주의자의 신념은 모병제가 아니더라도 대체복무제의 도입으로 지켜질 수 있다. '여호와의 증인'이 의무복무 기간에 집총거부의 아름다운 신념을 지키며 선행을 베풀 수 있는 영역은 많다.

나도 시장의 진보성을 부정하지 않는다. 시장이 존재해야 할 곳은 적지 않다. 마르크스는 궁극적으로 시장의 완전한 철폐를 대안으로 삼았지만, 그것이 가능하며 바람직한지는 나도 확신할 수 없다. 협잡과 공모와 같은 전근대적인 '사회적 자본'의 혁파에 이바지한다는 점에서도 시장은 진보적이다.

그렇더라도 시장이 침투하지 말아야 할 곳도 많다. 부모 자식 사이에 시장이 개입되는 것은 슬픈 일이다. 청춘의 사랑이 맺어지는 곳에 시장이 개입되면 그 사랑은 타락한다. 업자들에게 미안하지만 나는 결혼정보회사가 없어졌으면 좋겠다. 대리 줄서기, 대리 출석 방식으로 시민의 질서영역에 시장이 들어서면 시민 정신과 공공선은 훼손된다.

진실이 돈으로 사고 팔리는 법률시장은 정의를 질식시킨다. 죗값을 돈으로 치르는 '보석금제도'를 나는 가장 불의한 제도로 본다. 돈 있고 잘나고 힘 있는 자들의 죄는 용서받고 가난하고 못나 힘없는 자들이 죄를 뒤집어쓰는 유전무죄 무전유죄, 그리고 가장 비열하며 정신나간 '전관예우'는 나의 억장을 무너지게 한다. 진보주의자들에게 경고하고 싶다. 이 경우 시장은 절대 진보적이지 않다. 시장은 '좋은 것'을 훼손하거나 타락시킨다.

국제정치의 냉혹한 현실에서 한편으로 병역은 경제적으로 가치 있고 사회적으로 바람직하다. 국토가 방위 되지 않으면 안전한 경제생활이 불가능하기 때문이다. 베블런은 약탈이 자행되는 시대 즉, '야만적 약탈시대'가 종료되고 국민국가에 의해 어느 정도 평화가 정착되자 기술이 발전하고 경제가 성장하기 시작했다는 점을 지적했다.

병역활동은 냉혹한 현실에서 공공선을 이루어내는 불가피한 수단이다. 반면 병역은 3D 업종보다 훨씬 위험하고 어렵다. 신체의 훼손은 물론 한 번밖에 주어지지 않는 생명의 단절로 이어질 수 있다. 그러니 아무도 그 부담을 지지 않으려 한다. 그 때문에 근대 사회 들어 모두에게 공평하게 부담하도록 의무로 지정됐다. 가난한 자나 부자나, 권력자나 무권리자나, 잘난 자나 못난 자나 모두에게 말이다. 나는 이런 것을 정의라고 생각한다.

아무도 정의를 명쾌하게 정의할 수 없다. 하지만 이런 것이 정의의 한 측면을 구성하고 있다는 점을 아무도 부인하지 못하리라. 이런 정도의 정의나마 있기에 인간은 인간다운 것이며, 인간인 것이 자랑스럽고 또 사랑스러운 것이다. 인류의 양심들이 이 작고 초라한 정의를 지키기 위해 얼마나 많은 피를 흘렸는지를 기억하자.

모병제, 그것은 병역이 '상품'으로 교환되는 체제다. 근대적 시장에서 누가 이 극도로 위험한 상품인 3D 업종을 구매할까? 가난하고 못나고 힘없는 자들이다. 나는 이런 제도를 결코 정의롭다고 생각하지 않는다. 그리고 나는 이런 것을 진보라고 말하고 싶지 않다. 만일 진보진영이 모병제를 진보적이라고, 징병제를 보수적이라고 부른다면, 나는 기꺼이 보수의 편에 설 것이다. 마르크스주의의 상흔은 이처럼 크다. 시장이 마냥 진보적인 것은 아니다.

모병제를 도입하기 전에 병역을 회피하는 힘 있고, 돈 있는 잘난 놈들을 찾아 엄벌하는 것부터 시작해야 한다. 고위공직자와 이들 자녀의 병역 면제 비율이 일반인들보다 각각 33배, 15배가량 높다. 그리고 군대를 인간적, 민주적으로 개혁해야 한다. 동시에 대체복무제를 도입해야 한다. 시장의 도입을 막고 정의로운 사회가 되는 방법이다.

14장

주목하지 않는 저항은 정의가 아니다

: 약한 자, 돈 없는 자, 비주류의 개죽음

정의justice란 무엇인가? 주류경제학인 신고전학파 경제학과 달리 제도경제학은 이런 질문을 놓고 긴장의 끈을 놓지 않는다. 그건 경제학이 먹고사는 문제를 다루되, 무엇보다 '인간'의 그것을 다루기 때문이며, 인간만이 정의를 생각할 수 있기 때문이다. 정의롭게 먹고사는 삶! 이것이 제도경제학의 주제다.

그런데 정의를 정의하기가 쉽지 않다. 경제학의 주제로 국한할 때도 그 답은 깔끔하지 않다. 성장이 정의로운가, 분배가 정의로운가? 공정한 경쟁이 정의로운가, 사회적 연대가 정의로운가? 등가교환이 정의인가, 평등한 삶이 정의인가?

제도경제학은 '삶의 저편에 존재하는 이데아', 곧 확정된 불변의 정의를 부정한다. 대신, 정의는 현실의 삶 속에서 구성되는 것이며, 인간들이 직면한 문제를 해결해 나가는 과정에서 창조되는 것이다. 그런 점에서 제도경제학은 도덕과 진리에 관한 한 상대주의자들이다.

인간의 역사에서 불변의 절대적 진리가 존재하지 않으며 존재할 수도 없다는 엄연한 사실을 수용하면, 우물쭈물하는 제도경제학자들의 불확정적 태도를 마냥 비난할 수는 없다. 그건 비록 망망대해에서 방황하고 있으나 '경제 신학economic theology'으로 회귀하지 않으려는 과학적 태도며, 자신의 주장에 끝없이 의문을 제기하는 겸허한 태도의 발로로 보아야 한다.

또, 제도경제학자들의 상대주의에 상한선과 하한선이 존재한다는 사실을 잊으면 안 된다. 인간은 주어진 경제·제도·기술적 맥락context의 범위 안에서 비로소 지적인 합리성을 발휘하고 도덕적 가치를 극대화할 수 있다. 이런 맥락은 도덕적 가치에 대한 제도경제학의 '상한선'이다. 잘 알고 있는 것처럼 이런 상한성은 경제학 모형에서 '인간의 합리성이 제한적'이라는 제도경제학의 가정으로 구현된다. 제도경제학은 이처럼 데카르트적이지도 플라톤적이지도 않다.

그렇다면 인간의 지성은 형편없이 빈약하며 그 도덕적 판단은 불가능한가? 그렇지 않다. 지적으로 극단적인 몽매함에 처하거나 도덕적으로 극단적인 타락에 빠지지 않게 하는 최후방어선이 본능instinct으로 내재해 있다. 거기에는 야만에 대항하는 '한가한 호기심 본능'과 '제작본능'은 물론 도덕적 타락의 해독제로서 '어버이본능parental instinct' 등 다양한 본능들이 포함된다.

베블런은 이러한 본유적 능력들이 수십만 년의 진화과정에서 선택됐다고 믿었다. 그러한 본유적 능력이 인간에게 존재한다는 사실은 진화심리학자와 뇌신경과학자들의 실험과 연구를 통해 상당히 입증되고 있다. 이런 자연주의적 마지노선은 베블런 제도경제학의 독특한 생각이다. 왜 그런가?

첫째, 인간 본성은 오로지 이기적이라고 주장하는 신고전학파의 자연주의와 대립한다. 제도경제학의 관점에서 볼 때 인간 본능은 여러 가지다. 이기적인 동시에 이타적이기도 하다. 둘째, 인간 본성을 완전히 부정하는 마르크스주의와 다르다. 제도경제학자의 관점에서 인간 본성은 존재한다.

자연적 장치 중 하나인 본성만이 인간의 합리성이 극단적으로 누추해지거나 도덕적 판단이 불가능하지 않도록 만들어주는 것은 아니다. 본성보다 더 큰 영향을 발휘하는 것이 있으니, 바로 인간이 수만 년 역사 속에서 창조해 놓은 지식과 기술이 그것이며, 집단생활과 개인적 성찰 과정에서 구축해 놓은 세계관과 가치관, 곧 '문화'가 또 하나의 요인이다. 인권, 자유, 평등, 연대, 민주주의, 그리고 정의와 같이 장구한 역사 속에서 인간이 피땀 흘려 마련해 온 이런 문화야말로 인간을 인간 되게 만들어 줄 최후방어선이다.

제도경제학자들은 상대주의자다. 하지만 이 상대주의는 모든 것을 관용하지 않는다. 그것은 '자연적 방어기제'는 물론 '누적된 지식'과

'문화적 제도'와 같은 최후방어선을 확보하고 있다는 점에서 절대주의적이다. 제도경제학자는 허무주의자가 아니다. 제도경제학은 비록 남루하고 누추하지만, 인간의 본성과 인간이 축적해 온 지식, 그리고 인간이 창조해 온 문화, 곧 '인간 안'에서 좋은 삶에 대한 희망을 구하고 있다. 제도경제학은 인간의 밖에 존재하는 '역사법칙'이나 시장기구의 '보이지 않는 손'에서 희망을 발견하지 않는다.

정의란 무엇인가? 바로 인간의 문화다. 그것은 삶의 저편에 존재하지 않는다. 그것은 인간이 영위하는 삶의 과정에서 형성됐다. 삶의 결과라는 말이다. 그것은 먼저 인간의 지적 성찰과 경험의 결과다. 성찰과 경험은 집단으로 이루어진다. 그런 점에서 정의는 '집단지성'의 산물이다.

하지만 집단지성만으로 정의는 구현되지 않는다. 깊은 사유를 통해 엄밀히 개념화하고, 묵묵히 실천한다고 해서 정의가 이 땅에 구현되는 것은 아니라는 의미다. 악인들이 존재하는 이상 정의는 언제든지

하한선을 넘어버릴 수 있다. 악인은 그 최후방어선을 허물어 인간사회를 정의가 없는 사회, 곧 짐승의 집단으로 밀어붙이고자 진력한다. 그곳에서 비로소 부끄럼 없이 자신들의 효용utility, 곧 '공리'를 '자유롭게' 추구할 수 있기 때문이다. 그들의 공리utility는 정의 없는 곳에서 마침내 극대화된다.

추구되기 전에 정의는 먼저 방어되어야 한다! 21세기 헬조선에서는 특히 그렇다. 정의는 실천, 그것도 집단적 실천, 곧 정치참여와 투쟁을 통해 구현될 수 있고, 그걸 통해 비로소 그 최후방어선을 지켜낼 수 있다. 이미 지적한 바와 같이 제도경제학은 플라톤적이거나 데카르트적이지 않다. 그것은 이처럼 오히려 '아리스토텔레스'적이며 '존 듀이John Dewey'적이다.

정치투쟁이 결과를 얻자면 힘이 필요하다. 힘은 참여에 따라 결정되고, 참여는 사건에 대한 정보량에 따라 결정될 것이다. '알아야 참여하지.' 많이 알려질수록 정치적 투쟁의 결과는 개선된다! 이게 대중매체와 SNS(사회관계망서비스)가 발전한 시대에서 정의를 구현하는 일반적 전략이다. 글을 올리자, 그리고 열심히 퍼 나르자!

그런데 과연 그럴까? 거기에 나는 기본적으로 동의한다. 현대 SNS 기술은 민주주의와 정의를 구현하는 데 분명히 유용한 수단이다. 이로써 민주주의의 실현 가능성은 커졌고, 정의가 강물처럼 흐를 확률도 높아졌다. 하지만 그렇다고 그 강이 자동으로 흐른다는 보장은 어디에도 없다.

죽음을 두려워하지 않고 정의를 외치는 용감한 아테네 시민만으로 정의는 구현되지 않는다. 문제는 그 정보의 수용자다. 첫째, 정보수용자의 공감과 연대의식이 없으면, 정의의 강물은 흐르지 않는다. 정의가 흐르는 강은 전자회로나 기계적 장치가 아니라 감성과 의식이기 때문이다.

둘째, 정보수용자가 항상 정의로운 것은 아니다. 수용자는 전달되는 정보에 대해 고유한 가치판단을 한다. 다시 말해서 자기 세계관에 따라 가중치를 부여한다. 중요한 정의와 중요하지 않은 정의, 돈 되는 정의와 돈 안 되는 정의, 힘 있는 자의 정의와 힘없는 자의 정의, 이름 있고 빛나는 자의 정의와 이름 없고 빛도 없는 정의로 구분되는 것이다. 그 결과 전자의 집단들, 곧 '주류'의 정의는 강물처럼 흐르지만, 후자의 집단들, '비주류'의 정의는 강물처럼 흐르지 않게 된다. 제도경제학의 정의론이다.

우리 학교에서 교수협의회와 학교 당국 사이의 교수재임용 문제를 둘러싸고 거의 3개월을 대치한 일이 있다. 교수협의회 회장이 재임용에서 탈락한 것이다. 양측에서 할 말이 많을 것이다. 분규과정에서 보인 극소수 교협운영위원의 행동에 관해 나는 전적으로 동의하지는 않는다. 자제되지 못한 행동이 문제 해결을 어렵게 만들었던 탓이다.

하지만 그것을 충분히 고려하더라도 나는 이 사안에서만은 학교 당국의 결정에 심각한 오류가 있다고 판단한다. 나는 이 잘못을 교수 전체회의에서 공개적으로 지적한 바 있고, 인사결정권자인 총장과 열린 광장에서 장시간 토론한 적이 있어 그 사건의 본질과 쟁점을 잘 알고 있다. 재임용 불가 판단을 내릴 근거가 너무 빈약했다.

그 결정은 정의롭지 못하다! 이 결론은 토론에 참여한 수많은 교수와 배석한 보직교수들도 모두 동의한 바다. 적어도 나는 그 상황을 그렇게 정리했다. 그 후 재임용 결정으로 반전돼 분위기도 좋아졌다. 그런데 우여곡절을 겪으면서 그사이 갑작스럽게 결정이 번복됐다. 다시 재임용 불가 결정이 내려진 것이다. 모두 패닉 상태에 빠졌다.

공론화! 그것은 공공선과 민주주의가 구현되기 위한 합법적인 제도다. 그리고 그것은 사회적 약자가 자신의 억울한 처지를 널리 알려 이 땅에 정의가 강물처럼 흐르게 하는 '신문고'다.

교협운영위에서 언론과 접촉을 통해 이 사건을 세상에 알리고자 했을 것이다. 실제로 그랬던 것 같다. 하지만 외침은 울리지 않았다. 아무도 주목하지 않았기 때문이다. 공감도 연대도 없다. 약한 자, 돈 없는 자, 비주류의 죽음은 개죽음이다. 주목받지 못하는 저항은 정의롭지 못하다.

많은 사람이 행위자의 훌륭한 신념, 굳건한 의지가 충만하고 법제도만 잘 정비되면 정의가 구현된다고 믿는다. 맞다. 그게 없으면 정의가 아예 시작조차 할 수 없을 것이다. 그리고 현대 정보통신기술은 정의사회 구현의 가능성을 높였다고 주장한다. 그것도 틀린 말이 아니다. 하지만 그건 필요조건일 뿐이다.

정의는 홀로 혹은 기술 발전으로 구현되지 않는다. 그것은 인간의 감성(공감)과 의식(연대), 더 나아가 정보수용자의 '참다운 정의'에 의해 최종적으로 구현될 수 있다.

우리의 정의는 실로 남루하다. 하지만 그런 정의라도 이 땅에서 강물처럼 흐르면 좋겠다. 제도경제학자로서 내가 품고 있는 소박한 소망이다. 강자의 눈과 중앙의 눈에 보이지 않는 개죽음이 힘없는 자들과 지방에는 너무 많은 것 같다. 그래서 요즘 나는 학생들에게 억울하면 출세하라고 말한다.

15장

우리는 모두 외국인입니다!

: 포용적 성장의 실체와 '문화적' 조건

성장과 분배의 관계는 경제학자들이 학파에 따라 싸우는 전통적인 주제다. 주류인 신고전학파 경제학자들은 성장만 하면 분배는 저절로 잘 이루어진다고 주장하며 분배 문제에 굳이 신경 쓰지 말자고 한다. 성장에만 집중하자는 것이다. 더 나아가 분배가 평등할수록 성장이 멈추게 되니 오히려 불평등을 유지하거나 조장하는 것이 바람직하다고 주장한다.

이 주제에 관한 한, 신고전학파 경제학의 관점은 이렇게 정리된다. 첫째, 분배에 신경 쓰지 말자. 둘째, 불평등해야 성장한다. 분배는 시장의 자동 메커니즘에 맡기고 노동자 임금을 낮추고 소득을 줄이자. 그러면 배가 고파 더 열심히 일할 것이다.

그것만으로 부족하다. 불평등을 '이중화'한다. 즉, 못 가진 자들을 나눠 차별하고 배제하는 것이다. 성차별, 비정규직제도와 같은 차별discrimination은 비용을 절감시켜준다. 배제exclusion 역시 효과적으로 비용 극소화를 달성해준다.

사각지대에 놓여 있으면 눈에 보이지 않으므로 구태여 먹여 살리느라 비용을 지출할 필요가 없다. 실업자로 배제된 자 중에 몇몇은 포기하고 생을 마감하겠지만, 목숨 끊는 게 그리 쉽나? 우린 다 안다. 아마 살고자 발버둥 치며 '노오력'할 것이다. 그건 성장에 보탬이 된다.

불평등하게 만들고 차별하며 배제하자! '배제적 성장exclusive growth'! 이게 주류경제학자들의 생각이다. 가서 물어보라. 겸연쩍어 눈만 껌뻑거리며 묵묵부답하겠지만, 실제론 그 생각으로 박사 학위 따 대학교수 되어 호의호식하고 있다.

비주류경제학자들의 생각은 다르다. 케인스 경제학자들의 생각은 이와 정반대다. 성장만 한다고 분배가 저절로 되지 않는다. 시장메커니즘은 분배를 악화할 가능성이 더 크다. 그러니 성장보다 분배 문제를 해결하는 게 더 중요하다. 나아가 분배가 균등해질수록 성장은 외려 촉진된다.

경제가 왜 불황에 빠졌는지 더 깊이 생각해 보라. 성장이 안 돼서가 아니다. 성장은 잘 되어 제품이 홍수처럼 쏟아져 나오는데도 그걸 살 사람이 없다! 왜 못 사는가? 돈이 없기 때문이다. 왜 돈이 없나? 비용 절감한답시고, 비정규직으로 차별해 저임금 주고, 노동자들을 일터에서 배제해 버리니 주머니에 돈이 남아 있겠나? 그렇게 해서 모은 돈은 다 어디로 갔나? 소수 부자의 금고에 저축으로 산더미처럼 쌓여 있지 않은가?

신고전학파 경제학자들은 저축이 증가하면 투자도 덩달아 증가한다고 가르치지만, 저축이 투자로 이어지는 자동적인 메커니즘은 실제로 존재하지 않는다. 저축은 그냥 '노는 돈'이다. 그런 점에서 저축은 그 자체로 몹쓸 놈이다! 경기가 밝게 전망될 때만(이를 '기대이윤율'이라고 부른다) 저축은 투자로 이어진다.

그런데, 이대로는 전망이 밝아질 기미가 전혀 보이지 않는다. 왜? 투자해서 생산량을 늘려도 사갈 사람은 여전히 없기 때문이다. 어떻게 할까? 비정규직의 임금을 정상화하고 일자리를 늘려 배제된 자들을 통합하며 소득을 평등하게 만들어야 한다. 존재하지도 않는 시장의 자동해결장치에 문제를 맡기기보다 누군가의 작위적 조처가 필요하다는 것이다.

성장은 시장의 메커니즘에 의해 자동으로 달성되지 않는다. 시장에 정부가 개입해야 한다. 먼저, 정부는 사회복지를 확대해 저소득층의 소득을 보전해준다. 이런 걸 이전소득transfer income이라고 부른다. 하지만 이전소득만으로 저소득층의 소비능력이 충분히 향상되지 않으니, 정부가 재정을 투자해 직접 일자리를 만든다. 노동소득을 높여야 소비능력이 획기적으로 향상되기 때문이다.

그걸로 그만둘 수 없다. 정부가 직접 돈을 주고, 일자리를 만들어

도 시장이 불공정하게 작동되면 국가재정으로 투자된 공적 돈이 제대로 돌지 않을 뿐 아니라 부자들에게 다시 몽땅 흘러들어 가 버린다.

그래서 상품이 거래되는 유통영역과 노동이 교환되는 생산영역에도 정부가 개입하게 된다. 먼저, 소비자에게 독점가격을 부과해 독점이윤을 수취하며, 중소기업과 불공정거래를 일삼아 이윤을 갈취하는 독점기업을 규제한다. 그리고 악덕 기업들의 부당노동행위와 저임금착취를 예방하기 위해 노동조합의 권익을 보장하며, 설립을 장려한다. 포용적 성장론inclusive growth의 요체다. 포용하면 성장한다!

나는 이 견해에 대체로 동의한다. 실로, 국가에 의한 소득재분배와 시장 관리가 없으면 성장은 대다수 국민을 배제한다. 하지만 그것만으로 포용이 완성됐다고 생각하면 안 된다.

포용은 타인의 처지를 불쌍히 여기며 공감하는 마음, 곧 측은지심에 기초를 두고 있다. 포용은 모든 사람이 인간적 권리가 있으며 똑같이 존중되어야 한다는 인권, 평등사상과 맥을 같이 한다.

포용은 '혼자 빨리' 보다 '함께 천천히' 가려는 연대감의 산물이다. 포용은 불의한 방식으로 착취하지 않고 공정함으로 취득하려는 정의감에 그 토대를 두고 있다. 포용은 자신이 경제적으로 불이익을 받더라도 어려움에 부닥친 약자들을 위해 제 것을 내어주는 희생정신 없이 성립될 수 없다.

국가가 아무리 공식적 제도official institution로 포용을 강제하더라도 사회 전체에 포용적 정신이 퍼져 있지 않으면, 그 포용은 언제든지 배제로 돌변하거나 그것이 포괄하는 범위가 축소될 수밖에 없다. 포용적 국가제도에 더해 포용적 가치를 존중하는 비공식적 제도non-official institution, 곧 포용적 '문화'가 필요하다는 말이다. 베블런 제도경제학자들이 강조하는 대목이다.

부산발전연구원 개원 24주년 기념 〈혁신과 포용〉 세미나에 참여했다. 30분 정도 발제하면 끝날 일인데, 그게 아니었다. 세미나가 시작되기 전 기자 간담회가 예약되어 있었다. 부산일보가 기조발제를 맡은 정운찬 동반성장연구소 이사장(전 국무총리), 그리고 각 세션에서 선정된 발제자 세 명을 불러 자리를 마련한 것이다.

지역신문이니 혁신과 포용적 성장을 지역 현안과 관련해 좌담을 진행했다. 여러 대화가 2시간 동안 오갔다. 총리를 지내신 분인데도 전혀 권위적이지 않아 좌담이 매우 격의 없게 진행됐다. 동반성장에 대해서도 이런저런 내용을 피력한다. 내 생각과 일치되는 면이 적지 않았다. 정치적 선택은 내 생각과 다르니 내가 상관할 일은 아니지만 이런 분이 왜 이명박의 총리로 가셨는지 내심 유감이었다.

담당 기자가 지역 현안을 소재로 내놓았다. 부산의 성장동력이 고갈돼, 먹고살 길이 막막하다는 것이다. 그래서 해상케이블카와 카지노 산업을 검토하고 있는데 어떻게 생각하냐고. 정 이사장은 먹고살 일이라면 뭐든지 검토하고 도입할 필요가 있지 않겠느냐고 했다. 하지만 나는 그것들이 환경파괴와 부산시민의 심신과 가정을 파괴하기 때문에 지극히 비도덕적이고 비혁신적인 산업이며 고용창출능력도 매우 불투명하므로 반대한다고 말했다.

성장은 문화, 곧 혁신적 사고와 도덕적 가치 범위 안에서 이뤄져야 한다. 한데 일자리와 경제적 소득에 초점을 맞추는 케인지언에게 이런 생각은 본래 부족하다.

정 이사장은 동반성장에 관해서도 몇 가지 생각을 제시했다. 아마 내가 위에서 설명한 케인지언 경제학의 정책으로 정리될 수 있을 것 같다. 그날도 자신은 케인지언이라고 말했다. 그건 맞다. 학창시절 내가 거시경제학 교재로 사용한 책이 당시 정운찬 교수의 책이었는데, 지금 생각하니 케인지언 경제학이다.

하지만 그는 '신고전학파 종합neoclassical synthesis'에 더 가까운 케인지언이다. 좀 어려운 말이지만 케인지언이긴 한데, 신고전학파에 더 가까운 학자다. 우리에게 유명한 경제학자 폴 사무엘슨Paul Samuelson이 대표적이다. 정 이사장은 진보적이지만 보수성도 결합해 있다는 말이다. 이명박의 총리가 꼭 안 될 이유는 없다.

그의 동반성장론에 나는 적지 않게 동의한다. 하지만 뭔가 보충되지 않으면, 동반성장, 곧 오늘의 주제인 포용적 성장은 완결될 수 없다. 앞에서 언급한 포용적 문화 말이다. 예를 들었다.

내 독일 유학 시절 독일은 극우주의자인 네오나찌스들의 거리 난동으로 몸살을 앓고 있었다. 이들에게 적은 외국인이다. Raus, Ausländer!(물러가라, 외국인!) 이 구호의 주창자들은 대부분 저소득층과 실업자들이다. 외국인들 때문에 임금이 낮아지고 실업도 증가했다는 것이다. 안타깝다. 외국인이 아니라 '제 나라'의 소수 상위 10%가 모든 것을 독점해버려 자신에게 남는 게 없게 되어 버린 걸 모른다.

그런데도 외국인이 많이 들어오면 복작복작해져 일자리 기회가 줄어들며, 노동자 간 경쟁이 심해져 임금이 하락하는 건 사실이다. 반드시 경제적 영향이 없다고 볼 순 없다. 한계 상황에 처한 노동자들은 그걸 누구보다 잘 안다. 경제적 손해를 보는 걸 넘어 생존이 위협받으니 격렬한 저항이 일어날 수밖에 없다. 중산층도 그 위험에서 완전히 벗어날 수 없다.

하지만 모든 노동자가 그렇게 반응하지 않는다. 경제적 손실과 위협에도 독일의 많은 중산층과 노동자들은 외국인을 포용하고자 했다. 당시 어느 지역의 사회민주당SPD 선거 포스트의 내용은 이랬다.

Wir sind alle Ausländer!

(우리는 모두 외국인입니다)

여기선 내국인이지만 밖으로 나가면 우리도 외국인이라는 것이다. 나도 그럴 수 있다. 손님으로서 박대당하면 좋던가? 손님을 초청할 때도 그렇다. 손님 접대하느라 밥값 들고 재워준다고 번거롭긴 하지만 이곳 아니면 갈 곳이 없는 손님에게 따뜻하게 대해야 한다. 손님과 주인, 너와 내가 역지사지의 마음으로 함께 가자는 것이다. 경제적 손실을 초월하는 포용적 문화, 바로 그것이 독일 진보정당의 진정한 모습이다.

독일의 사회복지제도가 이처럼 강력히 자리 잡은 이유는 국가의 권력 때문이 아니다. 그들의 정신에 뿌리박은 포용적 정신, 곧 온누리에 퍼져 있는 포용적 문화 때문이다. 독일의 사회민주당은 국민의 강력한 지지를 받는 한편, 집권 경험이 있는 현실적 정당이다. 포용적 정신이 독일사회에 널리 퍼져 있다는 의미다. "Wir sind alle Ausländer! 참 좋은 말입니다." 정운찬 이사장의 말이다. 케인지언 경제학자와 베블런 제도경제학자가 만난 결과다.

포용적 성장, 그것은 실로 경제적 영역, 특히 시장영역을 국가의 제도적 장치로 통제하고 관리할 때 비로소 달성할 기반을 얻게 된다. 공식적 제도 없이 포용적 성장은 시작조차 할 수 없기 때문이다. 시작이 반이다.

하지만 나머지 절반의 공간이 채워져 완전한 성공에 이르기 위해서는 또 다른 조건이 필요하다. 배제를 혐오하고 포용을 존중하는 정신이 보편적 문화로 우리 안에 녹아들어 있어야 한다. 시장에 대한 엄격한 법적 통제와 약자와 나그네를 이웃으로 생각하는 마음 말이다. 베블런은 수만 년 인간의 진화과정에서 어버이본능parental instinct이 선택됐다고 믿었다. 어버이본능은 자신보다 공동체의 삶에 이바지하며, 타인의 고난에 공감하는 이타적이고 도덕적인 본능이다.

Wir sind alle Ausländer!

(우리는 모두 외국인입니다)

16장

애국 보수시민에게 드리는 글

: 보수주의자는 무엇을 지키고 보존해야 하는가?

보수를 문자 그대로 이해하면 '보존하고 지킨다'는 뜻이다. 여기서 두 가지 내용물을 건져낼 수 있는데, 첫째가 대단한 자부심을 느끼게 하는 동사라는 점이다. 뭔가를 보호하고 지켜내는 행위는 뚜렷한 신념과 확고한 의지를 전제하고 있기 때문이다.

내가 만난 지성적 보수주의자들은 보수가 갖는 바로 이 행위 자체, 곧 보수의 동사적 의미에 굉장한 자부심이 있는 듯했다. '뭐든지 쉽게 내버리며 바꾸는 경망스런 당신과 달리 우리는 신중하고 안정적인 자세로 매사에 임한다.' 단호하며 변덕스럽지 않다는 말이리라. 그들로부터 우리는 정갈한 자세를 기대하기도 한다. 이것이 진정한 의미의 보수가 보여주는 색깔이다. 자부심을 가질 만하다.

둘째, 이렇게 풀어쓰면 보수는 목적어가 있어야 하는 타동사임이 드러난다. 무엇을 보호하고 지키려 하는가? 보수의 색깔이 아무리 단아하고 정갈해 보이더라도 굳건히 지켜내야 할 대상이 문제다. 가족·우정·애국의 가치, 나아가 훌륭한 옛것을 지키는 것이 보수의 임무다. 나는 이를 '문화적 보수'라고 부른다. 내가 배우고 싶은 고상함이다. 나는 이러한 문화적 가치를 단호하게 보존하고 지켜내고자 하는 보수, 곧 문화적 보수를 진정한 보수로 생각하며, 높이 평가한다.

그런데 단호한 태도로 지켜내고자 하는 대상이 또 있다. 권력이다. 정치를 혐오하는 사람들이 있지만, 사회적 존재로서 인간은 정치 행위 없이 공존할 수 없다. 모여 살게 되면 모두가 다르기도 하고, 남을 괴롭히는 악인들이 항상 존재하는데, 이 경우 투쟁과 토론 곧, 정치 없이 이런 것들을 관리할 수 없기 때문이다. 이 과정에서 적절한 견제가 없으면 권력을 독점해 남용하는 독재자들이 반드시 등장하게 되어 있다.

독재자들은 기를 쓰고 자기 권력을 보호하고 지켜내고자 한다. 정말로 그들은 수단과 방법을 가리지 않는다. 역사 속 왕들을 보라. 권력을 독점하기 위해 형제는 물론 자식도 죄를 뒤집어씌워 죽여 버린다. 권력을 위해 종교도 마음대로 바꾼다. 그들은 신이 존재하지 않는다는 사실을 누구보다 더 잘 안다. 신은 권력을 수호하기 위한 수단일 뿐이다. 단호하고 진중하기 이를 데 없다.

이들도 보수주의자다. 하지만 지켜내고자 하는 대상이 다르다. 이런 보수주의자들은 기존의 지배체제를 굳건히 지켜내고자 한다. '정치적 보수'다. 이런 보수가 과연 정갈하고, 단아하며, 우아한지는 잘 모르겠다. 내가 경험한 바로, 이런 '못된' 정치적 보수주의의 역사를 보면서 분노하지 않는 사람을 보지 못했다.

권력은 무상하다. 물질적 토대가 빠져있어 체제가 무너지면 한순간에 모든 것이 사라져버리기 때문이다. 따라서 어떤 이는 더욱더 실용적으로 사고한다. 무상한 권력보다 변하지 않는 것을 지키고 보존하자. 바로 물질이다. 물질은 많은 것을 가능하게 한다. 그것은 불안정과 불확실성으로부터 인간을 해방해 준다. 그 때문에 적지 않은 사람들이 물질을 지켜내고자 한다. 이 때문에 사유재산제도가 필요하다.

물질은 또 자유를 부여한다. 돈 있으면 할 수 있는 범위가 확대되고, 그 가짓수도 늘어난다. 물론 그것이 인간에게 진정한 행복을 가져다주는지는 별개 문제다. 물질은 뽐내는 것을 허용하고, 남을 면박하거나 무릎을 꿇게 할 수 있다. 이런 '자유도'를 높이자면 더 많은 물질이 필요하다. 필요한 물질을 축적하자면 물론 근면해야 한다.

하지만 근면만으로 자유도는 대폭 증가하지 않는다. 타인의 것을 합법적으로(!) 착취하거나 불법적으로 탈취하고 기만해야 이들의 자유는 만개한다. 그리고 그것을 지켜내야 한다. 이 욕망의 전사들도 보수주의자들이다. 나는 이를 '경제적 보수'라 부른다. 나는 이들의 모습에서 진정한 보수의 기품을 발견할 수 없다. 탐욕, 천박함, 쾌락주의, 협잡, 공모, 불신, 곧 인간이 지금까지 가장 나쁘다고 지목한 모든 악덕을 실천하는 보수주의자다. 갈수록 문화적 보수와 멀어진다.

나는 어떤가? 많은 이가 나를 진보적이라고 평가하며, 나 자신도 그렇게 판단한다. 나는 이를 부정하지 않고 매우 자랑스럽게 여긴다. 진보의 가치만큼 고상한 것이 없기 때문이다. 진보는 문화적으로는 자유, 정치적으로는 평등, 경제적으로는 공유, 사회적으로는 연대를 지향한다. 이런 가치를 유지하면서 살아가는 것 자체만으로 나는 의미 있는 삶을 산다고 자부한다. 그리고 지금까지 그렇게 살아왔기에 매우 행복하다.

그런데도 나는 사유재산제도를 전면적으로 부정하지는 않는다. 인간에겐 어느 정도 사적인 공간이 필요하며, 이를 지켜내자면 최소한의 사유재산제도가 불가피하다. 그런 점에서 경제적 보수와 나는 영 딴판인 사람이 아니다. 하지만 그 이상의 사유재산제도는 불필요하다. 공동체를 위해 함께 쓰는 게 도덕적으로 '좋을' 뿐만 아니라 경제적으로 '효율적'이다. 이 역시 문화적 보수의 모습이다.

나는 정치를 혐오하지 않는다. 나아가 권력과 권위도 부정하지 않는다. 민주적 권력이 존재하지 않으면, 악마들이 세상을 엉망으로 만들어 버리며, 민주적 권력이 잘 작동하도록 권위가 부여되어야 하기 때문이다. 나는 지극히 비민주적이며 야만적이지 않은 한, 사회단체나 학과 안에서 나와 논란을 벌였던 결정사항에 따른다.

나아가 국가가 없으면 인민은 보호받지 못한다. '인간이 인간다워질 수 있는 길은 특정한 정치공동체에 속하는 길 외에는 다른 길이 없으며 실제 역사에서도 한 집단에 속해 시민의 권리를 가지지 못하면 아무런 권리도 주어지지 않았다'는 한나 아렌트Hannah Arendt의 확신에 나는 동의한다. 이처럼 나도 나라를 사랑한다. 이 역시 문화적 보수가 지향하는 바다.

나는 옛것을 무조건 혐오하고 파괴하는 극단적 혁신주의자들을 바람직하지 않게 생각한다. 모든 전통을 파괴한 캄보디아의 크메르루주와 모택동의 문화혁명에 동의하지 않는다. 나는 모차르트, 베토벤, 슈만 등 고전음악은 물론 아리스토텔레스, 베이컨, 칸트 등의 고전 철학을 무척 가치 있게 생각한다. 나아가 우리 선조가 개발한 익살스러운 판소리와 애끓는 창을 매우 좋아한다. 문화적으로 나는 무척 보수적이다. 문화적인 측면에서 거의 오리지널 보수주의에 가깝다.

경제적, 정치적인 측면에서 나는 어느 정도 보수주의와 겹치며 그것의 필요성을 부정하지 않는다. 더욱이, 나는 본질에서 진보적이지만 문화적으로는 깡보수에 가깝다. 그 때문에 나는 보수를 근거 없이 매도하지 않는다.

요즘 스스로 보수주의자라고 칭하는 사람들을 자주 접한다. 그들도 나만큼 그 이념에 자부심이 있기 때문이리라. 하지만 문화적 보수, 정치적 보수, 경제적 보수는 서로 다르다. 각 영역에는 같은 정도의 상대적 자율성이 있다. 그런데 경제학이 모든 분야를 제국주의적 방식으로 점령하는 바람에 많은 이들이 보수를 하나의 영역으로 환원시켜 버리고 있다. 그 결과, 이런 경제학적 환원주의에 포박되어 문화적 보수주의자들도 '못된' 경제적, 정치적 보수주의에 자신을 가두고 있다.

그러다 보니 이 훌륭한 보수주의자들이 현 정부의 기가 막히는 악행마저 보호하고 지켜내는 이율배반적 현상마저 벌어진다. 남의 자식은 군대 가라면서 자신과 자기 아들들은 빠지는 특권층을 보호해주는 것이 보수인가? 온갖 탈세와 투기를 일삼아 공동체의 재산을 탈취하며 탕진하는 자들을 지켜주는 것이 보수인가? 퇴임 후 권력을 행사하기 위해 기업들의 팔을 비틀어 재단을 설립하려는 대통령의 욕망을 지켜주는 것이 진정한 보수인가?

딸의 출세를 위해 국정을 농단하며, 학교의 학칙까지 바꾸고, 공무원마저 잘라 버리는 악행을 지켜주는 것이 보수인가? 이런 악행을 지켜주기 위해 국정감사에서 '말할 수 없다'고 답하는 모습이 진정한 보수인가? 청와대와 그 수하들의 비리를 지켜내는 것이 과연 보수의 임무인가? 이런 비행들을 밝혀내려고 필요한 증인들을 국정감사에 못 나오게 막아내는 당과 그 국회의원은 진정으로 보수정당의 의원인가?

이건 정말 아니지 않은가!

나는 공동체의 선과 공익을 훼손하는 이 악마들을 보호하고 지켜내는 치졸한 행동은 내가 그토록 흠모하는 문화적 보수와 전혀 관계가 없다고 판단한다. 나아가 그것은 진정한 보수의 의미를 심각히 위반하고 있다고 생각한다. 그들은 애국 보수가 아니라 '매국하는 못된' 보수일 뿐이다.

보수주의자는 무엇을 지키고 보존해야 하는가? 진정한 보수, 곧 애국 보수시민의 성찰이 필요한 때다. 진정한 보수를 존경하는 얼치기 진보주의자가 드리는 고언이다.

17장

인문학을 거세당한 경제학 VS 인문학을 되살려낸 경제학

: 왕년의 운동권 출신 전문직 종사자들에게

경제학은 사회과학이다. 사회과학은 사회를 연구대상으로 삼는다. 사회과학인 경제학을 깊숙이 들여다보면 각각 자연과 인간을 연구대상으로 선택한 자연과학과 인문학이 그 근저에 깔려있다는 인식이 내 경제학 연구의 출발점이다. 나만의 독특한 연구단서이기 때문에 내가 써온 거의 모든 글에서 이 생각이 명시적으로 피력된다.

이런 생각은 경제학을 올바르게, 그리고 쉽고 빠르게 이해시켜 주기에 중요하지만, 무엇보다 실천의 방향을 적절하게 지도해 주기 때문에도 중요하다. 세 가지 다른 학문 분야가 서로 얽혀 있다는 생각을 견지하지 못하면, 극단주의에 빠져 우스운 사람이 되거나 자기 생각을 맹신함으로써 더 높은 지적 발전을 이루어낼 수 없다.

극단주의와 교조주의는 다양성을 혐오함으로써 필연적으로 독단과 독재에 빠지게 된다. 극단주의와 교조주의에서 소통과 민주주의를 기대하기는 어렵다. 바람직한 소통문화와 민주적 태도는 개인의 속성이 아니라 대상을 보는 방법, 여기서는 경제학의 연구방법에 달려 있다. 나아가 극단주의와 교조주의는 현실적으로 적용 가능한 실천적 대안을 만들어낼 수 없다. 혁명 아니면 폭력과 강제가 가능한 대안이며, 이도 저도 아니라면 냉소주의로 일관한다.

나는 이런 어릿광대, 극단주의, 교조주의, 불통, 독재, 혁명, 강압적 실행, 냉소주의를 극복하는 방법으로 통합적 사고, 곧 경제학, 자연과학, 그리고 인문학을 상호 관련된 것으로 이해하는 연구방법을 선택했다.

민주주의자가 되길 원하는가? 그리고 실천하는 양심이 되고 싶은가? 마인드컨트롤과 교양교육 이전에 대상을 보는 방법, 곧 경제학 연구방법을 먼저 제대로 배우자. 이런 친절한 권유에도 불구하고, 여전히 '경제학은 순수해야 한다'는 생각을 견지하시고자 한다면 나도 별도리가 없다.

'비전과 연대'라는 사회단체의 초청을 받아 특강을 하는 자리였다. 근래 부산의 주요 공공연구원 두 곳을 돌며 이미 특강을 해 온지라 점점 바닥이 드러나 고민스러웠다. 특히 이 단체의 구성원들은 특이하다. 구성원들의 직종이 다양할 뿐 아니라 사회적으로 '빵빵하다.' 각 직종에서 탁월한 역량을 발휘하는 전문가들이다. 한국에서 '빵빵'

이란 무엇을 의미하는가? 교수, 의사, 변호사, 연구원, 경찰 간부, 대기업 고위직, 기자 등을 빵빵하다고 말한다. 예술인들도 있으니 모두 전문가들이다.

그런데 이들의 과거가 대단히 흥미롭다. 과거 운동권 출신이거나 왕년에 민주화 데모에 짱돌 한 번쯤은 들고 독재에 맞섰던 사람들이 많다. 제 몸 돌보지 않고 사회적 약자들의 처지에 분노하느라 학업에 매진하지 못했을 것이다. 그렇다고 이들이 공부하지 않은 것은 아니다. 당시 한국대학이 강요하는 체제 순응적 내용, 출세 지향적 고시공부를 거부한 것이지 진보적 내용을 담은 공부는 누구보다 열심히 했다. 마르크스 연구, 마르크스 경제학, 레닌W. I. Lenin의 독점자본론, 종속이론 등은 그들이 열렬히 탐독한 학술적 내용 중 하나다.

젊은 시절 저렇게 반체제적인 공부를 열심히 하고, 나중에 '체제 지향적' 혹은 전문적인 영역에 이처럼 거뜬히 입성해 각 분야에서 역량을 발휘하는 이분들의 지적능력에 나는 항상 놀란다.

더 흥미로운 사실은 이분들이 여전히 진보적인 생각을 간직하면서 실천적 대안을 모색하고 있다는 점이다. 이게 그날 특강을 주관한 '비전과 연대'의 성격이다. 고맙고도 바람직한 일이다. 그래선지 개중엔 친한 후배도 있고 친한 지인들도 많다.

이런 청중에게 무엇을 강의할 것인가? 앞에서 언급한 내용, 곧 경제학은 자연과학과 인문학의 기반 위에 서 있다는 평소 나의 지론을 적절한 방식으로 전달하기로 마음먹었다. 〈'좋은 삶'을 위한 경제학 -

경제학의 종합과 분리의 역사〉로 제목을 잡았다.

경제학의 아버지로 불리는 스미스A. Smith(1723~1790)는 경제학자인 동시에 철학자였다. 주로 『국부론』(1776)만 언급되지만, 그의 『도덕감정론』(1759)은 『국부론』만큼 중요하다. 고전 경제학자들의 머리에는 경제적 가치와 도덕적 가치가 함께 들어 있었다. 경제학의 아버지는 이처럼 원래 경제학과 도덕철학을 통합적으로 고찰했다. 하지만 현대 주류경제학은 스미스를 소개할 때 그의 수작인 『도덕감정론』은 언급하지 않는다. 경제학은 종합synthesis으로부터 시작되었지만, 후학들은 이를 분리separation했다.

이런 분리를 체계적으로 통합하려고 한 경제학자가 있었으니 독일의 경제학자 프리드리히 리스트F. List(1789~1846)다. 그는 『정치경제의 국민적 체제』(1841)에서 경제학을 정치학은 물론 문화학, 철학, 역사학과 통합했다. 곧, 경제는 정치와 불가분하게 결합해 있고, 그러한 정치경제는 국민적 특성을 가진다는 점에서 문화적 현상이다. 그뿐만 아니라 인간은 보편적인 존재가 아니라 각 인간이 처하는 맥락context에 종속된 특수적 존재다. 그리고 하나의 국민적 정치경제는 역사적으로 변화하며, 그 나라가 처한 역사적 단계는 나라마다 다르다.

책 제목에서 드러나듯이 리스트의 이런 시도는 스미스의 종합과 질적으로 다르다. 스미스와 달리 그는 이들을 체계적으로 연결했다. '정치' '경제'의 '국민적' 체제!

경제학과 인문학의 통합정신은 역사학파 경제학historical economics으로 발전했다. 체계적 통합방법론에 따라 그들은 보편적이고 추상적이며 경제 일원론적 경제정책이 아니라 국가 특수적이고 구체적이며 다원론적 경제정책을 제시했다. 이로써 구체적인 정책과 실행 가능한 실천적 대안을 수립할 수 있었다. 나아가, 도덕이 경제학에 들어오자 다양한 사회정책과 개혁reform이 가능하게 됐다.

하지만 카를 마르크스(1818~1883)의 『자본론』(1867)은 이런 시도를 냉소한다. 인간은 물질적 존재며, 일하는 존재로 단순화된다. 여기서는 노동이 도덕이요 정의다. 도덕은 경제로, 경제는 노동으로, 노동은 물질로 수렴한다. 인문학이 통합됐다고 하지만, 실제로는 경제학으로 환원reduction되어 버렸으니, 인문학이 없는 것이나 마찬가지다. 마르크스 경제학에서는 인문학이 종합을 넘어 경제학에 포섭되어 소멸해 버린 것이다. 나는 이를 종합이 아니라 환원, 더 나아가 소멸이라고 본다. 그 때문에 나는 마르크스경제학에서 진정한 도덕이 설 자리가 없다고 본다. 노동이 도덕이다. 그러므로 경제가 도덕이다.

평소 '마르크스가 인문학적 기반을 결여했다.'는 나의 주장에 반론을 제기하거나 석연찮게 여겼던 분들은 내 생각을 좀 더 잘 이해하셨으리라 믿는다. 나아가 마르크스주의자들에겐 혁명revolution이 유일한 실천 대안이다. 개혁은 자본주의를 강화해 노동착취를 영구화할 뿐이다. 자본주의체제에 편입된 사회복지는 궁극적인 해법이 못 된다.

마르크스의 환원주의적 종합과 달리 새로운 분리의 시도가 신고전학파 경제학에 의해 체계적으로 이루어지기 시작했다. 이른바 '방법논쟁'과 '가치판단논쟁'이 그 시작이다.

19세기 말 역사학파 경제학과 신고전학파 경제학 사이에 이루어진 방법논쟁Methodenstreit에서 신고전학파 경제학은 경제학에서 역사라는 인문학을 분리해 버렸다. 역사는 그 나라 고유의 이야기다. 고유성을 잃어버리니 그 나라에 적합한 특수한 정책을 세우기 어려워진다.

보편적 자본주의인 미국만 벤치마킹하는 미국 사대주의자들이나 구소련의 사회주의이론만 탐독하던 운동권의 우리네 사유습성은 여기서 시작됐다. 미국과 러시아에서 성공한 전략이나 조건이 다른 모든 나라에서도 성공한다고 장담할 수 없지 않은가? 박정희의 '한국적 민주주의'와 김일성의 '우리식 사회주의'로 타락하지 않는 한, 고유한 발전전략을 구상해야 하는 것이다.

가치판단논쟁Werturteilstreit은 어떤 영향을 미쳤는가? 그것은 사회과학인 경제학이 도덕적 가치판단을 내릴 과학적 근거가 과연 존재하며, 그것이 바람직한가에 대한 역사학파와 신고전학파의 논쟁이다. 역사학파는 그것이 가능하고 바람직하다고 판단하지만, 신고전학파는 그것이 불가능할 뿐 아니라 경제학 연구를 위해 바람직하지 않다고 결론 내렸다. 자세한 내용은 앞으로 이 책 곳곳에서 구체적 사례를 통해 언급되므로 서서히 이해하자. 다만 그 결과는 중요하므로 미리 밝혀둔다.

마침내 신고전학파 경제학에서 철학이라는 인문학이 분리된다. 이때부터 경제학은 도덕의 문제를 철학자에게 넘겨주고 도덕을 고민할 필요가 없게 됐다. 도덕? 그거 별것 아니다. 쾌락, 나아가 성공과 이익이 도덕이다! 이게 주류경제학의 생각이다. 우리 사회에서 불의가 만연한 이유는 바로 이 가치판단논쟁의 결과에서 찾아볼 수 있다.

인문학과 경제학에서 일어나고 있는 환원과 분리의 역사를 가만히 두고 보지 못하는 경제학자들이 있을 수밖에 없다. 이른바 케인스 경제학자와 제도 경제학자들이다. 둘 다 직간접적으로 역사학파 경제학에 그 뿌리를 두고 있다.

이들은 경제학을 정치학, 사회학, 역사학, 문화학, 나아가 철학과 더 체계적으로 종합했다. 그 결과 이들은 혁명 대신 개혁을 과감히 시작해 사회정책social policy으로 당면한 문제를 해결했으며, 국가 특수적 경제정책 대안을 마련할 수 있었다. 그뿐 아니라 도덕, 즉 정의와 공공선의 문제를 경제학 안에서도 조명하는 방법을 제시할 수 있었다. 비록 혁명적이진 않지만, 그들은 우리가 현재 취할 수 있는 개혁적 좋은 삶에 집중한다. 그리고 변화된 환경 속에서 '진정한' 좋은 삶을 위한 혁명을 새롭게 꿈꾸는 자세를 견지한다. 당면한 과제를 실천적으로 해결해 나가는 동시에 변화된 조건 아래서 좋은 삶에 대한 유토피아를 끝없이 성찰적으로 수정해나가는 태도를 제도경제학은 '에브토피아Ev-topia', 진화적 유토피아evolutionary utopia라고 부른다. 이런 생각은 경제학을 종합함으로써 가능하다.

경제학의 종합과 분리의 역사! '비전과 연대' 회원들에게 꼭 들려주고 싶은 말이었다. 다른 이들은 몰라도 그들은 내 말을 이해할 수 있으리라 믿었기 때문이다. 그런데 참석자가 그리 많지 않다. 명망가가 왔더라면 많이 왔을 텐데! 내가 명망가가 아님에 원망스러웠다. 왜 그런지 물어보았다. 관계자 왈, 원래 그렇단다. 여기도 예전만큼 성업 중이지는 않단다.

열댓 명 남짓이다. 하지만 내가 아는 경제학을 제대로 한 사람들은 다 온 것 같다. 그래선지 토론만은 정말 불을 뿜었다. 대단히 깊이 있는 질문과 대답이 오갔다. 내가 대답할 수 없는 외통수 질문도 많았다. 내가 문외한이기도 하지만, 그것들은 제도경제학의 난제이기도 하다. 그래서였을까? 질문은 자기들이 던져놓고, 자기들끼리 대답하는 일이 많았다. 할 말이 많았을 터다. 다행스럽고 참 즐거운 광경이다.

경제학을 인문학과 통합시켜 보는 방법! 그것은 '좋은' 경제학으로 들어가는 방법이다. 도덕을 경제로 환원해 버리는 방법, 곧 경제 환원주의에 붙잡힌 왕년의 마르크스 운동권들에게 참조할 만한 내용이었기를 바라는 마음이다. 내가 이토록 바라는 이유는 이분들이 역량을 갖춘 오피니언 리더들이기 때문이다. 학술은 대중에게 확산되어야 한다. 그래야 힘이다. 힘이 있어야 '좋은 삶'이 달성된다. 이들은 학술과 대중을 이어주는 가교역할을 할 수 있다.

18장

인간은 정말 성공과 이익만 좇는 존재인가?

: 혼용무도 전에 국민무도가 있다

경제학 연구에서 인성론, 곧 인간의 본성human nature에 대한 논의만큼 중요한 건 없다고 나는 단언한다. 나처럼 어쭙잖은 경제학자들이 인성론에 관한 얕은 지식을 제 입맛에 맞게 간단히 가정해 버리지만, 그게 그리 간단한 게 아니다. 이 책의 첫 번째 글에서 얘기했는데, 인간의 본성을 어떻게 가정하느냐에 따라 경제학 연구모형과 정책이 완전히 달라지며, 심지어 상반되는 결론과 실천적 정책이 도출된다.

예컨대, 인간을 앙리 베르그송처럼 호모 파베르Homo faber, 곧 제작하는 존재라고 가정하면, 적극적 실업정책이 정당화되지만, 요한 하위징아Johan Huizinga처럼 호모 루덴스Homo ludens, 곧 놀이하는 존재라고 가정하면, 그런 정책이 불필요하며 취업과 실업은 시장의 자동 메커니즘에 맡겨진다. 그런데 나라는 존재만 봐도 알 수 있듯이 일 안 하면 무력감을 느끼지만, 다른 한편 일 안 하며 놀고 싶기도 하다. 모순적 존재다. 그래서 인간의 성격을 단일한 본성으로 환원할 수 없다.

인간은 다양한 본성을 지닌 다중적 존재다. 이런 다중 본성론은 진화심리학자들과 뇌과학자들이 입증하고 있다. 진화적 제도경제학자들의 본성론이다. 이게 사실이니 실업정책이 복잡하며, 그 결과도 예측하기 어려울 수밖에 없다.

비슷한 맥락 안에 있지만, 더 오랜 역사를 가진 본성론도 있다. 이 역시 경제학에서 정말 중요한 본성론인데, 인간의 도덕적 본성에 관한 가정이다.

도덕은 도道와 덕德, 곧 인간이 지켜야 할 도리와 덕성이다. 도덕론은 그 차제로 경제학자의 영역이 아니다. 하지만 자신의 영역이 아니라고 이를 외면하거나 무시할 근거는 없다. 대신 철학자들의 논의과정에 주목하면서 경제학 연구에 접목할 방안을 모색해야 한다. 왜 그런가? 도덕 그 자체는 물론 도덕의 연구방법론 역시 경제학의 연구모형과 실천적 정책의 진화과정을 결정하는 결정적 변수이기 때문이다.

영국의 진화경제학자 제프리 호지슨Geoffrey M. Hodgson은 2012년 베블런-커먼스상Veblen-Commons Award 수상식에서 도덕에는 자연과학적 기반이 있으며, 경제학은 이런 성과를 고려해야 할 필요가 있다고 연설했다. 인간만이 도덕적 본성을 완성할 수 있었다는 자연과학자 찰스 다윈의 확신(『The Descent of Man, Selection in Relation to Sex』 1871)을 고려할 때 호지슨 교수의 주장은 단순한 형이상학적 언명만은 아니다.

도덕의 의미와 그것이 내포하고 있는 의미는 다양하지만, 적지 않은 경제학자들이 도덕 가운데에서도 정의justice에 관심을 둔다. 정의 역시 다양한 의미가 있지만, 가장 단순화하면 그것은 '옳고 그름'에 대한 생각이다. 존 롤스의 『정의론』, 마이클 샌델의 『돈으로 살 수 없는 것들』 등은 경제학자들이 관심을 두는 정치 철학적 저서들이다. 아마르티아 센Amartya K. Sen의 『윤리학과 경제학에 관하여』는 경제학자가 도덕에 관해 직접 숙고한 결과물이다.

이런 생각이 경제학에서 일반적으로 받아들여지고 있다고 생각하면 착각이다. 현대 경제학은 오히려 이런 자연과학적 기반을 갖는 도덕적 인간론을 부정한다.

주류경제학은 인간을 이기적 존재로 가정한다. 그에 따르면 인간은 결코 도덕적이지 않다. 도덕은 인간의 본성과 멀고 신의 속성일 뿐이다. 인간은 신을 통하지 않고 결코 스스로 도덕적 존재로 될 수 없다. 그래도 상관없다. 왜 그런가? 그들에게 인간은 성공과 이익을 추구하는 공리주의적 존재utilitarian다. 성공과 이익 앞에서 도덕은 효용성utility을 갖지 못한다. 나아가 성공과 이익, 곧 공리功利는 그 자체로 '좋다.' 좋은 것good은 도덕적이다. 따라서 성공과 이익이 바로 도덕의 기준이 된다. 공리가 너희를 악의 구렁텅이로부터 구원해 주리라!

도덕적 인간으로 칭송받고 싶은가? 박정희처럼 수단과 방법을 가리지 말고 성공하라. 그리고 이익을 취하라. 패륜아로 조롱당하고 싶은가? 안중근 의사와 슈바이처 박사처럼 실패하고 손해를 입어라.

이제 다시 묻자. 인간은 도덕적 존재인가, 공리주의적 존재인가? 진보주의자 중 일부는 인간을 도덕적 존재라는 견해에 손을 들어주겠지만, 보수주의자들은 공리주의적 인간이 인간의 실존적 모습이라고 생각할 것이다. 하지만 진화적 제도경제학자들은 다르게 생각한다. 인간은 도덕적 존재인 동시에 공리주의적 존재이기도 하다. 한 가지로 환원할 수 없는 실로 복잡한 존재다. 인간은 정의와 공리 사이에서 끝없이 방황하는 불안정한 존재다. 바로 내가 그렇듯이!

하지만 도덕성이 있으므로 극단적 공리주의에 완전히 귀의하는 것을 주저한다. 그리고 정의를 완전히 포기하지 않는다. 그게 인간만이 지닐 수 있는 자세이자 태도다. 인간의 도리다.

도덕적 최후방어선이 없고 성공과 이익만을 취한다면 인간이 아니다. 그건 짐승이다. 공리주의적 집단은 짐승의 무리와 다름없다. 따라서 인간이라는 존재가 수행하는 경제활동은 정의라는 최후방어선 안에서 행해져야 한다. 도리와 덕성이 없는 경제는 약육강식의 자연법칙 아래 놓인 짐승무리의 아수라일 뿐이다.

〈교수신문〉에 따르면 대학교수들이 2015년 한해를 혼용무도昏庸無道라는 사자성어로 묘사했다. 혼용무도는 어리석고 무능한 군주를 가리키는 혼군昏君과 용군庸君에다 세상이 어지러워 도리가 제대로 행해지지 않음을 묘사한 『논어』의 '천하무도天下無道'에서 '무도'를 합친 표

현이니, '어리석고 무능한 군주가 도를 어기고 나라를 어지럽힌 해'라는 뜻이리라.

이때 대학교수들이 지칭한 혼군과 용군은 대통령이다. 이 조사결과를 두고 많은 언론이 지도자를 비난했다. 비판의 화살은 대통령에 맞춰진다. 하지만 나는 그렇게 생각하지 않는다.

한때 여론조사에서 "대통령 부정평가율이 상승하면서 긍정 부정 평가 격차가 11%포인트 이상 벌어졌다는 여론조사 결과가 나왔다. 특히 위안부 협상 직후인 29일~30일 사이에는 대구·경북 지역을 비롯해 전반적으로 큰 폭의 지지율 하락이 감지됐다. 여론조사 전문기관 리얼미터는 31일 박근혜 대통령 국정 수행평가 지지율이 전주 대비 0.4%p 하락한 42.1%를 기록했고 부정평가는 2.3%p 상승한 54.0%를 기록했다고 밝혔다." 지지율이 하락했다고 보도하지만, 여전히 42.1%는 견고했다.

한 나라의 지도자는 국민의 수준이 결정한다. 곧, 지도자의 수준은 국민의 평균수준을 반영할 뿐이다. 따라서 지도자가 무도하다면 바로 국민이 어리석고 무도하다는 의미다. 혼군과 용군이 선택된 것은 42%의 저 어리석고 무도한 공리주의적 국민 때문이다.

무릇 어리석고 무도한 자는 가르침을 통해 현명해지고 도덕, 나아가 정의를 알 수 있다. 그렇다면 누가 이들에게 도를 가르쳐야 하는가? 정치인인가? 정치인은 국민의 생각을 '존중'하며 환심을 얻으려 알랑방귀를 뀔 뿐이다. 정치인에게 국민의 뜻은 상수constant다.

지식인 말고는 이들을 도와 덕으로 이끌 사람이 없다. 그런데 이 땅의 지식인은 모두 '정치인'이다. 어찌 그리 쉽게 단언할 수 있느냐고 물을 것이다. 보라, 지식인들은 국민을 계몽하지 않고, 오로지 그들의 환심을 사고자 한다.

그들은 블로그에서 더 많은 '공감'을 얻기 위해, 페이스북에서 더 많은 '좋아요'를, 더 많은 관심을 얻기 위해 공간을 낭비하며, 더 많은 책을 팔기 위해, 가르치려 들지 말라는 야만에 주눅 들어 자신들의 책무를 포기하고 있다. 정치인의 행태와 다르지 않다.

혼용무도의 시대는 '국민무도'의 시대다. 무도한 자들을 가르치는 과정은 거부와 비난의 과정이다. 이를 참고 견디자면 속이 새까맣게 탄다. 그러니 똥 색깔인들 온전할 리가 있겠나. 선생 똥은 개도 먹지 않는다! 욕먹지 않고 이 무도한 '콘크리트' 국민을 계몽할 순 없다. 개도 쳐다보지 않을 정도의 똥을 싸는 꼰대 같은 지식인, 곧 '진정한' 폴리페서들이 필요한 때다.

19장

중립도 극단으로 치우치면 해롭다

: 가수 김장훈에게

정치학자가 아니라 좀 서투른 정의이긴 하지만, 내가 느끼는 정치는 이념과 물질을 둘러싸고 일어나는 대립과 갈등을 조정하는 과정이다. 이 과정은 토론과 투쟁으로 매개된다. 토론과 투쟁은 다르거나 대립하는 당사자의 존재를 전제한다.

당사자는 보통 보수와 진보, 좌파와 우파로 구분된다. 적어도 민주주의를 우리보다 훨씬 먼저 경험한 선진국에서 이런 이분법에 문제를 제기하는 경우는 드물다. 하지만 낙인찍기가 토론에서 승리할 수 있는 가장 효과적인 무기로 악용되는 한국사회에서 이런 이분법은 큰 저항을 불러일으킨다. 빨갱이로 낙인찍히지 않을 공간이 필요한 것이다. 이런 공간은 이른바 중도주의자들의 영역이다.

이분법에 대해 중도주의자들은 다음과 같이 말한다. 자본과 노동, 보수와 진보처럼 실로 인간의 삶은 대립적이다. 하지만 인류는 그 대립을 끝내려는 노력을 게을리하지 않았다. 계급적, 정치적 대립을 초월할 방법, 곧 보편적 가치를 이루기 위한 지성인들의 고뇌가 잊히면 안 된다. 휴머니즘, 정의, 박애, 시민 정신, 생명존중, 측은지심 등은 모든 정치세력이 공유해야 할 가치가 아닌가! 진보와 보수, 좌와 우가 공유해야 할 보편적 가치가 존재한다. 우리 중도주의자들은 세상이 적어도 이렇게 되기를 원한다. 이런 가치를 조롱하는 보수와 진보를 '좋다'고 생각할 수 없다. 이건 실로 야만이요, 희극이다.

그렇다면 이분법은 과연 야만이요, 희극인가? 18세기 후반 프랑스는 루이 16세의 폭압 아래서 신음했다. 절대왕정은 관료제, 상비군제도 나아가 왕권신수설王權神授說의 이데올로기로 뒷받침된다. 절대권력을 체계적으로 행사하자니 콧대 높아 말 잘 안 듣는 봉건영주세력보다 국왕에 종속되어 주는 월급만 받아 먹고사는 관료집단이 필요했으며 절대권력을 과시하고 이를 보존하기 위해 항상 출동 대기하는 군대가 필요했던 것이다.

이것들을 유지하자니 돈이 얼마나 많이 필요했을까. 절대군주는 원격지무역, 곧 멀리 떨어져 있는 지역 사이에서 거래하던 상인들에게 독점권을 부여함으로써 절대권력의 유지에 필요한 막대한 비용을 조달할 수 있었다.

그러나 이런 물질적 장치만으로도 왕은 신민의 동의를 끌어낼 수 없었다, 여기에 왕의 권력을 미화할 수 있는 이론이 필요했으니 그것이

왕권신수설이다. 왕의 권력은 신(하나님)이 내린 것이니 절대복종하라! "각 사람은 위에 있는 권세들에 굴복하라 권세는 하나님께로 나지 않음이 없나니 모든 권세는 다 하나님의 정하신 바라. 그러므로 권세를 거스르는 자는 하나님의 명을 거스름이니 거스르는 자들은 심판을 자취하리라"(로마서 13 : 1절).

폭압 장치와 미신을 내세워 루이 16세는 프랑스 인민을 빈곤과 절망의 구렁텅이에 빠뜨렸다. 국민의 90%를 차지하는 평민층은 근로와 납세의 의무를 지고 짐승의 삶을 사는 반면 소수의 귀족·성직자들은 엄청난 특권을 누리는 동시에 평민들의 근로와 납세에 기대어 무위도식의 쾌락을 누렸다.

프랑스 인민은 분노할 수밖에 없었다. 1789년 7월 14일 프랑스 대혁명이 발발했다. 당시 라파예트 등이 기초한 〈인권선언〉은 근대 이후 인류가 앞으로 추구해야 할 가치를 나름대로 정리해 놓았다. 비록 초라하고 불완전하지만!

그것은 "인간은 나면서부터 자유로우며 평등한 권리를 가진다"고 선언함으로써 "인간의 자유와 권리의 평등"을 가장 귀중한 가치로 내세우고 있으며 압제에 대한 저항권, 주권재민의 사상도 명확히 규정했다. 왕은 신으로부터 권력을 부여받지 않을 뿐 아니라, '국민'으로부터 나온다는 것이다.

새로운 문화로서의 인권사상과 새로운 정치제도로서의 민주주의는 구제도를 뛰어넘는다는 점에서 진보적이다. 나아가 정치적 자유, 평등사상, 주권재민사상, 저항권은 노동자, 서민, 사회적 약자, 정치적 무권리자 등 인민 대중의 요구다. 따라서 진보는 경제적, 사회적, 정치적 피지배자의 정치적 입장이 될 수밖에 없다. 곧 선진적advanced이라고 해서 진보적progressive이지는 않다.

반면, 봉건적 신분 질서를 유지하려는 앙시앙레짐구제도은 보수적이다. 구제도는 불평등과 압제를 옹호하기 위한 지배자의 제도적 장치다. 따라서 보수는 지배세력의 정치적 사상이다.

당시 자코뱅당은 진보적 가치를 적극적으로 옹호했고, 지롱드당은 구세력과 타협하면서 보수적 태도를 취했다. 혁명 중 국민공회에서 의장을 중심으로 진보적인 자코뱅당이 왼쪽에 자리했고, 보수적인 지롱드당이 오른쪽에 배석했다. 이때부터 진보는 좌파left, 보수는 우파right로 불리게 됐다. 편이 갈려 끼리끼리 자리를 잡았던 것이다.

결국, 민주주의와 시민들의 권리를 제한함으로써 엘리트 계급의 기득권을 옹호하며, 현 체제를 유지하고자 하는 정치세력을 보수 혹은 우파라 칭하고 반대로 민주주의와 시민들의 기본권을 확대함으로써 더욱더 자유롭고 평등한 사회를 지향하는 정치세력을 진보 혹은 좌파로 부르게 됐다.

이런 이분법은 경제학에도 적용됐다. 자본주의의 시장체제를 그대로 유지함으로써 지배 엘리트의 이익을 대변하는 신고전학파 경제학이 보수와 우파에 속하는 대신 자본주의 시장체제를 붕괴하거나 그것을 더욱 평등하고 사회적인 방식으로 개혁함으로써, 중산층, 노동자와 서민들의 이익을 대변하는 마르크스경제학, 케인스경제학, 진화적 제도경제학이 진보와 좌파에 속한다.

주장하는 내용과 지향하는 가치만 따지더라도 보수보다 진보가 더 휴머니즘적이며, 정의롭고, 박애주의적이다. 따라서 보수우파와 비교하면 진보좌파가 상대적으로 더 보편적이라는 점은 분명하다. 실로 진보좌파는 중도의 가치를 포함하며, 오히려 그 위에 서 있다. 다른 사람들은 어떻게 생각할지 모르겠으나, 적어도 나는 후자의 가치관을 더 '좋다'고 판단한다.

중도주의자들이 조롱하듯이 보수와 진보, 좌와 우의 이분법은 결코 근거가 없지 않다. 그리고 단순히 형이상학적이지만도 않다. 나아가 무익하지도 않다. 이런 이분법은 인간의 고뇌, 성찰, 토론, 그리고 투쟁 과정에서 역사적으로 형성돼 실재하며, 민주주의와 인권, 인간의 자유와 평등을 확장되는 데 크게 이바지했다. 따라서 진보와 보수, 좌파와 우파로 편을 가르는 이분법은 결코 야만도 코미디도 아니다. 그것은 오히려 문명이며, 치열한 현실이다.

가수 김장훈이 새누리당 예비후보를 지지한 기사를 읽었다. 그동안 위안부, 세월호 문제 등에서 진보적 이미지를 보여준 김장훈을 비판하는 글이 많다. 이에 김장훈은 "기호 무시하고 색깔 무시하고 김찬영이라는 제가 기대하는 큰일 할 청년, 제가 오래 두고 지켜본 동생 이름 석 자 보고 간 것"이며 "오랜 인연을 통해 본 그(김찬영)가 강직함, 좋은 전략과 추진력, 대의를 중시하는 마음을 가진 걸 알기에 '이런 친구가 정치해도 좋겠다' 하는 바람에서 응원해주러 갔다. 세월호 때문에 광화문에 나가 있을 때도 '그냥 '이건 아니다'라는 제 소신 때문에 간 것이다. 진보다 보수다, 좌다 우다, 그런 이분법이 제게는 희극이라고 생각"한다고 반박했다. 친구에 대한 우정은 보수와 진보의 문제가 아니며, 그것으로 환원될 수 없는 독자적이며 중도적 영역이라는 말이다.

나는 중도주의자들의 이런 생각이 완전히 잘못됐다고 생각하지는 않는다. 첫째, 휴머니즘, 정의, 박애는 진보와 보수, 좌와 우로 완전히 환원될 순 없다. 그것은 독자성을 가진 보편적 가치다. 중도주의의 공간이 존재하는 것이다. 김장훈의 우정을 간단히 이분법의 프레임에 가둘 수는 없다.

둘째, 이분법을 맹신하는 극단적 보수주의자와 극단적 진보주의자의 폐해는 실로 크다. 이들은 둘 사이에 어떤 공유공간도 존재하지 않으므로 타협도 대화도 불가능하다고 오해한다. 내 기준과 다르면 적이어서 블로그 이웃도 페이스북 친구도 될 수 없다고 확 돌아서 버린다. 나는 그런 도량 좁은 태도는 학술적으로 잘못일 뿐 아니라 전략상으로도 유익하지 못하다고 생각한다.

극단적 영역과 겹치지 않는 중도적 영역은 실제로 존재한다. 중도를 상상하지 않는 극단주의는 진정한 정치, 곧 이념과 물질의 조정을 현실적으로 이루어낼 수 없기 때문이다. 따라서 극단주의자들의 행태를 정당화하고, 보편적 가치를 하나의 계급적 가치로 환원해 중도주의적 영역을 조롱하는 것이야말로 야만이요, 희극이다.

실로 김장훈의 비판과 반박은 틀리지 않았다. 진보는 보편적 가치의 존재를 인정함으로써 도량 좁은 극단주의를 벗어나 그 범위를 확장할 필요가 있다. 진보의 인내와 관용이 요청된다는 것이다. 극단적 이분법 주의자는 물론 그 방법에 대한 미련을 버리지 못하는 내가 새겨들어야 할 대목이다.

하지만 김장훈은 알아야 한다. 첫째, 앞에서 살펴본 대로 진보와 보수, 좌파와 우파로 편을 가르는 이분법은 인간의 역사 속에서 생겨나 실재하며, 민주주의와 인권, 인간의 자유와 평등을 확장되는 데 크게 이바지했다. 이는 결코 꾸며낸 희극이 아니다.

둘째, 극단주의는 정치를 불가능하게 한다. 따라서 인간의 삶을 개선해 주지도 못한다. 그것은 무익하다. 이는 진보극단주의에만 해당하지 않는다. 극단적일 경우, 중립주의와 보편주의 역시 무익할 뿐 아니라 때에 따라 해롭기까지 하다!

김장훈의 '우정 중립주의'와 '우정 보편주의'가 그렇다. '동생'은 보수정당의 후보다. 보수정당은 진보적 가치를 부정한다. 동시에 박애, 정의, 인권, 휴머니즘 등 김장훈이 그토록 아끼는 보편적 가치를 조롱하는 세력이다. 세월호는 물론 노동법 개악, 언론탄압, 관료들의 부정부패, 대통령의 불통독재 등에서 확인되듯이 우리나라의 보수는 실로 극우적이어서 보편적 가치를 억압하며, 탄압한다. 그들은 우리가 역사 속에서 확인한 '합리적' 중도주의자와 아무런 관계가 없다.

새누리당의 '동생'을 지지하는 김장훈의 극단적 중립주의와 보편주의는 자신의 의도와 무관하게 오리지널 보수는 물론 한국의 극우주의를 지지하는 것으로 귀결된다. 그가 정치적 권력을 얻게 되면 한국의 극우주의는 한층 깊어질 것이다. '김장훈'의 중립주의와 보편주의의 결과는 결코 중립적이거나 보편적이지 않다. 그것은 극우적이며 나쁜 결과로 진화한다. 김장훈의 중립주의와 보편주의에 '허용경계'가 필요한 이유다. 진보가 인내해야 할 지평이 확장될 필요가 있는 것처럼 중립주의와 보편주의의 허용경계도 설정되어야 한다. 모든 극단주의는 무익하며 위험하다.

20장

톨스토이, 아리스토텔레스 그리고 에우다이모니아

: 사람은 무엇으로 사는가?

사람은 무엇으로 사는가? 러시아의 대문호 레프 톨스토이가 던진 질문이다. 1885년 그는 이 질문을 주제로 삼아 단편소설을 발표했다.『사람은 무엇으로 사는가?』

맘씨 좋고 가난한 구두장인 시몬은 항상 생활고에 시달렸다. 어느 날, 아내의 성화에 못 이겨 밀린 외상값을 받으러 나갔지만 별 소득 없이 터벅터벅 걸어오다 시몬은 교회 앞 담에 기대어 있는 벌거벗은 거지와 대면했다. 너그러운 시몬은 얼어 죽을 것이 뻔한 남자를 지나치지 못하고, 자신의 외투를 입혀서 집으로 데려왔다. 화가 치밀었지만, 아내는 그 낯선 이에게 동정심 가득 찬 눈길을 보내며 가난한 음식을 제공했다. 이에 거지는 짧은 미소를 짓는다.

미하일이라는 이름의 이 거지는 다음 날부터 시몬과 함께 구두를 짓게 된다. 그런데 조수로 기용해보니 놀라운 능력을 발휘하지 않는가! 어느 날 귀족 신사가 가게를 방문해 1년을 신어도 끄떡없는 튼튼한 구두를 주문했다.

미하일은 잠깐 미소를 짓곤 가죽 구두 대신, 부드러운 가죽 슬리퍼를 제작했다. 놀란 시몬이 왜 그런 멍청한 짓을 했는지 따지고 있을 때 신사의 하인이 헐레벌떡 뛰어 들어왔다. 집으로 돌아가던 중 주인이 마차에서 죽었다며, 구두 대신 고인의 수의로 신겨줄 슬리퍼로 바꿔 만들어 달라고 주문하지 않는가.

시간이 많이 흐른 후 한 부인이 두 아이를 데리고 와 가죽신 두 벌을 주문했다. 하지만 그중 한 아이가 한쪽 발에 장애가 있으므로 세 개의 신발을 만들어야 한다고 말했다.

시몬은 부인에게 왜 소녀의 발이 불구가 되었는지를 물었다. 부인은 애들과 아무 관계도 아니지만, 사고로 죽어 있던 이웃 아이의 엄마가 소녀의 발을 우연히 짓눌러 불구가 됐다고 대답해 주었다. 부인은 아이들을 고아로 내버려 둘 수 없어 데려와 이들을 자기 자식처럼 사랑하며 소중히 지금까지 키워왔다고 했다. 이 말을 들은 시몬의 아내는 "부모 없이는 살아도 하느님 없이는 살 수 없다."고 감탄했다. 이 말을 듣자 미하일은 세 번째 미소를 지었다.

그 부인과 두 아이가 가고 나서 미하일은 시몬에게 다가가 작별을 고했다. 그러면서 그는 언젠가 불쌍한 아이들을 위해 불가피하게 하느님의 명령을 어겨 다음과 같은 질문에 답을 찾을 때까지 땅에 머무르는 벌을 받았다고 말했다. '사람의 마음속에는 무엇이 있는가? 사람에게 주어지지 않은 것은 무엇인가? 사람은 무엇으로 사는가?'

인간의 세계로 내려온 미하일은 벌거벗은 자신을 시몬과 아내가 대접하는 것을 보고, '사람의 마음속에는 하느님의 사랑이 있음'을 깨달았으며, 한 치 앞도 내다보지 못하면서 영구적인 구두를 주문하는 귀족 신사를 보고 '사람에게 주어지지 않은 것은 자신에게 정녕 필요한 것이 무엇인지를 알지 못하는 것'임을 깨달았다고 한다. 그리고 엄마를 잃은 아이들을 사랑으로 키우는 저 훌륭한 부인을 보고 '사람은 사랑으로 산다'는 사실에 눈을 뜨게 됐다고 말한다.

한국장애인복지관협회로부터 특강초청을 받아 호남의 여수에 있을 때다. 주최 측의 주문이 대단히 구체적이다. '상식이 그리운 시대!! 어떻게 살 것인가?'

1. 경제와 인문학 '얼마나 소유할 것인가' → '어떻게 살 것인가'
2. 윤리가 경제학에 들어가야만 하는 이유와 다양한 실제 사례들
3. 인간이 행복해지는 경제학에 대한 역설
4. 경제학과 인문학적인 성찰과 다양한 방법론 이해, 새로운 통찰력 습득

인간의 삶은 기본적으로 물질로 뒷받침된다. 경제학에서부터 삶을 조명해봐야 할 이유다. 하지만 물질은 인간의 삶에서 필요조건일

뿐 충분조건이 아니다. 물질로 사는 것이 다가 아니며, 그것이 인간의 고유성이 될 수 없다는 말이다.

물질로만 사는 것은 동물의 본성이다. 그렇다면 사람은 무엇으로 사는가? 그리고 사람이 도대체 무엇이기에 물질과 다른 '그 무엇'으로 사는가? 다시 말해, 사람 속에는 무엇이 있기에 동물과 다른 방식으로 사는가? 먹고사는 문제, 곧 경제활동의 문제를 인간에 대한 질문인 인문학과 함께 생각하지 않을 수 없다.

경제가 사람의 먹고사는 활동인 이상, 경제학과 인문학은 분리될 수 없는 동전의 양면과 같다. 경제학자들은 톨스토이를 읽으며, 톨스토이와 함께 고뇌해야 한다! 그래서 이 단체가 내게 제시한 질문과 주제의 필요성과 그 정당성에 충분히 공감하는 것은 물론 그 진지한 태도에 경의를 표한다.

백 명에 가까운 사람들이 모여 있었다. 장애인복지에 관한 실무책임자들이 전국에서 모두 모였다고 한다. 대략 40, 50대 고학력층이라고 한다. 학력은 높아 이해력을 갖추고 있지만, 이미 학교공부와는 담 쌓은 지가 오래다. 그런데 내 강의는 근본을 짚는 스타일이라 대단히 아카데믹해, 공부를 계속하는 사람들에게만 잘 전달된다.

이 상황에서 이 주제를 어떻게 풀어나가나? 이땐 읍소하는 전략이 통한다. "저는 정보가 아니라 지식과 역량을 전달하는 사람입니다. 지식과 역량은 쉽게 전달되지 않습니다. 그것들은 일정한 학습비용의 지출이 있어야 합니다. 저의 노력은 물론 여러분의 노력도 필요하다는 겁니다. 2시간만 정신 바짝 차리고 들어주십시오. 반드시 뭔가 들고 갈 게 생길 겁니다." 내 읍소에 모두 감복(!)하고 자세를 바로잡아 주었다. 강의 시작! 먼저 앞서 소개한 운동권 출신 빵빵한 전문직들을 만나 강의했던 내용부터 시작했다.

경제학 200년 역사는 경제학과 인문학의 분리와 통합이 반복되는 과정이다. 좀 더 구체적으로 설명하면, 『국부론』(1776)과 『도덕감정론』(1759)을 바탕으로 경제학과 인문학이 느슨하게 통합되어 있던 애덤 스미스의 경제학이 역사학파 경제학자 프리드리히 리스트의 『정치경제의 국민적 체제』(1841)에 의해 체계적으로 통합됐다.

통합의 정도와 방식은 다르지만 둘은 경제학에 인문학적 질문, 그 중에서 톨스토이의 질문을 놓치지 않았다. '사람 안에는 무엇이 존재하는가? 사람은 무엇으로 사는가?' 스미스는 전자에 관한 질문에 중점을 두었지만, 리스트는 후자의 질문에 근접하는 방식으로 인문학을 품었다. 고전학파 경제학자 스미스가 '인간의 본성'에 대한 질문을 던졌다면, 역사학파 경제학자 리스트는 '인간의 사는 목적'을 경제학의 연구주제로 삼았던 것이다.

이를테면, 『도덕감정론』에서 스미스는 이기주의적 인간에 고유한 공감sympathy능력과 공정한 관찰자impartial spectator로서의 본성에 주목한다. 곧, 인간은 자신의 안위만 도모함으로써 타인과 사회를 해치며, 그 결과 자신마저 파멸에 이르게 하는 어리석은 존재가 아니라 타인의 처지에 공감하면서 타인은 물론 자신의 안위와 이익도 지켜낼 줄 아는 합리적 이기주의자이자 공정한 관찰자다. 그는 자신의 경제활동을 '적절한proper' 범위 안으로 제한할 수 있는 이기주의자다. 이 적절함은 경제활동의 도덕적 기준이다. 곧, 역지사지易地思之의 경제활동이 바람직하다는 말이다.

리스트의 논지를 이어받은 역사학파 경제학자들은 경제활동을 문화적 현상으로 정의한다. "경제생활은 문화 가치적 생활이며, 문화 가치는 궁극적으로는 생활목적 전체의 조화를 지향하는 도덕적, 윤리적 가치를 내포한다." 19세기 말 가치판단논쟁에서 주도적인 역할을 한 역사학파 경제학자 구스타프 슈몰러Gustav von Schmoller의 말이다. 경제학이 도덕적 가치와 같은 인문학적 질문을 배제하지 않아야 한다는 주장이다.

하지만 가치판단논쟁을 거쳐 신고전학파 경제학은 경제학으로부터 도덕적 가치를 배제하는 데 성공을 거둔다. 이로써 경제학은 인문학적 질문은 물론 도덕적 가치판단을 외면할 수 있는 논거를 마련했다.

지금부터 '사람 안에 뭐가 존재하는지, 뭐가 사람의 한계인지, 사람은 왜 사는지'에 대한 질문은 정치학과 철학의 과제일 뿐 더는 경제학의 연구대상일 필요가 없다. 그런데도 인문학적 빈자리를 어느 정도 메울 필요는 있었을 게다. 여기에 기존의 이기적 본성에 '쾌락주의적 존재'를 추가함으로써 경제학의 인문학적 주제를 마무리 짓는다.

애덤 스미스의 공감하는 존재이자 공정한 관찰자로의 이기주의자, 곧 역지사지하는 이기적 존재는 사라지고 무자비한 쾌락주의와 성공과 이익에만 목매는 이기주의자가 등장하게 되는 것이다. 톨스토이의 질문에 대한 신고전학파 경제학의 대답은 이렇다. 인간은 자신의 쾌락을 위해 모든 것을 불사하는 공리주의적 존재다. 그는 정의를 외면하고 조롱하면서 자신의 '쾌락hedon'을 추구한다! 톨스토이, 제대로 웃기는 양반이로세.

그렇다면 경제학은 더 이상 도덕적 질문을 떠올리지 않는가? 그렇지 않다. 역사학파의 전통은 케인스경제학, 진화경제학과 제도경제학 등 비주류경제학을 통해 다양한 방식으로 이어지고 있다. 이들은 경제학과 톨스토이의 질문을 관계 지우며 경제학 모형과 정책을 마련해 오고 있다. 나아가 경제활동을 윤리적 범위 안으로 국한한 경제학자들은 수없이 많다.

영국의 철학자 제러미 벤덤Jeremy Bentham은 '최대다수의 최대행복'을 주장했다. 비록 쾌락과 공리를 사람이 사는 목적으로 두긴 했지만, 그마저도 독점되는 것보다 가장 많은 사람이 즐기는 것을 최대과제로 삼았던 것이다.

정치철학자 존 로크John Locke는 이편이냐 저편이냐를 두고 경제학자들 사이에 논란의 대상이 되는 인물이다. 어느 편에 가까운지는 내 연구주제가 아니지만, 그의 세 가지 '단서조항'은 모두가 새겨들을 만하다.

로크는 사적 소유권을 인정했다. 하지만 여기에 세 가지 단서조항을 달았다. 첫째, 물질은 생존을 넘어 낭비될 정도로 사적으로 소유되면 안 된다. 둘째, 사적 소유는 인류 전체의 행복에 이바지하는 방향으로 이뤄져야 한다. 셋째, 다른 사람들의 욕구나 노동 의지를 충족시킬 수 있을 정도로 자연의 이용 가능성이 남겨져 있어야 한다. 사적 소유권에 대한 도덕적 기준을 제시한 것이다.

한 번 더 애덤 스미스! "인간이 아무리 이기적이라고 가정해도 인간의 본성에는 이와 상반되는 몇 가지 요소가 분명히 존재한다. 바로 이 때문에 인간은 바라보는 즐거움 이외에는 자신이 얻는 것이 없다고 해도 타인의 운명에 관심을 가지고 타인이 행복해지기를 바란다."

그를 이어받은 신고전학파 경제학자 앨프리드 마셜Alfred Marshall이 케임브리지 대학 총장 시절 읽어 내려간 졸업축사만큼 강렬한 도덕적 메시지도 없을 것이다. "강한 인간의 위대한 어머니인 케임브리지가 세계로 배출하는 자는 '냉철한 머리와 따뜻한 마음'을 가지고서 자기 주위의 고뇌와 싸우기 위해, 자신이 가지고 있는 최선의 힘 중 적어도 얼마 정도를 기꺼이 바치려고 하며, 또 교양 있고 고상한 생활에 필요한 물질적 수단을 모든 사람에게 부여하는 것이 어느 정도 가능한가를 명백히 규명하기 위해 자신의 전력을 다하지 않고서는 안심하거나 만족하지 않을 것이라고 결심한 자인데…." 경제학자의 도덕적 판단은 마셜에게 '정언적 명령'이었다.

물론, 19세기 말 가치판단논쟁에서 경제학에 도덕적 가치판단을 고수해 온 독일 역사학파 경제학자들은 다시 언급되어야 하지만, 생산

수단의 사회화를 통한 평등사회를 추구해 온 카를 마르크스Karl Marx의 『자본론』(1861)도 어떻게 보면 도덕적 판단을 놓지 않았던 결과로 볼 수도 있다. 그의 노동가치론은 경제적 가치가 누구에게 귀속될 것인지에 관한 일종의 도덕적 판단이기도 하다.

소스타인 베블런Thorstein B. Veblen이 『유한계급론』(1899)에서 제시한 사회적 소비론도 도덕적 판단과 멀지 않다. 유한계급의 과시 소비는 타인을 불쾌하게 하며, 귀한 물자의 낭비를 초래한다. 그러한 낭비는 불평등한 분배에 기인한다. 그리고 불평등은 유한계급의 노력에 연유하기보다 '의식적 태업conscientious sabotage'과 영리 계급의 교묘한 술수에서 비롯된다. 과시 소비는 불로소득과 불공정한 전략의 결과란 점에서 비도덕적이다.

존 메이너드 케인스John M. Keynes가 볼 때 1930년대 세계 대공황은 자본주의 시장의 탐욕 때문에 야기됐다. 자본주의 시장이 유발하는 가장 큰 문제는 불안정, 불평등, 그리고 비자발적 실업이다. 이것들은 자본가들의 투기와 탐욕의 결과다. 이 문제는 정부의 시장 개입을 통해 해소될 수 있다.

케인지언 경제학자들에게 이 과제는 '민주적' 정부의 몫이다. 정부 그 자체는 독재적 정부가 아니라 민주적 정부가 더 적절하며 '좋다'는 말이다. 가치판단이 개입되지 않으면, 세계 대공황은 극복될 수 없다.

정치철학자 존 롤스John Rawls의 '차등원리'는 경제학의 가치판단에 중요한 기준을 제시했다. 그에게 경제성장은 필요하며, 그 결과로 유발되는 불평등 역시 피할 수 없다. 하지만 그 허용범위는 최소수혜자의 처지를 악화시키지 않는 범위로 제한되어야 한다. 곧, 피할 수 없는 불평등도 도덕적 범위 안에서 이뤄져야 한다.

이런 거인들에 힘입어 진화경제학과 제도경제학은 도덕적 판단을 외면하지 않는 경제학을 연구해 오고 있다. 경제적 '결과'의 분배에 대한 도덕적 논의와 별도로 진화경제학은 경제적 가치의 '산출과정'에 대한 도덕적 기준을 제시했다. 그들의 '국가혁신체제론national innovation system'은 '좋은' 혁신과정의 사례다.

혁신은 기업과 같은 사회구성원 하나의 노력이 아니라 기업은 물론 노동자, 소비자, 공공연구기관, 대학, 정부 등 다양한 구성원들의 체제적 상호작용을 통해 이루어진다. 창조적 개인의 노력보다 모든 사람이 참여하는 혁신이 바람직하며, 국가 전체적으로 유익하다.

제도경제학은 아리스토텔레스의 전통에 따라 '좋은 삶eudaimonia'

을 경제학 연구의 목표로 설정한다. 중용, 정의, 평등과 같은 아리스토텔레스의 본래 의미에 프래그머티즘, 도구주의, 공존, 지속가능성 등이 좋은 삶의 리스트에 추가되고 있다.

이런 '좋은 삶'을 추구하는 것은 당위이기도 하지만 그 자체로 인간의 본성이다. 인간은 이기적이며 헤도니아적 존재(쾌락주의적 존재)가 아니라 다양한 내용을 포함하는 '에우다이모니아적 존재(좋은 삶의 존재)'다. 그런 본성은 심리학자와 뇌과학자들의 실험으로 밝혀지고 있다.

나아가 그것은 '이스털린의 역설'과 그 후속 연구들로 실증되고 있다. 곧, '물질이 많으면 인간의 행복은 증가한다. 하지만 어느 지점을 넘어서면 물질은 행복에 더는 영향을 미치지 않는다.' 왜 그런가? 일정 수준 이상을 넘으면, 사람은 쾌락으로 살지 않고 '좋은 삶'을 지향하기 때문이다. 물질에 대한 인간의 욕망은 무한하지 않다. 인간 대부분은 다다익선보다 과유불급의 삶을 지향한다.

도덕적 가치, 이타적 삶, 사회적 연대와 같은 인문학적 질문과 그에 관한 연구는 이처럼 200년 경제학 역사에서 계속 논의되고 발전했다. 이제 톨스토이의 인문학적 질문에 대한 경제학자들의 대답을 들어보자.

첫째, 사람 안에 무엇이 존재하는가? 이기주의만큼 이타주의와 도덕적 심성도 존재한다. 이런 인간의 고유성 덕분에 인간은 도덕적 판단이 가능하다. 둘째, 사람은 실제로 무엇으로 사는가? 사람은 쾌락보다 오히려 좋은 삶, 달리 말하면 헤도니아보다 에우다이모니아를 위해 산다. 그것이 인간의 고유성이다. 우리 집 개는 쾌락을 위해 산다. 인간이 쾌락만 추구하면 개가 된다는 말이다.

신고전학파 경제학은 사람을 개, 나아가 짐승으로 강등시키는 경제학파다. 그렇게 함으로써 그들은 인간으로부터 희망을 구할 수 없게 만든다. 그들은 좋은 삶을 추구하지 않는다. 그들에게 우리는 모두 짐승이기 때문이다.

좋은 삶은 기껏해야 '외부 주체'의 도움을 얻어야 취할 수 있다. 하늘에 계신 하느님, 마르크스의 역사법칙, 신고전학파의 '자유시장'은 쾌락만으로 사는 절망적 짐승을 대신할 거룩하고 완전한 주체다.

여러분은 제게 네 가지 질문을 제시하셨습니다. 이제 답을 적어 보세요. 힌트 하나 드리죠. 톨스토이와 함께하는 경제학, 그것은 단지 도덕철학이지만은 않습니다. 그것은 200년 동안 위대한 학자들의 어깨 위에 굳건히 서 있는 동시에 후속 연구로 사실로 입증된 근거 있는 과학입니다.

신고전학파 경제학으로 세뇌된 우리의 머리를 비주류경제학으로 씻어냅시다. 그렇게 하면 4가지 질문에 대한 답이 쉽게 발견됩니다. 그와 함께 '상식이 그리운 시대, 어떻게 살 것인가'란 대주제에 대한 가이드라인도 희미하게나마 발견할 겁니다.

무려 두 시간 반을 쉬지 않고 열강했지만, 아무도 들락거리지 않고 모두 초집중해 경청했다. 연수 마지막 시간이었는데 아무도 졸지 않는다. 엄청나게 좋은 반응을 얻었다. 몇몇은 다음번 자기들 세미나에 초청할 테니 꼭 와달라고 말씀하신다. 아이고, 제가 왜 안 가겠습니까? 방방곡곡 어디든 가겠습니다. 그게 저 근거 없는 신고전학파 경제학을 극복하고 과학적인 '좋은 경제학'을 확산시키는 최고의 방법이기 때문입니다.

기쁜 마음으로 강의실을 나섰다. 같이 간 아내와 함께 여수관광을 나섰다. 배를 타고 금오도로 향했다. 넓고 아름다운 바다, 바위로 둘러싸인 아름다운 섬, 장관이다. 금오도에는 트레킹 코스가 몇 개 마련되어 있다. 늦게 건너온지라 세 번째 코스만 걷기로 했다. 제3코스가 가장 아름답다고 하던데, 다른 것과 비교해 보지 않아 잘 모르겠지만 정말 아름다웠다.

기분 좋게 돌아왔는데, 국정농단 뉴스가 기분을 망쳤다. 온갖 '야사'에 진정성 없는 해명이 스크린에 비친다. 이념을 떠나 그들의 행동방식과 삶의 자세가 역겹다. 저 사람들의 안에는 도대체 무엇이 들어있으며, 무엇으로 살까? 어글리!

그러고 보니 톨스토이가 제기한 두 번째 질문을 다루지 않은 것 같다. 사람에게 주어지지 않은 것은 무엇인가? 자기 미래를 한 치 앞도 못 내다보는 형편없는 합리성이다.

사람은 제한적 합리성bounded rationality만을 지니고 있다. 인간의 합리성은 본질에서 한계가 있다. 맹목적 진화과정에서 선택된 합리성이기 때문이다. 하지만 인간의 합리성은 인간의 나쁜 본성, 곧 무자비한

이기심과 무한한 욕망 때문에도 제한된다. 이기심과 욕심에 눈이 멀어, 자신의 미래를 오판하기 때문이다.

신고전학파 경제학의 후예들로 가득한 청와대와 정부 그리고 대다수 정치인. 욕망에 눈이 어두워 자신들의 미래를 가늠하지 못하고 있지만, 내겐 이들이 직면할 미래가 심히 걱정된다. 이들에게도 제도경제학을 강의할 기회가 있으면 좋겠다. 좋은 삶과 좋은 경제가 존재할 수 있으며, 그것이 수많은 자이언트에 의해 연구됐음을 전해주면 마음이 좀 바뀌겠지. 그들 마음에도 톨스토이적 본성이 들어있을 것이기 때문이다. 사람은 무엇으로 사는가?

21장

제도경제학의 국가론

: 국민국가의 탄생과 의미

누가 국가를 건설했는가? 경제학자가 국가에 대해 뭘 알겠느냐고 반문할지 모르나 경제학에서 국가만큼 중요한 '비경제적' 행위자도 없다. 주류경제학은 그것을 쳐부숴야 할 원수로 보지만 제도경제학에 국가는 소중한 친구다. 원수든 친구든 어떻게 바라보든지 간에 모두에게 국가는 주요 관심 대상이 된다.

그러다 보니 경제학자들도 나름대로 국가의 존재 이유를 말해왔다. 유감스럽게도 경제학자들이 국가론을 연결 짓는 데 익숙하지 않지만, 실제로는 많은 경제학자가 국가의 존재를 암묵적으로 인정하고 있다. 예컨대, 경제학자들은 특정 재화의 속성에서 국가의 필요성을 도출해낸다.

공공재이론이 이에 해당한다. 가로등, 공원처럼 비배제성과 비경합성이라는 독특한 속성을 갖는 재화는 시장이 공급에 실패하는 재화다. 가로등에 대한 사회적 수요는 매우 크지만, 기업은 가격으로 특정인의 사용을 배제할 수 없다. 관리할 수 없거나 관리 비용이 너무 크기 때문이다.

철수가 빵을 먹으면 영이는 더 이상 먹을 수 없다. 이때 두 사람은 빵의 이용을 두고 서로 경합을 벌이게 된다. 하지만 가로등의 경우는 다르다. 철수가 가로등의 불빛을 이용한다고 영이가 이용할 수 없는 건 아니다. 영이 때문에 가로등 불빛이 추가로 마모되지 않는 것이다.

가로등을 앞에 두고 서로 경합할 필요가 없다. 그러니 가로등 이용을 위해 아무도 가격을 지불하지 않으려 한다. 가격을 매길 수도 없고, 돈을 내려고 하지도 않으니 기업은 이윤은커녕 본전도 못 건진다. 그 때문에 시장은 그 재화의 공급을 중단하게 된다.

누군가는 이 사회적 수요에 응해야 하는데, 국가 말고는 대안이 없다. 결국, 공공재를 공급하기 위해 국가는 필요하다. 주류경제학의 공공재이론인데, 나는 이를 '경제적' 공공재론이라고 부른다. 이 이론에 따르면 특정 재화의 속성이 국가의 존재를 필요로 한다.

그렇다면 누군가 높은 가격을 지급함으로써 이윤이 발생하면, 그 재화는 시장에 맡겨져야 하는가? 그렇지 않다. 가로등은 만인에게 필요하다. 가격을 치를 수 있는 부자는 물론 가격을 지급할 경제적 능력이 없는 가난한 자들에게도 말이다. 경제적 계산 결과와 관계없이 그것은 그 자체로 공공재다.

공공재는 비배제성과 비경합성의 속성이 아니라 인권, 기본권, 안전 등 사회적이고 도덕적인 욕구를 충족해 주는 속성 때문에 국가가 공급한다. 이때 공공재는 공공의 이익과 공공선에 이바지한다. 전기, 수도, 의료, 치안, 국방은 공공선을 구현하기 위한 대표적 공공재다. 결국, 정확한 의미의 공공재란 공익과 공공선을 달성하기 위해 정부가 제공하는 재화다. 이건 '비경제적' 공공재론으로서 주류경제학의 경제적 공공재론과는 다르다.

비경제적 공공재론에서 케인스경제학과 진화적 제도경제학 등 비주류경제학은 '비경제적' 국가론을 제안한다. 곧, 국가는 경제적 계산과 경제적 동기가 아니라 사회적 연대, 문화적 결속 등 인간집단의 기본조건을 마련하는 동시에 인권, 정의 등 보편적 가치를 도모하기 위해 존재한다. 공공재는 이런 목적을 달성하기 위해 포기될 수 없는 필연적 수단이다. 그런데 이 이론에는 국가를 설립한 주체가 없다. 논리적 산물일 뿐이다.

재화의 속성이나 사회생활에 대한 기본조건과 보편적 가치로부터 국가를 도출하는 사람들과 달리, 적지 않은 학자들이 '인간의 본성'에서 국가를 논리적으로 도출한다.

먼저, 인간의 이기적 속성은 만인에 의한 만인의 투쟁으로 이어진다. 이 때문에 이를 통제할 국가가 필요하다. 어떤 전제로부터 논리적 방법에 따라 국가를 도출하는 점은 위와 같지만, 이 경우 재화의 속성이 아니라 인간의 속성이 실마리를 제공했다는 점이 다르다.

국가를 이해할 때, 객체보다 주체를 등장시키고, 물질보다 인간을 부각한 점은 이 접근방법의 미덕이다. 국가는 논리적 사유의 결과라기보다 인간의 실천적 경험의 산물이기 때문이다. 국가는 소수 엘리트집단이 사유재산을 보호하기 위한 수단이라는 더글러스 노스 등 주류경제학의 국가론이 대표적이다.

마르크스의 생각도 이와 크게 다르지 않다. 그에게 자본주의국가는 자본가계급이 노동자계급을 지배하는 수단이며, 자본가계급의 '위원회'일 뿐이다. 곧 기업의, 기업에 의한, 기업을 위한 '기업국가'다! 이때 이들이 주목한 주체와 인간은 엘리트와 자본가계급이다. 근대국가는 소수 엘리트와 자본가계급에 의해 건설됐다.

하지만 근대국가의 발생과정을 실제로 들여다보면 그리 간단하지 않다. 이제, 추상적인 사유를 벗어나 구체적 경험을 통해 국가를 확인해 보자. 논리적 도출방식 대신 역사적 실증방식을 채택하는 것이다.

경제사학자 앤 데이비스Ann E. Davis의 11~13세기 이탈리아 연구에 의하면 플로렌스(피렌체), 베니스(베네치아), 제노아(제노바) 등 도시국가를 방어하기 위해 군주는 상인 가문과 타협하지 않으면 안 되었고, 세금을 징수할 때 길드조직과 논의해야 했으며, 시민들로 구성되는 민병대의 지원을 받지 않으면 안 됐다. 여기서 토론과 정치참여는 필수였다. 나아가 '시민 인문주의자civic-humanist'들은 시민적 덕성을 설파하며 교육했다. 엘리트는 물론 상인과 동업조합 등 경제적 주체, 일반 시민 더 나아가 지식인, 곧 각계각층의 사람들이 국가형성과정에 적극적으로 참여한 것이다. 이 과정에서 공공의 이익과 공공의 선이라는 개념이 등장했다. 입법, 행정, 사법 등 공적체제는 이렇게 합의된 가치를 보장하기 위해 마련됐고, 이런 업무를 수행하기 위해 행정 관료, 치안인력, 그리고 법률가 등 전문공무원이 등장했다.

물론 지역마다 똑같은 과정으로 전개된 것은 아니다. 다른 지역에서는 한 집단이 폭력으로 다른 집단들을 제압함으로써 독재국가로 진화했다. 하지만 여기서도 피지배 집단의 동의 없이 지배체제는 유지될 수 없었다. 더 나아가 그것마저 장기간 허용되지 않았다. 근대사회에서 이런 일이 자주 일어났는데 영국 명예혁명, 프랑스 대혁명, 미국 시민혁명, 러시아 혁명은 대표 사례다.

근대국가는 이처럼 다양한 계급과 세력들이 이해관계와 시민적 덕성을 두고 투쟁하고 토론하는 과정에서 형성됐다. 노동자만의 국가가 아닌 것처럼 기업가만의 국가도 아닌 것이다. 그것은 공공의 이익과 공공선을 향한 집단의지의 산물이다. 따라서 근대국가는 소수 엘리트나 기업의 국가가 아니라 모든 이들의 국가, 곧 '국민국가'다!

우리는 어떤가? 나는 강점된 나라의 독립을 위해 기업들이 싸웠다는 얘기를 많이 들어보지 못했다. 오히려 박정희 등 한 줌의 엘리트와 적지 않은 수의 기업들은 독립된 나라를 열망하지 않았다. 3·1 운동의 민중 함성, 의병과 동학 농민군의 붉은 피, 그리고 만주벌판에서 풍찬노숙한 독립군, 이들에 군자금을 조달한 민족자본가! 보라, 실로 대한민국은 국민국가다! 지금도 우리나라 국민 중 약 7% 정도만 사장님이다.

그런데 이명박 정부를 시작으로 이 위대한 국민국가는 기업국가로 타락했다. 그도 모자라 박근혜 정부는 독재국가로 개조하려 했다. 국민국가를 복원하고 독재국가로의 개조를 막자면 국민이 정치에 참여해야 한다.

거의 매년 선거일과 마주한다. 가만히 앉아 있고 싶은가? 국가는 본래 논리적으로 도출되지 않았다. 그것은 각계각층 국민의 투쟁과 토론, 곧 정치적 참여를 통해 힘겹게 만들어진 역사적 산물이다. 그리고 기억하라, 대한민국도 기업국가가 아니라 국민국가이며, 이 국민국가를 위해 흘렸던 뜨거운 선열들의 피와 눈물을!

22장

국민국가를 되찾자

: 브렉시트와 보호무역 뒤집어 보기

오늘 우리가 보고 있는 자본주의라는 경제운영 방식은 18세기 경 영국에서 처음으로 등장했다. 산업혁명을 통해 기초체력을 단단히 갖춘 영국은 국제경제에서 '세계의 공장'으로 독보적 지위를 확보한 터였다. 영국은 누구도 상대할 수 없는 절대 강자였다.

강자는 경쟁을 두려워하지 않고 즐긴다. 언제든 이길 수 있기 때문이다. 그래서 여유롭다. 거칠 것 없으니 자유롭기도 하다. 여유와 자유는 강자만이 누릴 수 있는 미덕이다.

영국의 이런 자신감은 경제학의 아버지인 애덤 스미스의 자신감이기도 하다. 그는 『국부론』에서 시장에 대한 자유방임을 주장했다. 시장의 자율성을 믿고, 거기에 간섭하지 말라! 이 원칙을 국제경제에도 적용했는데, 바로 자유무역 사상free trade이 그것이다. 국민적 경계를 지우고 모든 나라는 문호를 개방하자. 세계는 하나다!

비록 250여 년 전 구닥다리 고전 얘기지만, 이 생각은 주류경제학의 '국제경제론'의 출발점이며, 알파와 오메가다! 이것은 국제통화기금IMF의 사상이며, 세계무역기구WTO의 정신이자, 유럽연합EU의 출발점이다. 스미스의 사상을 따라 현재 유럽의 28개국이 국경을 허물고 역내에서 자유무역을 하고 있다.

하지만 스미스의 생각에 모든 경제학자가 동의한 것은 아니다. 당시 독일의 경제학자 프리드리히 리스트Friedrich List는 보호무역을 주장했다. 독일과 같은 후진국에서는 자유무역보다 보호무역이 필요하다는 것이다. 그의 이론이 갖는 경제학적 의미가 매우 중요하지만, 이 글에서는 자주 간과하는 보호무역이론의 정치적 측면에 주목해보자.

스미스는 자유무역을 주장하기 위해 국가의 문호를 개방하자고 말한다. 이 말 뒤에는 국민국가의 존재를 부정하는 주류경제학의 정치학이 숨어 있다. 그에 따르면 국민국가는 무역을 방해하는 걸림돌이며, 인류의 발전에 도움이 안 되는 존재다. 이런 생각을 극단적으로 피력하는 사람이 프리드리히 하이에크Friedrich Hayek다. 그는 사회복지와 노동자에 가장 적대적인 현대 신자유주의자들의 아버지다.

리스트는 국민국가nation-state의 존재를 처음으로 강조한 경제학자다. 스미스의 뒤를 이은 고전학파경제학자들이 주장하는 "모든 장소,

모든 국민에게 보편적이고 타당한 경제학"에 대해 그는 "각국의 역사적 사정에 따라 거기에 알맞은 서로 다른 국민적 경제학"이 있어야 한다고 주장했다. 1841년 그의 수작 『정치경제의 국민적 체제』Das nationale System der politischen Ökonomie는 그의 사상을 잘 보여준다.

국민국가가 왜 필요한가? 리스트는 경제를 역사적으로 이해하는 독일의 역사학파 경제학을 따랐다. 그들은 경제를 역사적으로 발전하는 과정으로 해석한다. 리스트에 따르면 모든 나라는 원시적 농업의 제1단계, 개량된 농업, 상업의 증가 그리고 공업의 발흥이라는 제2단계, 공업이 발달한 제3단계로 나뉘는 경제발전 단계를 거친다. 무역에 참여하자면 비슷한 역량을 갖추어야 하는데, 1단계와 2단계의 나라는 3단계 나라보다 모든 면에서 뒤떨어진다. 따라서 국민국가는 바로 이런 유치산업을 보호하고 육성하기 위해 필요하다.

유치산업infant industry은 어리고 약한 산업이다. 그러니 역사학파 경제학에서 국민국가는 어리고 약자 자들을 보호하고 육성하는 임무를 띠고 있다. 국민국가의 기본정신은 그 후 여러 분야로 확장되어 적용됐는데, 사회복지정책이 그 대표적 사례다.

1880년대 독일에서는 비스마르크가 사회복지정책을 가장 빨리 도입했다. 독일의 사회보장제도가 세계적으로 우수한 것은 우연이 아니다. 바로 역사학파 경제학의 국민국가 중시 전통이 뿌리를 내렸기 때문이다. 국민국가는 평등과 인권이라는 보편적 사상과 휴머니즘을 내포하고 있다.

물론 그의 정책에 어깃장을 놓을 수도 있다. 예컨대, 일부 마르크스주의자들은 비스마르크의 사회보장정책을 국민국가 정신의 구현으로 보지 않고 노동자들을 자본주의체제 안에 포섭하려는 자본의 선제조처라고 해석한다. 하지만, "근로자계층의 지지를 얻기 위해서, 바꾸어 말하면, 국민을 행복하게 만드는 것을 존재 이유로 하는 국가가 스스로 의무를 다하는 동시에, 국가 자체의 존립마저 위태롭게 할 수 있는 치안상태의 불안정을 방지"하기 위해 사회보장정책을 도입했다는 비스마르크의 회고담을 포장된 미사여구로 박하게 해석할 필요는 없다. 독일의 사회보장정책은 국민국가가 수행해야 할 당연한 의무였다.

독일은 보호무역정책에 힘입어 경제 대국으로 부상했고, 그 정신에 따라 사회적 약자를 앞장서 돌봐주었다. 국민은 건강했고, 행복했다. 모두 국민국가가 존재했기 때문이었다.

유럽연합은 28개 회원국으로 구성되어 있다. 이들은 모두 국민국가의 지리적 장벽을 허물었다. 국민적 경계가 사라진 것이다, 이에 따라 비자나 여권 없이 이 지역 내에서 모두 자유롭게 국경을 넘나들 수 있다. 상품도 서비스도 자유롭게 거래된다. 관세와 비관세장벽이 없기 때문이다. 거래 시 복잡한 환전절차도 필요 없다. 국민통화national currency 대신 공통의 화폐, 유로Euro로 뭐든지 살 수 있다.

일반적으로 경제통합은 그 긴밀성에 따라 자유무역지대, 관세동맹, 경제동맹, 전면적 경제통합 등 다섯 단계로 발전된다. 유럽연합European Union은 거의 마지막 통합단계에 해당한다. 국민국가를 거의 반납한 상태다.

국민국가는 누구를 위해 존재하는가? 혹자는 국가를 지배자들이 국민을 지배하기 위한 수단이나 자본가들의 위원회로 본다. 마르크스가 그랬고, 내가 자주 언급하며 따르는 베블런도 그렇게 말했다. 그들에게 국가는 '자본가'나 '영리 계급'의 지배 도구다.

그러나 앞에서 확인한 것처럼 국민국가는 자본가와 영리 계급만의 국가가 아니다. '모든 국민'의 국가다. 특히 압제 받는 자들이 도움을 구할 마지막 공적제도가 국민국가다. 한나 아렌트Hannah Arendt는 자신의 저서 『전체주의의 기원』(1951)에서 "인간이 자신의 정부를 결여한 순간 그들의 권리는 최소한으로 축소되고 어떤 권위도 그들을 보호하기 위해 남지 않았으며, 어떤 기구도 그들의 권리를 보장하지 않는 것으로 판명됐다. 국가 없는 이들에게 소수자들로서 국가적 권리의 상실은 인간적 권리의 상실과 동일시됐다."고 설파했다.

그 모순과 위험성에도 국가 혹은 국민국가는 인간의 조건을 갖추기 위해 무척 중요하다. 하물며 사회적 약자에게 그 중요성은 더하다. 약하고 어린 자들은 국민국가를 더욱 원한다. 우리 역사에서도 그렇다. 일제강점기 일본 제국주의와 싸운 사람 중 강자들은 드물다.

나는 브렉시트Brexit, 곧 영국의 EU 탈퇴를 진보와 보수, 젊은 세대와 노년층의 갈등으로 보지 않는다. 그것은 격렬한 세계화, 곧 하이에크형 신자유주의에서 삶을 위협받는 어리고 약한 자들의 분노요, 국민국가에 대한 인도주의적 개입을 향한 절규다. 그들은 국민국가 없이 생존할 수 없다. 외국인을 향한 영국인들의 분노, '월가를 점령하라Occupy Wall Street'는 뉴욕시민의 절규, 트럼프의 여성혐오에 열광하는 '앵그리 화이트'의 열패감은 그 표출대상에 차이가 있지만, 근본적으로 다르지 않다.

나는 자본주의의 세계화를 피할 수 있다고 보지 않는다. 비록 내가 사회과학에서 법칙을 거부하는 사람 중 하나지만, 세계화는 거의 법칙에 가깝다. 그걸 거꾸로 돌리기는 어렵다. 또, 거꾸로 돌린다고 해서 더 나은 결과가 나온다고 장담할 수도 없다. 그렇다면 세계화를 현실로 수용하지 않을 도리가 없다. 하지만 그 속에서 잃어가는 국민국가를 되찾아야 한다. 그와 함께 국민국가의 존재 이유를 되새겨야 한다. 그것은 약하고 어린 사람들을 위해 존재했다.

세계화를 돌이킬 수 없고 유치한 자들을 보호하는 국민국가의 역할도 포기될 수 없다. 이제 우리는 국민국가의 이런 핵심 기능을 복원하는 세계화가 얼마나 가능한지 고민해야 하며, 그 가능성을 책임 있게 연구하지 않으면 안 된다. 그건 영국에만 해당하지 않는다. 브렉시트가 이 땅에 주는 값진 교훈이자 강력한 메시지다. 그렇지 않으면 오늘의 미국처럼 도널드 트럼프와 같은 가장 저질스러운 자의 손에 공적 권력은 넘어가고 말 것이다.

세계화를 밀어붙이면서 국민국가의 와해를 시도하는 신고전학파 경제학과 신자유주의도, 세계화를 수용하며 국민국가를 부정하는 마르크스경제학도 이 난제를 해결할 수 없다. 국민국가를 중시하는 경제학의 관점이 필요한 이유다. 오늘은 내 교주(!)인 소스타인 베블런보다 프리드리히 리스트와 함께 국민국가의 역할에 관해 얘기를 나누고 싶은 날이다.

23장

기술과 제도는 삶과 문화를 바꾼다

: 광장의 촛불

나는 평소 경제학에 대해 인문학적 접근을 주장한다. 그중에서도 나는 철학이 경제학에 미친 영향들을 드러내며 그 중요성을 부각해왔다. 하지만 인문학에는 역사학도 포함된다. 따라서 경제를 역사적으로 접근하는 것도 중요하다. 철학이 인식론, 존재론, 인성론 등을 통해 경제학의 방향을 결정적으로 바꾸어 버리듯이 역사학의 연구방법론도 경제학자들의 세계관과 연구방법론을 결정하기 때문이다.

경제학에는 경제사economic history라는 연구분야가 있다. 역사를 경제적 관점에서 해석하는 세부전공분야다. 물론 역사가 경제학의 세부전공분야로 국한되지 않는다. 역사적 관점에서 경제를 해석하는 학파가 존재하기 때문이다. 1840년대 독일에서 등장한 역사학파 경제학이 그것이다. 역사를 경제적 요인에 따라 보는 경제사economic history와 달리 역사학파 경제학historical economics은 경제를 역사적 방법으로 보는 점에서 양자는 서로 다르다. 경제학의 '세부전공'으로서의 경제사와 '경제학 연구방법론'으로서 역사학파 경제학을 혼동하지 말 것을 부탁드린다.

1840년대에 시작된 역사학파 경제학의 전통은 지금도 이어지고 있다. 내가 연구방법론으로 채택한 진화경제학Evolutionary Economics이 대표적이다. 진화경제학은 베블런과 슘페터의 역사연구방법론을 경제학 연구에 적용한다. 진화적 연구방법론으로 불리는데, 전통적인 역사학파 경제학이나 마르크스경제학을 어느 정도 공유하면서도 그들과 결정적으로 다른 측면을 가진다.

이들은 여느 역사학파 경제학자들처럼 경제체제를 불변의 존재가 아니라 변화하는 존재라고 단언한다. 이 과정에서 경제체제는 양적 변화는 물론 질적 변화를 겪는다. 변화된 경제체제는 서로 불연속적이다. 자본주의를 영원불변의 존재라고 보는 동시에 자본주의의 질적 변화를 부정하는 신고전학파 주류경제학에 반대되는 견해다.

그러나 이들에게 역사, 그리고 자본주의를 변화시키는 요인은 전통적인 역사학파 경제학자들보다 훨씬 구체적이다. 역사의 변화 동력은 단지 경제적 요인만이 아니라 다양하다.

다원론, 더 나아가 앞에서 언급된 총체론holism에 따라 역사의 변화를 이해하는데, 이들에게 자본주의 시대에서 경제를 변화시키는 강력한 요인은 '제도'와 '기술'이다. 인간의 본능, 경제, 제도(정치·문화), 기술은 상호작용과 피드백과정을 통해 자본주의를 변화시키는데, 그중 제도와 기술이 상대적으로 강한 추동력이라는 것이다.

이 과정에서 자본주의의 전체 역사는 시간에 따라 양적 변화를 겪는 것은 물론 질적인 변화, 곧 불연속적 변화를 경험하게 된다. 이들의 실증연구 결과에 따르면, 18세기 산업혁명 이후 자본주의 경제는 약 다섯 번의 질적인 변화를 겪어 왔다.

첫 번째 전환이 방적기의 발명이 기폭제가 된 영국의 산업혁명이고, 두 번째가 19세기 전반기의 증기력과 철도산업이 가져온 생산력의 발전이며, 세 번째 전환이 19세기 말에서 20세기 초에 걸친 기술진보 곧, 전기를 이용한 내연기관의 발명, 철강산업의 발전이 그것이다. 그 이후부터 1980년대까지 석유라는 동력과 대량생산방식에 기초한 자동차산업, 합성소재산업이 네 번째 주기를 형성한다. 다섯 번째 변화를 겪고 있는 현대자본주의에서는 '마이크로칩'을 응용한 IT산업, 생명공학, 환경산업이 경제를 주도하고 있다.

각각의 단계를 주도하는 기술, 동력, 그리고 산업은 모두 질적으로 다르다. 달라진 요인들이 자본주의를 양적으로 변화시킴은 물론이다. 하지만 이런 기술적 요인들은 자본주의를 질적으로 바꾼다. 그런 의미에서 자본주의 경제는 기술적으로 불연속적이다.

나아가 기술적 요인은 제도를 바꾼다. 정치제도와 세계관, 나아가 생활습관, 사고방식마저 바꾸는 것이다. 기술의 변화가 제도, 문화 더 나아가 총체적 사회를 혁명적으로 바꾼다는 의미에서 진화경제학자들은 이러한 변화를 '기술경제 패러다임techno-economic paradigm의 변화'로 부른다.

예컨대, 산업혁명이 강화되면서 기계시대가 본격화하자 노동자들이 더는 집에서 일하지 않게 되었으며 삶은 '기계의 법칙'에 종속됐다. 규칙적 출근과 정확성의 준수문화가 자의성과 무질서의 관용문화를 대체했다.

기계 산업의 영향은 한층 깊었다. 기계 과정은 미신과 신앙을 추방하는 대신 사실과 과학적 사유를 장려한다. 농업이 지배하던 경제는 자연의 변덕에 좌우된다. 자연력은 광포하며 통제하기 어렵기에 이를 초자연적 존재 탓으로 돌리기 쉽다. 그러나 기계에 지배되는 경제는 이런 '형이상학적 여지'를 더 이상 남겨두지 않는다.

백여 년 전, 베블런에 따르면 현대인들은 "덜 낭만적이고 덜 관념적"이며 "덜 허식적이고 덜 경건"하게 되어 버렸다. 베블런의 관찰은 들어맞았다. 미국에서 기독교인 수는 여전히 많지만, 유럽에서는 격감했다. 천 명 이상을 수용하던 독일 교회는 현재 50명 미만의 노인들로 겨우 명맥을 유지할 뿐이다. 과학, 기술이 생활습관과 문화를 바꾸어 버린 것이다.

기술의 변화가 제도의 변화, 더 나아가 생활방식의 질적 변화를 일으키는 경우는 현대사회에서도 재현된다. 자동차와 전화의 발명도 한 사례에 속하지만 최근 인터넷과 스마트폰의 발명이 우리 사회의 문화에 미친 영향은 가히 혁명적이다.

연하장과 크리스마스 카드는 역사적 유물로 기억에서 사라졌다. 내게도 그건 이미 생소하다. 어쩌다 정성 어린 카드를 받으면, 우스꽝스럽게 느껴지기도 한다. '시대에 걸맞지 않은' 정성에 대해 미안할 따름이다.

요즘 내 책상 위는 매우 깨끗하다. 몇 편의 종이 논문, 몇 권의 책, 필기 메모 등으로 1년 내내 난장판이었던 이전의 모습과 딴판이다. 태블릿 PC에 모든 기록과 참고할 논문들이 수백 편 담겨 있기 때문이다. 공부한답시고 잡동사니들이 어지럽게 널브러진 책상은 시대착오적이다. '열공'과 정돈이 공존할 수 있는 시대다. 교육방식도 바뀌었다. 사이버대학, 인터넷 강의 등 예전에는 상상할 수 없었던 방식으로 교육이 이루어지고 있다.

자본주의 경제는 초기와 같은 모습 그대로 머무르지 않는다. 기술과 제도의 변화에 따라 그것은 역사적으로 거대한 질적 변화를 겪는다. 그 과정에서 문화와 생활습관도 바뀐다. 바뀐 문화에 옳고 그르다

는 판단을 하기는 쉽지 않다. 하지만 그 시대에 맞는 문화와 어울리지 않는 문화는 존재한다. 새로운 패러다임에 걸맞지 않은 문화는 외면당할 뿐 아니라 시대착오적이라며 비난받는다. 만일 그런 문화가 대중을 설득하고 영향력을 행사할 목적을 좇을 때 문제가 된다. 외면당하고, 비난받는 시대착오적 방식은 대중을 설득할 수 없기 때문이다.

민주사회에서 내 억울함을 공개적으로 호소할 권리는 주어져야 한다. '데모demonstration', 곧 '내 억울함을 시위'하는 그것이 바로 표현과 집회의 자유 아닌가? 그런데도 나는 전통적인 데모방식을 늘 안타깝게 여겨왔다. 화염병, 각목, 쇠파이프, 구시대적 운동가요, 전투적 구호, 이 모든 것들은 새로운 시대에 걸맞지 않다.

세상이 많이 변해, 오늘날 청소년과 청년들은 이런 도구와 문화적 수단에 전혀 감동하지 못한다. 감동은커녕 두려움을 가진다. 나아가 그것은 그들에게 우스꽝스럽게 생각되며 촌스럽게 보일 뿐이다. 오죽했으면 개그콘서트의 소재가 되어 조롱당했을까? 개그콘서트 중 〈횃불 투게더〉라는 코너가 있었다. 붉은 머리띠, 운동가요, 대중연설, 창백한 지식인이 진보적 운동의 상징물이 되어 웃음의 소재로 전락했다. 폭소를 터뜨리면서도 가슴 아프다.

가슴 아프지만 그런 방식들이 새로운 시대에 더는 걸맞지 않다는 것은 사실이다. 시대착오적인 문화로 대중과 소통하기는 어렵다. 소통이 안 되면 감동을 끌어낼 수 없고, 동조자도 얻어낼 수 없다.

'최순실게이트' 때문에 거리로 자주 나가 시위하는 시민들과 함께 걸었다. 그런데 내 앞에 낯선 일이 벌어졌다. 사람들은 우렁찬 운동가요 대신 경쾌한 '하야송'을 합창한다. 주먹을 불끈 쥐는 대신 노래에 맞춰 몸을 흔든다. 횃불과 쇠파이프가 사라지고 사람들 손에는 촛불과 노란 풍선이 쥐어져 있다. 새로운 패러다임에 운동의 방식이 적응한 까닭인지 몰라도 신세대들이 대거 참여하고 있다. 그 결과 시위참여자가 많이 늘어나 거의 200만에 육박한다. 정치의 변화를 기대할 수도 있겠다.

24장

돛단배 효과

: 군사, 반민족, 독재의 운명은 정해져 있다

신고전학파 경제학은 변화를 부정하는 경제학이다. 이런 생각은 '일반균형'이라는 불변의 안정적 상태를 탐구하는 그들의 연구 방향에 잘 반영돼 있다. 그들의 수식과 그래프도 모두 이런 불변의 균형을 입증하기 위해 동원된다. 변화보다 안정적이고 조화로운 균형을 선호하는 이런 경제학적 태도는 정치적 보수주의로 연결된다. 바꾸지 말고 이대로 두자!

하지만 현실은 그들이 보고자 하는 바와 다르다. 세상은 변한다. 약 150억 년 전 빅뱅으로 우주가 탄생한 후 46억 년 전 지구가 생겼다. 물리적, 화학적 변화가 일어나는 과정에서 생물학적 변화도 일어난다. 35억 년 전 지구 상에 생명체가 발생한 후, 500만 년 전 인류가 출현했다. 생물학적 변화가 진행되는 과정에서 인류도 진화한다. 4~5만 년 전 등장한 현생인류는 약 1만 년 전 석기시대를 맞이했다. '도구'의 시대가 열린 것이다.

돌로 된 도구는 청동기, 철기로 발전하면서 생산성을 크게 높였다. 물질적 기반이 마련되자 기원전 3000년경 인류사회에 '문명'이 등장했다. 곧, 인간사회에서 문화적 변화가 시작됐다. 문명의 시작과 더불어 인간사회를 조직하는 방법도 변했다. 씨족이나 부족이 국가의 형태를 갖추기 시작했다. 도구, 문화와 함께 '제도'도 변한다.

하지만 그 어떤 변화도 200년 전 영국에서 일어난 산업혁명과 비견될 수 없다. 산업혁명으로 생산성은 비약적으로 증가했고, 여기서부터 경제구조와 정치제도는 물론 문화마저 획기적으로 바뀌어 버렸다.

이 모든 변화의 밑바닥에는 '기술'이 존재한다. 예컨대, 면화 100 파운드를 생산하기 위해 18세기 인도의 손 방적기로는 무려 5만 시간이 들었지만, 로버트 자동 방적기는 단지 135시간만을 필요로 했다. 그 결과 1700~1760년 사이 고작 1.37%에 머물렀던 영국 면직물 산업의 연평균성장률이 1780~1790년 12.67%로 껑충 뛰어올랐다. 산업혁명은 실로 기술혁명이다. 사회의 변화를 유발하는 요인에는 정말 여러 가지가 있겠지만, 굳이 하나를 꼽으라면 '기술'의 발전을 들 수 있다.

기술을 말할 때 일반적으로는 생산방법과 관련한 공정기술, 새로운 제품을 제작하는 제품기술에 주목하지만, 이런 기술들을 작동할 수 있게 하는 기술, 곧 '동력기술'을 빼는 경우가 흔하다. 세상의 변화를 유발한 기술 가운데, 동력기술만큼 중요한 기술도 없다.

산업혁명 이후 자본주의의 변화를 유발한 기술은 바로 동력기술이다. 예컨대 1780년대~1840년대 산업혁명기에 수력이 섬유산업의 주요 동력기술로 이용됐다면, 그 후 1840년대~1890년대 증기력이 새 동력기술로 등장해 철도산업을 새로운 산업으로 발전시켰다.

석유가 발견되자 철도와 선박은 물론 자동차, 비행기가 등장해 자본주의를 획기적으로 변화시켰다. 이러한 동력기술의 변화는 인간의 경제적 조건은 말할 것도 없고 문화적 양식과 제도마저도 크게 변화시켰다.

'기술경제 패러다임'의 변화는 동력기술의 변화로부터 시작됐다고 해도 지나친 말이 아닐 것이다. 그러나 각 시대의 새로운 기술들이 사회 전체를 변화시키는 과정은 이처럼 몇 줄의 문장으로 처리될 정도로 간단치 않았다.

새로운 기술들은 등장할 때마다 이미 사용되던 옛 기술의 강력하고도 완고한 저항에 부닥쳤다. 옛 기술에 익숙한 숙련 기술자들의 저항은 말할 것도 없고, 경영층의 '관성적' 투자행위와 집착, 심지어는 시대적으로 이미 수명이 다해 버린 이 기술을 '개량'하고자 하는 연구기관들의 시대착오적인 '연구활동'으로 새로운 기술의 확산은 말할 수 없는 어려움을 겪었다.

이런 사실은 산업혁명이 시작되던 18세기 '돛단배'와 '증기선'의 관계에서 확인된다. 풍력이라는 한물간 동력기술로 움직이던 돛단배가 새로운 동력기술로 움직이는 증기선과 경쟁하면서 이 새로운 기술의 사회적 확산을 끈질기게 방해했던 것이다.

풍력기술만 증기선의 확산을 방해하지 않았다. 개량되고 고급화한 선제, 그것과 관련된 노, 키, 돛 제작공은 물론 시대착오적 선작장과 같은 인프라, 정부관리 방식이 함께 하나의 '체제'를 형성해 새로운 기술의 확산을 저지했다.

이처럼 기술적, 경제적으로 이미 생명을 다한 옛 기술이 사멸을 거부하면서 새로운 기술의 확산과 사회 발전을 방해하는 일반적인 현상들을 가리켜 진화적 제도경제학자들은 '돛단배 효과sailing ship effect'라고 부른다.

끊임없이 개선되는 증기선 기술과 더불어 새로운 기반시설과 정부제도가 체계적으로 마련되면서 새로운 기술경제패러다임이 확립되자, 그처럼 지독하고도 완고했던 돛단배의 저항도 결국 증기선에 무릎을 꿇고 말았다. 그 과정에서 신기술의 공급자가 열린 마음으로 수요자의 요구에 귀를 기울여 해당 기술의 성능을 지속해서 개선했음은 물론이다.

2004년 총선을 불과 20여 일 남겨놓고 한나라당이 '차떼기'와 탄핵안 가결 후폭풍의 벼랑 끝에서 박근혜를 대표로 선출했다. 박정희 향수를 자극해 보수층을 재결집하려 한 것이다. 그런데 그 박정희는 누구인가? 수많은 민족지도자와 이름 없는 독립투사들이 풍찬노숙하며 모진 고문에 고통받고 숨져가던 시대에 일본군 장교였던 그는 무엇을 하고 있었던가? 끝없는 권력욕으로 무고한 민주시민들을 탄압하며 형장의 이슬로 사라지게 한 유신 시대의 독재자가 바로 누구였던가?

그러나 국민의 정부와 참여정부 들어 민주주의라는 새로운 기술이 등장하자 배신과 독재의 통치기술은 역사의 무대에서 퇴출당했다. 한데 '박근혜 선장'은 지지율을 만회하고자 옛 풍력기술을 지속해서 '개량'했다. 분명히 돛단배에 대한 시대착오적 향수를 유발함으로써 이미 새로운 기술로 인정받고 있는 증기선의 사회적 확산을 다시 저지하고자 하는 것이리라.

2012년 대통령으로 당선되자 급기야 그녀는 박물관에 처박아 놓았던 뗏목마저 띄웠다. 그리고 태곳적 시대의 모든 체제를 부활시키고자 했다. 변화에 저항하는 것을 넘어 아예 과거로 돌아가고자 했다. 신고전학파 경제학자도 혀를 내두를 극단적 보수주의다.

아! '문민', '국민' '참여'라는 새로운 증기기술에 대한 '군사', '반민족', '독재'라는 돛단배 기술의 저항은 참으로 끈질기다. 그러나 역사는 우리에게 분명하게 가르쳐준다. 수명 연장을 위한 무수한 개량작업에도 새로운 동력기술로 장착한 증기선과의 경쟁에서 돛단배가 결국 패배하였음을! 그 완고했던 돛단배 효과도 시대의 흐름에 따라 결국 그 힘을 잃고 만 것이다.

지식의 지역분배

: 지역균형발전의 경제철학

저널리스트들은 현대사회를 '과학기술혁명의 시대'로 부르며, 일반인 사이에서도 '지식기반경제'라는 용어가 거의 관용어처럼 사용되고 있다. 지식과 혁신이 각각 새로운 성장동력과 성장 전략이 됐다는 사실은 경제학자들 사이에 이미 상식으로 통한다. 하지만 기술, 지식, 혁신 등에 관한 생각은 경제학자마다 다르다.

가장 뚜렷한 이견은 역시 신고전학파 경제학과 제도경제학에 친화적인 네오슘페터경제학neo-schumpeterian economics 사이에서 발견된다. 네오슘페터경제학자들은 슘페터의 혁신이론과 제도경제학의 제도이론을 결합해 경제현상을 동태적으로 해석하는 경제학자들이다.

신고전학파 경제학의 경우, 지식은 '자유재free good'다. 가격을 지불해야 손에 넣을 수 있는 경제재economic good가 아니라 공짜로 가져갈 수 있는 재화라는 말이다. 왜 그런가? 그들에게 지식이나 기술은 인간들의 노력과 역사가 깃든 창조물이 아니라 길거리에서 우연히 발견하게 된 습득물이기 때문이다. 예컨대, 저명한 신고전학파 경제학자 로버트 솔로우Robert Solow에게 지식은 '하늘로부터 내려온 만나manna from heaven'와 같다. 들판에 떨어져 있는 빵, 곧 만나를 주워 먹는 것은 절대 어렵지 않다. 식은 죽 먹기다.

경제학에는 한계비용marginal cost이라는 개념이 있다. 이는 평균비용average cost과 다른 개념이다. $\frac{\text{총비용}}{\text{총생산물}}$ 로 정의되는 평균비용은 제품 1개당 드는 비용이니, 흔히 말하는 생산단가와 같다.

한계비용은 제품을 추가로 생산할 때 추가되는 비용과 관련된다. 한계비용은 $\frac{\text{추가된 비용}}{\text{추가된 생산량}}$ 에 따라 계산된다. 예컨대, TV 10대를 100만 원의 비용으로 생산할 때 평균비용, 곧 생산단가는 10만 원이다. 이제 생산량을 10대에서 11대로 증가시키자. 이 경우 원료가 부족해 이리저리 찾아다니다 겨우 생산하다 보니 비용이 100만 원에서 120만 원으로 늘어나 버렸다고 하자. 11대 생산할 때 평균비용은 약 $\frac{\text{총비용}}{\text{총생산물}} = \frac{\text{120만 원}}{11} =$ 10만9,000원이지만 한계비용은 $\frac{\text{추가된 비용}}{\text{추가된 생산량}} = \frac{\text{120만-100만}}{\text{11-10}} =$ 20만 원이다. 생산량이 증가할 때 모든 비용이 증가하지만 여기서는 한계비용에 주목하자.

한계비용이 왜 증가했는가? TV를 추가로 생산하는 데 원료가 더 필요한데, 이를 쉽게 얻을 수 없어 10대 생산할 때보다 더 큰 비용을 들여야 했기 때문이다. 자원이 희소하다는 신고전학파 경제학의 전제 때문에 한계비용이 증가한 것이다.

하지만 신고전학파 경제학에서 지식과 기술은 자원의 희소성에 관한 가정을 적용받지 않는 재화다. 따라서 지식을 추가로 생산하더라도 비용이 더 들지 않는다. CD 한 장을 더 찍는다고 비용이 추가로 들지 않고, 경제학 교과서를 문방구에서 한 권 더 복사할 때 교수의 노력이 더 추가되지 않는 것과 같다. 지식과 기술의 한계비용은 제로다! 한계비용이 제로인 제품의 가격은 제로가 된다.

신고전학파 경제학의 지식이론을 종합해 보자. 첫째, 지식은 인간 노력의 결과가 아니다. 비용이 들지 않았다는 것이다. 둘째, 외부로부터 굴러 온 습득물이다. 그러니 누구나 사용할 수 있다. 셋째, 더 생산한다고 해서 비용이 추가로 들지 않는다. 세 가지를 종합해 보면 지식과 기술에 가격을 매길 수 없게 된다. 지식과 기술은 아무나 공짜로 사용할 수 있는 자유재다. 가격을 지불할 필요가 없으니 한 개인이나 집단, 지역과 국가가 보유한 지식과 기술은 다른 곳으로 자동으로 '파급 spill-over'된다!

그런데 한 가지 의문이 생긴다. 공짜라고 모두 달려들어, 주워 간다고 그것을 완전히 활용할 수 있을까? 만나와 같은 빵이라면 그게 가능하다. 빵을 입에 넣어 소화 못 시킬 사람은 없기 때문이다. 하지만 지식과 기술은 그렇지 않다. 아무리 좋은 지식을 대면하더라도 그것을 내 것으로 소화해 활용하기는 쉽지 않을 것이다. 그런데도 신고전학파 경제학에서는 그게 가능하다. 왜 그럴까?

신고전학파 경제학자들에게 지식knowledge은 정보information와 다르지 않다. 정보의 콘텐츠는 지식의 그것에 비해 현저히 단순하며 간단하다. 그리고 그 수준은 비교할 수 없을 정도로 낮다. 따라서 습득한 사람들은 누구나 쉽게 소화해 제 것으로 만들 수 있다. 만유인력의 법칙을 이해하기 위해 막대한 '학습비용learning cost'이 지불되어야 하지만, 어젯밤 김연아 선수가 금메달을 땄다는 정보를 이해하기 위해 지불될 학습비용은 제로에 가깝다.

지식과 정보는 이처럼 다른데도 신고전학파 경제학자들에게는 만나=정보=지식이라는 등식이 성립된다. 이러한 등식으로부터 '지식은 자유롭게 확산diffusion'된다는 새로운 결론이 도출된다. 곧, 지식과 기술은 아무런 방해를 받지 않고 산을 넘고 바다를 건너 이리저리 퍼져나갈 수 있으며, 습득하는 즉시 바로 습득자의 두뇌에 전달돼 활용할 수 있다. 여기에 가격이 부여되지 않으니, 지식의 확산 가능성은 완전하다!

그러나 나는 이들과 다르게 생각한다. 첫째, 지식과 기술은 하늘에서 갑자기 떨어지지 않았다. 그것은 수천 년 동안 수많은 인간이 경험, 사유, 그리고 협력 나아가 미신과의 투쟁을 통해 창조해 낸 '작품'이다. 아무 노력 없이 주워 얻은 자연물이 아니라 인간에 의해 창조된 노력의 산물이며, 외생적 습득물이 아니라 내생적 산물endogenous product이라는 말이다.

수많은 사람이 오랜 시간 노력한 결과물이 지식수용자에게 쉽게 이해될 리가 없다. 지식을 제대로 학습하기 위해 얼마나 많은 집중력을 발휘하고 노력을 기울여야 하는지 우리는 잘 알고 있다. 정보와 달리 엄청난 학습비용이 지출되어야 한다.

그뿐이 아니다. 지식 생산자가 그 결과를 반복할 때도 크게 다르지 않다. 다시금 열과 성을 다해 노력하지 않으면 지식을 완전히 전달하기 어렵다. 책을 읽는 강의와 '열강'의 효과는 분명히 다르다. 지식생산의 한계비용이 제로가 아니라는 뜻이다. 이 때문에 지식은 쉽게 파급되거나 확산하지 않는다.

지식의 한계비용이 제로일 경우도 마찬가지다. 한계생산비용이 아무리 제로라 하더라도 수용자의 흡수역량이 낮으면 지식은 확산하지 않는다. 길에서 습득한 아이폰 제작설계도가 시골할머니에게 무의미하고, 선물로 받은 조선왕조실록 한자 본이 내게 무가치한 것과 같다. 당사자 간 지식 격차가 커질수록 상황은 더 악화할 것이다.

지식과 기술이 쉽게 확산하지 않는 두 번째 이유가 있다. 지식은 부호로 처리될 수 있는 명시 지식explicit knowledge과 부호로 처리할 수 없는 암묵 지식tacit knowledge으로 나뉜다. 명시 지식은 텍스트로 정리되어 있어 쉽게 접근할 수 있지만, 암묵 지식은 그렇지 못하다. 암묵 지식은 주로 언어나 동작으로 형식화되지 않는다. 부호로 형식화되어 있지 않기 때문에 그 자체로 접근이 쉽지 않다. 실로 암묵 지식을 배우기는 쉽지 않다. 이런 암묵 지식이 지식의 대부분을 차지한다. 이 책으로 형식화한 지식 내용은 내가 지금까지 연구해왔지만 표현하지 못한 암묵 지식에 비하면 빙산의 일각과 같다.

암묵 지식은 주로 숙련도와 노하우 형태로 한 개인의 몸과 머리에 체화돼 있다. 그것은 주로 시연, 실습, 그리고 상호작용을 통해 학습된다. 암묵 지식을 배우자면 학습자는 지식소유자와 직접 대면해야 한다. 대면 과정에서 부호로 처리되지 않은 지식을 비로소 직접 '맛볼 수' 있기 때문이다. 그러나 대면의 기회를 얻기는 서점이나 인터넷에서 책을 한 권 사기보다 더 어렵다. 지리적으로 멀수록 만남을 주선하기는 더욱더 어려워질 것이다. 암묵 지식 중 체화지식embodied knowledge의 지리적 확산은 이처럼 매우 어렵다.

지식과 기술은 그 출생지와 독립적으로 존재하지 않는다. 지식과 기술은 이를 창조한 조직과 지역의 관계와 제도에 뿌리를 내리고 있다. 이를 지식의 착근성embedded character이라고 부른다. 예컨대, 현대자동차의 생산설계도는 그 회사의 연구인력과 기술자, 생산설비에 뿌리를 내리고 있다. 또한, 일본식 기업조직방식을 유럽에 이식하기는 어렵다.

한 나라의 기업조직방식은 그 나라의 공공제도와 문화에 뿌리를 내리고 있기 때문이다. 한 조직이나 지역에 뿌리를 내리고 있는 착근지식embedded knowledge의 조직 간, 지역 간 이동은 어렵다. 이럴 때도 지식과 기술은 쉽게 파급되거나 확산하지 않는다.

지식의 자동적 파급을 주장하는 신고전학파 경제학과 달리 지식의 암묵성, 체화성, 착근성 때문에 지식 격차가 크고, 지리적, 문화적 거리가 멀수록 지식의 지역적 파급력이 크게 제한된다는 이 주장은 진화적 제도경제학의 연구를 통해 이미 실증되고 있다. 이런 논지에서 볼 때, 다른 지역에서 생산된 지식을 파급시킴으로써 한 지역의 발전을 꾀하기는 매우 어려우며, 기술의 주기가 시시각각 짧아지고 급변하는 시대에 그러한 '유유자적 파급 메커니즘'에 기대는 것은 한가롭기만 하다.

그러므로 과학기술혁명의 시대와 지식기반경제 아래서 한 지역이 제대로 발전하려면 지식의 자체생산능력을 확보하는 일이 무엇보다 중요하다 하겠는데, 그 지역의 대학과 공공연구소를 중심으로 자체 생산된 지식이야말로 지역 기업들에 쉽게 파급되어 그 지역의 발전에 이바지할 것이기 때문이다.

'서울공화국'과 그 위성 지역을 제외한 주변부의 지식생산능력은 과연 어떠한가? 먼저, 기술대국 독일의 7대 도시를 살펴보자. 수도 베를린의 연구개발기관, 연구개발인력, 대학비중은 각각 34%, 37%, 25%에 불과하다. 또, 연구개발 기능과 관련된 500대 기업의 본사는 5.6%만이 베를린에 입주하고 있다. 그 결과 베를린의 특허 집중도는 11%에 불과하다.

반면, 서울과 6대 광역시의 지식생산능력 격차를 살펴보면 연구개발기관, 연구인력, 대학의 각각 48%, 44%, 42%가 서울에 집중해 있고, 500대 기업의 본사 중 무려 94%가 서울에서 지식생산에 열중하고 있다. 그 결과 7대 도시 총 특허 출원 건수에서 차지하는 '지식도시' 서울의 비중은 73%에 이른다.

지식기반경제과 과학기술혁명의 시대에 이처럼 서울은 희망과 밝은 기회를, 지방은 절망과 암울한 위기를 맞고 있다. 지난 40년간 시행되어 온 성장제일주의와 불균형성장정책에 따라 수도권을 제외한 지방의 발전은 심각하게 차별받았다. 외환위기와 함께 들어선 국민의 정부는 이 문제를 해결하려고 분배와 균형발전을 새로운 경제정책이념으로 제시했지만, 여러 한계를 보였다.

참여정부 역시 분배와 균형발전을 통한 성장 전략을 정책이념으로 선택했고, 나아가 지역균형발전에 관한 의지는 그 어떤 정부보다도 단호했다. 하지만 이명박 정부 들어 지역균형발전정책은 사라져 버렸다. 박근혜 정부 역시 크게 다르지 않았다. 국정철학은 분배와 균형발전과 영 거리가 멀고, 수단도 적절하지 못하다.

나는 결코 간과해서는 안 되는 지역균형발전 정책의 경제철학을 특별히 환기하고 싶다. 지역 문제를 해결하자면 그 정책이념은 분배, 그러니까 분배를 통한 성장이 되어야 한다. 단, 지식기반경제 아래서는 기존의 단순한 물적 자본의 분배를 넘어 '지식과 기술의 분배'에 중점을 두어야 한다. 신고전학파 경제학적 지식 파급론자의 주장과 달리 서울에서 생산된 지식은 지리적으로 먼 광주·부산·춘천·제주 등지로 쉽게 파급되지 않는다. 중앙정부가 진정 지역 균형발전을 원한다면, 지방의 지적 자립을 방해하는 지식 파급론자들의 서울 이기주의적 주장에 굴하지 말고, 지식의 생산을 맡는 공공연구기관을 지역으로 분배하지 않으면 안 될 것이다. 지방대학이 공들여 키워놓은 연구인력들에 희망을 주기 위해서라도 이러한 지식 '종자'의 분배는 시급하다.

26장

출산과 다산의 기쁨은 계층별로 다르다

: 외둥이 찬가의 진실

네 집 중 하나일 정도로 1인 가족이 증가하고 있지만, 유사 이래 인간은 다인 가족을 이뤄왔고, 지금도 대부분은 그런 조직에서 살아간다. 이 결과는 출산과 양육으로 이어진다. 출산은 경이로운 사건이라 그 자체만으로 많은 사람에게 기쁨을 준다.

유학 시절 최소비용으로 치른 작은 결혼식 후 얼떨결에 자식을 얻게 됐다. 그 신기한 변화에 매우 놀랐다. 둘만 살았는데 새로운 존재가 갑자기 등장한 것이다. 그 생명이 우리 둘과 세상에서 가장 밀접한 존재라는 사실에 큰 애착을 두게 됐다. 사랑스러운 생명은 그 자체로 우리에게 즐거움이었다. 우리에게 선물로 주어진 생명에 감사했다. 경이로움은 이처럼 기쁨과 감사로 바뀌었다. 하지만 가난한 독일 유학생에게 출산은 기쁨 반 걱정 반이었다. 부양해야 할 대상이 늘어나 내심 불안했던 것이다. 득남의 기쁨, 그러나 정신 바싹 차리자! 아내의 출산소식에 입이 귀에 걸리는 드라마 속 아빠가 되지 못하는 나는 분명 문제 있는 아빠다.

좀 야박하지만, 출산의 즐거움을 경제적으로 이해해 보자. 전근대 사회에서 출산은 지주와 양반들에게 자기 재산을 자손만대 보존할 기회다. 광활한 토지와 산더미 같은 보화를 물려주자면 자식이 많을수록 좋다. 그러니 출산은 물론 다산은 축복이었다. 이들에게 출산과 다산의 기쁨은 지금도 변함없다. 대체로 부자일수록 자녀 수는 많아진다. 국민건강보험공단 자료에 따르면 2015년 소득수준이 높은 4분위 가계와 최저소득 1분위 가계의 분만 비중은 각각 33.8%, 9.4%다.

이만큼은 아니라도 소규모 자영농에도 출산은 기쁜 사건이다. 제대로 된 영농기술이 없던 시대에 출산은 노동력을 제공함으로써 생존의 등불을 꺼트리지 않게 해 준다. 박토에서 한 톨이라도 더 거두어들이자면 많은 인력이 필요하다. 더욱이 자기 토지이기 때문에 더 열심히 일하면 늘어난 노동력 이상으로 수확이 늘어날 수 있다. 하지만 그건 고역과 내핍을 수반한다. 산출이 늘어나 분명히 즐겁지만, 비용이 만만찮다. 이리저리 계산해 보면 자영농에 출산과 다산은 그래도 기쁜 일이다.

똑같은 일이 소작농에겐 다른 결과로 나올 수 있다. 고역과 내핍 덕분에 결과물이 늘어나더라도 그것을 모두 자기 몫으로 챙겨간다는 보장이 없다. 자영농과 달리 이들은 생산수단을 사적으로 소유하지 못하고 있다. 또, 소작관계에서 보상은 권력관계로 결정된다. 점유권이 있으니 그 범위가 어느 정도 제한되겠지만, 고역과 내핍의 총체적 결과 중 상당 부분이 지주에게 분배되어 버리기 때문이다. 자영농과 비교해서 소작농에 출산과 다산의 기쁨은 현저히 줄어든다. 감소한 기쁨은 지주와 양반에게 재분배됐다는 사실을 기억하자.

아무런 생산수단을 소유하지 못할 뿐 아니라 계약관계에서 완전히 무권리 상태에 처한 노예나 노비는 어떨까? 이들의 다산이 노예주나 양반에게 큰 기쁨이 되는 건 두말할 나위 없다. 떼어내 줄 필요 없이 노동의 결과물 전체를 수취할 수 있기 때문이다. 공짜 노동력을 얻었으니 어찌 기쁘지 아니하랴! 나의 노예들이여, 출산과 다산의 축복을 맘껏 누리라!

하지만 낳는 당사자는 다르다. 이 천형을 대대손손 물려주어야 하니 출산은 그 자체로 비극이요 다산은 불행이다. 그들의 출산과 다산은 타인의 기쁨이 된다. 전근대사회의 모든 출산과 다산이 행복하지만은 않았다는 점은 분명하다. 출산과 다산의 기쁨은 계층에 따라 달라진다.

18세기 시민혁명과 산업혁명 이후 신분제는 폐지되고 경제는 크게 성장했다. 인류는 역사의 진보를 믿었다. 20세기 중반 인류는 양차 대전의 비극을 극복하고 복지국가 시대를 열었다. 불평등은 개선되고 계층 간 이동도 활발해졌다.

매우 압축적이지만 한국도 비슷한 경험을 했다. 교육을 통해 적지 않은 용들이 개천에서 나왔다. 노동운동과 사회운동의 결과 복지국가에 대해 전망도 하게 됐다. 네댓 정도 낳아도 괜찮았다. 출산은 물론 다산이 계층에 따라 크게 다르지 않게 느껴졌다. 전근대가 드디어 끝났는가?

하지만 외환위기 이후 상황은 돌변했다. 진보정권 이후 꾸어오던 복지국가의 꿈이 사라지고 있다. 개악된 교육제도로 교육은 이제 계층 이동의 사다리가 되지 못한다. 개천에서 용도 더는 나지 않는다. 대학 1학년부터 취업준비를 했는데도 약 45%가 미취업자며 취업 낭인으로 떠돈다. 교육을 제대로 받았는데도 희망은커녕 절망뿐이다. 청년층 중 10.3%가 '니트족', 곧 취업, 공부, 결혼 모두를 포기한 '유휴청소년'이다. 어린이·청소년의 행복지수는 최근 6년간 OECD 국가 중 내리 꼴찌다. 오늘 한국의 현실이다. 불행의 연속이다!

이뿐인가? 노동시장의 규제 완화로 전체 임금노동자 중 45.4%인 852만 명이 비정규직이다. 비정규직은 '흙수저'만 물고 나온 무권리 상태의 노동자다. 비정규직은 그냥 노예다! 전근대적 노예의 '근대화한 모습'이라는 말이다. 이들에겐 삶 자체가 불행이다. OECD 국가 중 사회안전망은 가장 취약하고 노조의 힘은 가장 무력하다. 살인적인 입시 경쟁을 뚫기 위해 막대한 교육비가 지출되어야 한다. OECD 국가 중 두 번째로 높은 장시간 노동이 대안이 될 수밖에 없다.

정규직 정리해고는 OECD 국가 중 4번째로 쉽다. 불면의 밤을 지

새워야 하니 좀 더 견져가는 정규직이라고 마냥 행복한 것도 아니다. 나이가 들면 상황은 악화한다. 우리나라 노인은 OECD 국가 중 은퇴 후에도 가장 많이 일해야 먹고살 수 있다. 노인빈곤율도 가장 높다. 결혼까지 양육비로 약 3억5,000만 원을 투자했는데 결과는 쪽박이다.

자영업자라고 많이 벌어가는 것도 아니다. 2015년 국민연금연구원의 보고서에 따르면 50대 이상 자영업자 중 유급종업원을 고용한 업체는 10.9%에 불과하다. 지출 줄이려 가족까지 총동원해 밤새워 일하는 것이다. 그런데도 무려 44.7%가 월 100만 원 미만을 벌어가고 월 200만~300만 원을 벌어가는 자영업자는 16.1%에 불과하다. 고역과 내핍의 대가치고 결코 많지 않다.

절망, 불행, 노예, 빈곤, 고역만이 기다리고 있는 한국 사회에서 대다수 사람에게 출산은 불행이요 다산은 형벌이다. 재벌과 부유층만 그것을 행복이요 축복이라 선동한다. 이런 곳에서 나 같은 사람에겐 낙태와 소산이 합리적이다. 그들의 꾐에 빠지지 않고 나는 외둥이 아들만 낳았다. 특출하진 못해도 자립심과 사회성은 만점이다. 다산 때문에 낭비되지 않은 3억5,000만 원으로 근사한 전원주택으로 이사했다. 놀러 오시라. 여러모로 행복하다.

하지만 유학 시절 문제 있는 유학생 아빠의 판단과 결정이 외려 합리적으로 평가되며 행복을 가져다주는 사회는 사실 '문제 있는' 사회다. 다행스럽게 생각하면서도 어쩐지 기분이 찜찜하다.

27장

소비는 광고를 욕망한다

: 한국 소비자는 왜 폭스바겐 사태에 열광했나

주류경제학자들은 경제학이 도덕적 가치를 판단하는 걸 거부해야 한다고 주장한다. 그래야 과학science이 되기 때문이란다. 얼핏 들어보면 맞는 말 같다. 이 글을 읽고 있는 사람 중 적지 않은 수가 이 주장에 고개를 끄떡일 것이다.

그런데 한 걸음 더 나아가보면 그게 말이 안 된다는 걸 금방 알게 된다. 그들이 가치판단을 배제한다고 주장하지만, 자신들도 판단 기준이 있다. 바로 개인적 효율성, 경쟁, 성공과 이익, 나아가 쾌락이다. 이런 것들을 기준으로 삼아 그들은 선과 악, 정의와 불의, 나아가 좋음과 나쁨을 판단한다.

효율성만 따져 보자. 효율성에는 개인적 효율성individual efficiency

과 사회적 효율성social efficiency이 있다. 그들은 왜 굳이 사회적 효율성을 버리고 개인적 효율성을 선택했나? 그건 사회보다 '개인'을 더 중시하는 가치관 때문이다. 그들의 경제학체계 전체는 이 가치판단에 따라 구성됐다. 이처럼 개인으로부터 출발해 사회를 이해하는 연구방법을 방법론적 개인주의methodological individualism라고 부른다.

그러니 그들이 가치판단을 하지 않는다는 주장은 무지에서 비롯한다. 인문학적 기초가 부족하면, 이런 실수를 저지른다. 자신이 뭘 하고 있는지 알지 못한다는 것이다. 이른바 '가치중립성Wertsneutralität'으로 불리는 그들의 주장이 터무니없는 이유는 이 책의 여러 글에서 추가로 언급되고 있다.

결국, 경제학자들이 가치판단을 피할 수 없다는 게 나의 주장인데, 사물이나 결과에 대한 가치판단은 반드시 편향성을 낳는다. 곧, 경제학자들은 당파적 판단에서 벗어날 수 없다는 말이다.

경제학자들은 경제행위자 중 어느 한 편의 이익을 더 강하게 지지하거나, 어느 특정 가치관을 더 지향한다. 비주류경제학자들은 이런 당파적 행동을 불가피한 사실로 인정하며 그것을 적극적으로 받아들이지만, 주류경제학자들은 이 사실을 인정하지 않고, 외면한다는 점이 다르다. 전자가 솔직하다면 후자는 가식적이다.

마르크스경제학에 따르면 자본주의체제에서 경제행위자는 자본가와 노동자로 나뉜다. 요즘 경제학 교과서에 자주 출현하는 공급자와

수요자의 다른 이름이다. 신고전학파 경제학은 물론 케인스경제학도 이 용어를 좋아한다.

많은 제도경제학자는 경제행위자를 생산자와 소비자로 구분하기도 한다. 같은 행위자를 서로 다르게 부르는 이유는 서로 다른 세계관 때문이지만, 경제학파마다 그 행위자의 서로 다른 특징들에 주목하기 때문이다. 요약해보면 자본가, 공급자, 생산자가 한편이 되고, 노동자, 수요자, 소비자가 다른 한편이 된다.

내가 강조하고 싶은 내용은 두 편 가운데 경제학자들이 호감을 느끼는 편이 서로 다르다는 점이다. 신고전학파 경제학과 같은 보수적 경제학은 전자(자본가, 공급자, 생산자)를 좋아하지만, 마르크스경제학 · 케인스경제학 · 제도경제학 등 진보적 비주류경제학자는 후자(노동자, 수요자, 소비자)에 눈길을 더 준다.

각자가 어느 한 편에 호감을 보이는 이유는 있다. 예컨대, 마르크스 경제학자들에게 노동자는 경제적 가치를 생산하는 사람들이지만,

자본가는 그 결과를 공짜로 착취하는 사람들이다. 도둑놈보다 고생하는 사람들이 더 안쓰러워 보인다는 건 인지상정이다.

제도경제학자들이 소비자에게 관심을 두는 이유도 있다. 대다수 소비자는 노동자들이다. 이 점에서 제도경제학자들은 마르크스 경제학자들과 한편이다. 직접적 생산자들이 잘살아야 하는 것은 물론 시장에서도 이들이 왕이 되어야 한다. 하지만 현실은 그렇지 않다.

소비자는 왕이 아니다. 독과점 생산자들은 공급량을 인위적으로 제한함으로써 소비자에게 비싼 독점가격을 물린다. 또, 상품에 관한 정보부족 탓에 소비자들은 사기를 많이 당한다. 이른바 권력과 정보의 비대칭성 때문에 소비자는 생산자로부터 뜯기고 갈취당하는 것이다.

공급자, 곧 기업은 소비자들에게 물건을 팔아야 한다. 착취와 갈취의 대상이긴 하지만, 이 사람들 없이는 장사해 먹을 수가 없다. 이 무슨 운명의 장난인고! 그러니 살살 구슬려야 한다. 이때 광고가 등장한다. 소비자는 그 제품에 아는 바가 없다. 심지어 그런 게 있는지조차도 알지 못한다. 광고를 통해 비로소 그 존재를 알게 되고, 광고가 제공한 정보에 따라 구매를 결정한다.

많은 사람이 착각한다. 그 제품이 소비자들의 욕구를 반영한 것이며, 그 때문에 시장은 소비자가 주도한다고! 소비자는 왕이다. 하지만 지금 본 것처럼, 소비자는 '공급자가 스스로 고안한' 제품을 '광고가 지시하는' 대로 시장에 불려 나가 구매할 뿐이다. 소비자는 생산자로부터 독립해 자율적 판단에 따라 소비하지 않고, 타율적으로 소비한

다. 제도경제학자 존 케네스 갈브레이스John K. Galbraith는 이를 의존효과dependent effect라고 불렀다. 아! 가련한 소비자들이여, 그대는 왕이 아니라 종이로소이다! 정신 차려라, 소비자여.

제도경제학자들에게 소비자는 뜯기고 갈취당하는 존재, 그 때문에 연민의 대상인 동시에 '계몽'의 대상이기도 하다. 계몽을 통해 성찰을 촉구하는 것이 제도경제학의 소비자 정책이다. 성찰하는 소비자, 그들만이 자신을 구원할 수 있다. 반대로, 성찰하지 않는 소비자, 그들은 소비로부터 오는 찰나의 쾌락, 나아가 그것을 충족시키려고 과로하면서 자신을 망칠 뿐 아니라 자원낭비와 과잉소비에 동참한다. 인류는 불행해질 수 있다.

왕 되고 싶은가? 자각하라. 사회의 '좋은' 삶에 기여할 것인가? 도덕적 가치판단에 충실하라. 실로 생산자의 착취와 기만을 비판할 필요가 있다. 하지만 나 자신의 의존적이고 비도덕적인 소비행태를 돌이켜 보는 것도 필요하다는 말이다.

독일의 세계적 자동차회사 폭스바겐Volkswagen이 연비를 조작해 소비자들을 속여 판매하다 망신을 당했다. 기술 강국이자 신뢰받는 나라 독일의 기업이 이런 일을 저질렀다는 소식을 듣고 나는 정말 놀랐다. 내가 아는 독일의 이미지를 일거에 무너뜨렸기 때문이다. 나아가 크게 실망했다. 독일 생산자가 이렇다면, 생산자의 합리성에 대한 희망을 더 이상 가질 수 없기 때문이다. 내가 가져왔던 자본주의에서의 '좋은' 스탠더드를 잃었기 때문이리라.

그래선지 수사를 담당한 검찰관계자는 "한국 소비자들을 아주 우습게 본 것"이라며 "거의 깡패 수준이다. 자동차회사가 아니라 조폭회사 같다"고 성토한다. 나도 그렇게 생각한다. 범죄행위를 하고 그것도 모자라 불법행위를 지시까지 했으니 정말 정신 나간 기업이며, 뻔뻔한 사기꾼이다.

그런데 이 뻔뻔한 사기행각이 한국에선 잘 통한단다. 연비조작 사건이 밝혀지고 나서 한국에서 차가 더 잘 팔렸으니 말이다. 한국수입자동차협회에 따르면 사건이 이미 알려진 5월에 수입차 중 티구안이 769대로 가장 많이 팔렸다. 골프도 네 번째로 많이 팔린 차다. 배출가스가 문제 되자 폭스바겐이 대폭 할인판매를 단행했고, 이 땅의 소비자들이 이에 적극적으로 호응했기 때문이다. 대기가 오염되든, 남들이 그 악취를 마시고 죽어 자빠지든 내 알 바 아니다. 자기 이익만 탐하는 뻔뻔한 생산자와 역시 자기 성공에만 주력하는 뻔뻔한 소비자의 공모! 모두 정의, 공공의 선, 타인의 행복을 외면하고 자신의 성공과 이익에 눈먼 '공리주의자들'이다.

누군 한국의 제도가 물렁물렁하거나 소비자들이 봉이라서 폭스바겐이 보상을 미루고, 안하무인격으로 행동한다고 한다. 하지만 나는 다르게 생각한다. 지독한 이기주의자, 곧 도덕적 가치판단을 회피하려는 이 땅의 비도덕적 소비자들 때문이다. 도덕적 가치판단의 부담을 비주류경제학자에게 떠넘기고 그 뒤에서 자신의 안위를 취하는 기회주의자들이다. 공모와 협잡은 '함께 하는 자' 없이 이루어질 수 없다! 깡패를 소비하는 권력자가 없었다면, 깡패는 존재하지 않았을 것이다.

나를 돌아보지 않고 악마를 단죄할 수 없다. 나의 지적 역량을 기르지 않고, 내게 맡겨진 가치판단을 외면하면서 시장의 왕이 될 수 없다. 이 땅의 주인은 더더욱 될 수 없다. 21세기에도 이 땅에서 민주주의가 바로 서지 않는 이유다.

내 편이라고 칭찬만 하면 안 된다. 잘못되면 내 편이라도 꾸짖고 계몽해야 한다. 나는 기업의 편만 드는 신고전학파도, 노동자의 편만 드는 마르크스주의자도 아니다. 경제적 편익, 공리, 쾌락을 넘어 '좋은' 경제를 지향하는 제도경제학자다.

28장

꼰대와 매몰비용

: 무식과 독선에서 합리적 꼰대로의 진화를 위해

존재하는 모든 것은 변한다는 게 변하지 않는 진리다. 그건 누가 어떤 호불호를 가지든 상관없다. 그런데 일어난 변화는 전광석화처럼 관철되지 않고 시차를 두고 진행된다. 시차란 보통 외부환경 변화에 대한 내부요인의 지연된 변화를 의미한다. 하지만 다양한 내부요인들이 존재하기 때문에 그 요인들 사이에도 시차가 존재한다. 그러한 불균등한 시차는 행위자들 사이에도 존재한다. 곧, 변화가 진행되는 시간 안에 '변화한 인간집단'과 '변화하지 않는 인간집단'이 공존한다. 이 결과, 사회 안에 이질적인 집단들이 공존하게 된다.

예컨대 변화의 초기에는 전자가 10%이고, 후자가 90%를 차지한다. 변화가 심화할수록 비중은 달라져 전세가 90%와 10%로 역전될 것이지만 변화에 적응하지 못하는 집단은 여전히 존재한다. 혹자는 궁극적으로 구성원의 100%가 변화하면 집단 간 이질성이 사라질 것이라고 주장할지 모른다. 하지만 변화가 종결되기 훨씬 이전에 이미 새로운 변화가 태동하는 게 역사적 사실이다. 변화가 연속되니 집단 간 이질성도 항상 연속되는 것이다. 변화는 이질성을 유발하며 이를 영속시킨다! 변화가 진리라면 인간의 이질성도 진리다!

하지만 신고전학파 주류경제학자들은 반대로 '불변'이 진리이기 때문에 인간의 '동질성'도 진리란다. 단순하고 조화로워 아름답게 보이긴 해도, 유감스럽지만 그건 현실과 거리가 멀다.

아무튼, 사회집단의 변화와 구성원의 이질성이라는 이 불변의 진리 앞에 내가 강조하고 싶은 내용은 이거다. 세상은 시시각각 변하고, 바로 그 변화 때문에 사회구성원들이 서로 같지 않게 되는데, 변화 때문에 발생하는 구성원 간 이질성 중에서도 '문화적' 이질성이 특별나다는 것이다.

이건희 삼성 회장은 언젠가 "마누라와 자식 빼곤 다 바꿔"라며 '문화적 변화'를 촉구해 뭇 사람들에게 칭송을 받은 적이 있다. 그러나 많은 사람은 문화적 변화를 갈망하지는 않는다.

일단 변화란 자기 정체성을 부정하고 새로움을 학습하라는 요구인데, 그런 것은 아쉬움과 고통을 수반하기 때문이다. 굳이 경제학으로 번역하자면 변화는 습관이라는 매몰비용sunk cost의 포기와 새로움에 필요한 학습비용learning cost의 지출을 요구한다. 경제학에 익숙지 않은 분들을 위해 쉽게 설명하면 매몰비용이란 이미 투자되어 더는 건질 수 없는 돈, 물에 가라앉아 버려 되돌릴 수 없는 돈을 의미한다.

이런 비용은 결코 작지 않은데, 기존 제품에 익숙한 소비자나 그것을 오래 사용한 경험이 있는 소비자의 매몰비용은 크다. 과거 제품에 대한 숙련도가 높은 사람일수록 그것에 투자한 시간과 노력, 곧 경제적 비용economic cost이 클 것이고, 또 그에 대한 애착과 집착, 곧 문화적 비용cultural cost, 나아가 그 제품으로 타인과 맺어진 광범위하고 깊은 관계인 사회적 비용social cost도 클 것이니, 따지고 보면 변화에 드는 비용은 뜻밖으로 크다.

매몰비용이 큰 사람일수록 새로움을 학습하는 비용은 훨씬 크다. 애착과 집착이 새로움을 방해하기 때문이다. 이는 깊이 사랑했던 남자와 헤어진 여자일수록 새로운 연인을 받아들이기가 쉽지 않은 것과 같다. 남들이 보기에 아무리 백마 탄 남자더라도 말이다. 알맞은 비유인지 잘 모르겠지만, 맞선을 많이 본 사람이 결혼하기 어려운 것도 이와 비슷한 이치다. 아는 게 병이다. 이런 사람들은 변화를 매우 불편히 여기고, 새로움을 선택할 때면 항상 망설인다. 아, 마누라와 자식은 물론이고 아무것도 안 바뀌면 좋겠다!

한편 반대 처지의 소비자가 변화에 쉽게 적응하리라고 추측하기는 어렵지 않다. 이를테면 과거 제품에 사용경험이 적을수록 매몰비용은 작다. 사용하기 위해 들인 노력도 많지 않으니 애착도 없다. 그 제품을 타인과 함께 사용하면서 축적해 놓은 관계도 없다. 구매한 적도 없다면 매몰비용은 제로에 가까울 것이다.

구제품에 대한 애착과 미련은 존재하지 않으니 신제품에 학습 의지는 충만하다. 이 경우 누군가 구제품을 사라고 권유하거나 강요하면 귀찮고 싫어진다. 내 마음에 드는 사람이 나타나면 거리낌 없이 사귈 수 있다. 모르는 게 약이다.

요즘만큼 변화가 빠른 시대도 드물다. 역사적으로 볼 때, 지금의 변화속도는 가장 빠르다. 무엇보다 기술수명이 짧아지기 때문이다. 제품수명은 멀쩡한데, 기술의 수명이 단축되니 멀쩡한 물건을 버리게 된다. 그뿐이 아니다. 디자인의 수명은 더 짧다. 힙합, 쫄바지, 스키니로 빠르게 바뀐다. 내가 잘못 보고 있는지 모르나 요즘 바지통이 약간씩 넓어진 듯하다.

기술과 디자인의 변화와 함께 문화와 조직도 변한다. 하지만 문화와 조직의 변화속도는 기술의 변화속도를 따라잡지 못한다. 그중에서도 문화의 변화속도가 가장 느리다. 매몰비용이 막대하기 때문이다. 문화는 사회집단구성원 전체가 공유하는 정신이자 상징이다. 공유자산이란 말이다. 따라서 한두 명이 노력한다고 쉽게 바뀌지 않는 게 문화다.

문화는 나아가 습관과 규범으로 인간의 정신에 뿌리를 내리고 있다. 습관인 한 그것은 거의 무의식적인 제도에 가깝다. 의도적인 각성의 노력을 기울이지 않으면, 곧 자각하지 않으면, 변화의 전기를 마련하기 어렵다. 또, 문화가 규범인 한, 집단구성원은 자신의 특정 문화에 특히 애착한다. '우리 것은 좋은 것이야!' 그러니 문화가 쉽게 변할 리 없다.

베블런이 소비자가 사회적으로 소비할 뿐 아니라 문화적으로도 소비한다고 했을 때, 결코 지나친 주장이 아니다. 문화의 '관성'은 물론 그것이 경제에 미치는 영향이 매우 크다는 말이다. 인간은 문화적 존재다. 호모 쿨투랄리스homo culturalis!

인간이 문화에 지배되는 문화적 존재라고 할 때 문화는 대략 지배적인 문화, 곧 기존의 문화를 의미한다. 새로운 문화가 아니라 과거의 문화에 지배된다는 말이다. 하지만 문화 역시 변한다. 곧 새로운 문화가 끊임없이 창발된다. 그 속에서는 새로운 문화에 쉽게 적응하는 사람과 그것을 거부하는 사람들로 이원화된다. 변화가 문화적 이질성을 발생시키는 것이다.

새로운 문화를 거부하는 사람들은 자신들이 그동안 지출한 막대한 매몰비용 때문에 이를 포기하지 못한다. 나아가 무의식적 습관 탓에 자각하지 못하며, 내면화한 가치에 애착을 두고 집착한다. 이들이 매몰비용을 과감히 포기하는 동시에 학습비용을 치를 의지를 표명하지 않는 한 결국 두 문화는 갈등을 겪게 된다.

그동안 소원했던 사람들을 만났다. 만나는 집단이 다양하다 보니, 서로 다른 문화 집단들의 생각도 한꺼번에 접하게 된다. 옛 고교동창들을 몇몇 만났다. 내 나이 또래라 모두 직장에서 지도하는 위치에 있었다.

두세 팀을 만났는데, 공통적인 질문을 던졌다. "요즘 젊은이들은 우리나라를 헬조선이라고 한다. 취업, 결혼, 주택 등도 문제지만 한국 사회의 절망적 문화도 한몫한다. 내가 젊은 시절에 들었던 기업문화에 관한 얘긴데, 욕설, 강압, 윽박지르기로 얼룩진 우리 시대의 비합리적 기업 의사결정 문화 때문에 수평적, 민주적인 신세대가 굉장히 힘들어 할 텐데, 이 갈등은 어떻게 해결되고 있느냐?"

친구들 왈, "야 이 친구야, 그게 무슨 소리냐, 요즘 부서장들은 예전과 완전히 다르다. 우리는 매우 합리적이며, 민주적으로 의사를 처리한다. 젊은이들 처지에서 집단의 화합을 도모하고 있다. 자네가 회사 생활을 안 해봐서 그 변화를 모를 뿐이야."

뒤통수를 맞은 기분이었다. '세상이 이렇게 변했는데, 나만 과거의 눈으로 현실을 해석하고 있었구나. 그러니 기업문화의 변화를 알아낼 수가 없지.' 사회에서 열심히 혁신하고 있는 올드보이들을 과소평가한 나 자신을 성찰하는 기회를 얻었다.

보름 정도가 지나 오랫동안 떨어져 있던 아들과 일주일 정도 함께 하는 행복한 시간을 보냈다. 아들 친구들이 집에 놀려왔다. 모두 어엿한 직장인들이며, 남들이 꽤 괜찮다고 말하는 직장들이다.

그들이 들려주는 얘기다. 유학 간 친구들이 있는데, 대부분은 그 나라에 머무르고 싶어 한단다. 취직, 육아 등 경제적 문제는 물론이고 무엇보다 한국의 비합리적 문화를 참을 수 없다는 것이다. 특히 여성 중 거의 백 퍼센트는 가정과 기업에서 일어나는 불합리한 여성차별문화 때문에 돌아오기 싫어한단다. 문화가 정말 중요하구나!

그럼 국내에서 직장 다니는 친구들은 어떻게 생각할까? 직장은 괜찮은데 너무 힘들단다. 금수저 못 물고 나왔으니, 저축하기가 어렵다. 특히 지방 출신들은 집세 부담이 너무 크단다. 그래서 물었다. 그러면 직장 문화는 어떻더냐? 내 친구들 말로는 직장 문화는 매우 합리적으로 변했다고 하던데.

이 친구들 왈, "유감스럽게도 '바로 그렇게 생각하는 어른들'을 모시고 있습니다." 무슨 말인지 되물었다. 자신들을 대단히 합리적이라고 자부하는 어른들이 문제라는 것이다. 그들은 자신이 개방적이고 합리적이라고 자부하지만, 그 합리성은 변화된 세계의 합리성과 코드가 전혀 맞지 않는단다.

예컨대, 구세대는 부서의 인화를 도모하기 위해 집단주의 문화에 집착한다. 저녁 회식 문화, 점심 같이 먹는 문화, 야유회 가는 문화, 노래방에서 차례로 노래 부르기 문화, 술잔 돌리기 문화, 장기자랑 문화, 이 모두 집단의 인화를 도모하려고 어른들이 동원한 '민주적이고 합리적' 문화다. 하지만 아무리 민주적이고 합리적 절차를 가졌더라도, 신

세대는 그런 집단주의적 목적 자체가 싫다. 개인의 삶이 좀 더 존중되는 문화, 그렇지 않으면 그와 다른 무엇이 중시되는 문화가 목적으로 자리 잡아 주면 좋겠다는 것이다. 그리고 그분들이 합리적 의사결정과정이라고 믿는 의사결정과정은 합리성과 거리가 있다는 것이다.

내가 보기에 이들의 말은 이렇게 해석됐다. '새로운 문화를 구시대의 코드로 오독한 후 스스로 신세대문화의 수용자로 자부하는 꼰대들 때문에 죽을 지경입니다. 이분들은 답이 없습니다. 성찰을 이미 마무리했다고 선언해 버렸기 때문에 더 이상의 교정이 불가능하죠.'

아뿔싸! 우리 앞의 산업화세대가 변화를 무조건 거부하는 '무식한' 꼰대였다면, 나를 포함하는 민주화 세대는 변화를 오독하는 '독선적' 꼰대로 진화했을지도 모르겠다. 변해도 희한하게 변했다.

우리 시대의 문화에 투자된 매몰비용을 과감히 포기하지 않으면 괴물이 될지도 모르겠다. 인간사회에서 아무리 이질성이 법칙이라 하더라도 사이비 합리성으로 철통같이 무장된, 성찰하지 않는 괴물과 살 순 없지 않은가.

29장

굿바이! 평판과 과시를 위한 소비

: 내 아들에게 주는 유산

이 땅에서 경제학자로 경제학의 시민권을 얻자면 모든 경제적 행위를 경제적 요인으로 설명해야 한다. 그렇지 않으면 안 끼워준다. 하지만 소스타인 베블런은 경제적 행위를 비경제적 동기로 설명하는 경제학자다. 그의 이런 접근방법은 소비라는 경제활동을 설명할 때 가장 두드러진다.

그는 명저 『유한계급론』(1899)에서 소비행위에 사회적 동기를 부각시킨다. 곧, 신고전학파 경제학자들이 믿고 있듯이 소비자들은 경제적 계산이나 실용적 목적을 달성하기 위해 소비하지 않고, 사회적 평판과 과시적 목적을 위해 소비한다는 것이다. 다시 말해, 대다수 소비자는 집중력으로 무장된 계산이나 생활여건을 깊게 성찰한 결과에 따라 물건을 구매하지 않고 사회적 관계 속에서 타인의 이목을 끌거나 타인의 눈치를 보며 비합리적으로 소비한다! 타인에게 자랑하기 위한 '과시 소비', 상류층에 대한 정체성을 형성하기 위한 '모방 소비', 사회적 비난과 멸시를 견디지 못한 '공포 소비' 등이 그 사례다.

베블런은 이런 사회적 소비들이 '허례허식적 가치ceremonial value'를 추구하는 비합리적 소비자들에서 기인한다고 봤다. 이는 경제적 계산이나 실용적 목적, 곧 '도구적 가치instrumental value'에 따르는 합리적 소비자의 소비와 다르다.

진화적 제도경제학자들은 비판에만 머무를 뿐 특정 가치를 지향하지 않는다는 의심을 종종 사지만, 사실은 그렇지 않다. 베블런은 이런 허례허식적 가치를 조롱하며, 도구적 가치, 곧 실용성을 명백히 '좋다'고 선언했다.

허례허식적 가치의 첫 번째 항목인 과시는 경제적 불평등에서 비롯한다. 과시 소비는 사회의 부를 독점한 유한계급leisure class의 버리고 버려도 남을 정도로 넘치는 재력에 기인하며 모방 소비는 자아와 주체성을 상실한 중산층의 어리석음에 기인하다. 중하류층의 공포 소비는 이미 바닥에 근접한 건강과 재력을 소진해 자신을 파멸의 구렁텅이로 이끈다. 그건 빚과 과로 없이 불가능하기 때문이다.

순전히 경제학적인 차원에서 볼 때 이 모든 유형의 사회적 소비는 인류에게 주어진 자원을 낭비하고 인간을 불행으로 빠뜨리는 행위다.

경제학자로서 좀 어설프긴 해도 나는 여기에 좀 더 철학적 의미를 조명해 보고 싶다. 분주하게 행해지는 이런 허례허식적 소비 속에서 눈치와 비교에 급급한 나머지 '나'에 대한 성찰과 더불어 '타인과 나의 진정한 만남'이 실종되어 버리는 현상이다. 허례허식적 가치에 목매는 사회적 소비는 삶의 진정한 의미와 '좋은 삶'을 부정한다! 그것은 주체성을 잃고 방황하며 불안에 떠는 가련하고 천박한 소비다.

"… 유한계급은 사회구조의 최상층부에 위치한다. 그들의 생활예절과 가치 기준은 공동체의 명성에 기준을 제시한다. 가능한 한 이러한 기준에 따르는 것은 모든 하층계급에 의무로 지워진다. … 상류계급에 의해 부과된 명성의 규범은 … 사회구조를 통해 최하층까지 그 강압적 영향력이 확대된다. 그 결과, 각 계층의 구성원들은 자신보다 한 단계 높은 계층에서 유행하는 생활 도식을 자신의 이상적 품위 기준으로 받아들인 후 그 이상에 부합하기 위해 전력을 쏟아붓는다. 실패할 경우 자신의 명성과 자존심이 실추된다는 각오로 … 공인된 규범에 맞춰나가야 한다."

"고도로 산업화한 어떤 사회에서도 명성의 궁극적인 기반은 재력이다. 재력을 과시하는 동시에 명성을 획득하거나 유지하는 수단은 … 과시적 재화 소비다. 이는 유한계급 이하 계층에서도 유행하게 되는데 … 심지어 극빈층마저도 이 모든 관습적 과시 소비를 중단할 수 없다. 극단적 궁핍 아래 시달리는 경우를 빼고 이런 범주에 드는 최신식 소비품목들은 포기되지 않는다. 금전적 체면을 유지할 최신식 장신구나 허영용 최신식 품목을 위해서

라면 엄청날 정도로 비참하고 불편한 삶도 견뎌낼 수 있는 것이다."

베블런은 이처럼 유한계급의 과시적 소비를 마음껏 조롱하며, 이런 과시 소비를 추종하는 중·저소득층의 모방 소비도 꾸짖는다. 유한계급은 과시 소비의 재원을 경제적 불평등으로부터 조달하며, 중·저소득층의 모방 소비는 의미 없는 과잉노동을 유발하기 때문이다. 정의롭지 못하며 미친 짓일 뿐이다.

매년 친구들과 보내는 여름 휴가를 엊그제 우리 집에서 맞았다. 오순도순 얘기꽃을 피우며 즐거운 밤을 보냈다. 제삼자가 들으면 전혀 우습지도 않은 얘기지만 오랜 친구들이라 그런지 박장대소가 터져 나오기도 했다. 나이가 드니 하나둘 자식들이 새 가정을 꾸리고 있었다. 결혼 얘기는 곧장 결혼비용 얘기로 점화됐다.

한 달 전 아들을 장가보낸 친구에게 결혼비용을 물었다. 그도 합리적인 친구라 결혼비용을 최소화했단다. 그런데도 적지 않은 수의 하객이 동원된 것 같았다. 그동안 많이 뿌렸으니 되돌려 받아야 하기 때문이다.

그런데도 살림을 하자면 집이 필요한 것 같아 저축에서 뚝 떼 주었단다. 구매하든 전세를 가든 들어갈 아파트는 있어야 하기 때문이다. 내가 워낙 강한 반대 입장이니 자세히 말하진 않지만, 얘길 들어보니 최소 1억은 되는 것 같았다.

옆에 있는 다른 친구들 말로 요즘 그건 작은 액수라 한다. "지금

까지 잘 키워서 제 밥벌이 할 수 있게 만들어 줬는데, 왜 그런 돈을 주나?" 내가 물었다. 친구들 왈, 요즘 살기가 너무 어려워 부모가 보조해 주지 않으면 안 된단다. 그게 도약의 발판이 될 수 있으며, 미래에 대한 희망을 품게 해 준단다.

내 친구들이야 당시 대기업 추천서를 몇 장씩 들고, 갈 곳을 고르던 복 받은 대학졸업생들이었다. 그러니 그들 대부분은 지금 최소한 중산층의 상위영역에 속해 있다. 자식들에게 뚝 떼 내줄 돈은 마련돼 있다. 많은 사람을 불러 예식도 좀 더 있어 보이게 과시해서 치를 수 있다.

하지만 나와 내 아내가 만난 또 다른 부류의 젊은이들 얘기도 들려주었다. 대다수 젊은이의 부모는 뚝 떼어내 줄 돈이 없다. 상위 중산층 자녀에게 세상이 살기가 그렇게 어렵다면, 중산층과 저소득층 자녀는 죽을 수밖에 없을 것이다. 도약의 꿈마저 꿀 수 없기 때문이다.

장성한 아들이 있지만, 내겐 늘 귀여운 자식일 뿐이다. 그러다 보니 세월 가는 줄도 모른다. 자식이 저리 컸으니 아내와 같이 산 지도 퍽 오래됐다. 지금까지 결혼기념일 한 번도 제대로 챙겨본 적이 없는데, 정신 차려 보니 오늘이 은혼식이다.

친구들과 자녀 결혼에 관해 얘기하다 보니 30년 전 우리 결혼식이 새삼 기억난다. 나를 번민에 빠뜨렸던 그 악몽 같은 '삼각관계'를 결딴내고자 당시 나는 계획에도 없던 유학을 거행했다. 피아노를 전공하던 아내가 독일로 떠나자 두 달 후 나도 덩달아 따라나선 것이다. 삼각관계는 이처럼 사람을 또라이(!)로 만든다. 아내가 결혼 목적의 형식적 기독교세례를 양심상 도저히 못 받겠다니, 집에서 반대가 심하기도 했다. 지금은 뭔가 학자연하고 있지만 이처럼 내 학문의 목적은 매우 불순했다!

아무튼, 독일에서 둘이 도킹해 단출하게 결혼식을 올렸다. 입던 양복, 입던 투피스를 깨끗이 다렸다. 마트에서 올이 빠져 세일로 내놓은 흰 장갑 두 개를 샀다. 당시 돈으로 약 2,000원이었는데, 지금 생각하니 운전기사용 장갑이었던 것 같다. 천주교 용품가게에서 예배용 면사포도 하나 샀다. 7,500원 정도로 기억된다. 거액을 투자해 백금 반지 한 쌍을 사서 이름을 새겨 넣었다. 하나에 약 십만 원 정도였으니 가장 큰돈이었다.

모든 준비는 끝났다. 그런데 뭔가 모자란 느낌이 들었다. 그래도 결혼식 포스트 하나는 식장에 걸어 놓아야 하지 않겠나. 짐 푼 지 며칠 안 되던 터라 아무것도 마련되어 있지 않았다. 그 흔한 사인펜 하나 없었다. 밤이 깊어 사러 나갈 수도 없었다. 독일에는 저녁 6시가 되면 모든 상점이 문을 닫는다.

당시 만년필을 쓰던 때라 잉크는 마련되어 있었다. 한데, 그 가는 펜으로 큰 글자의 여백을 어떻게 채워야 할지 난감했다. 이때 좋은 생각이 떠올랐다. 귀 청소용 면봉에 잉크를 적셔 글자를 하나하나 채워 나갔다. 얼마나 힘들었던지 골병이 들었다.

"축 결혼, 김신웅 목사, 신랑 한성안, 신부 김인숙, 1985년 8월 26일"

그다음 날 기차를 타고 약속된 프랑크푸르트 근교 작은 한인 교회로 출발했다. 열댓 명의 하객들이 모였다. 그 교회는 독일 주둔 미군 부대 한국인 부인들이 다니던 곳이다. 그런데 모두 아픈 사연들을 품고 있는 마음이 가난한 자들이다. 이른바 '양공주' 출신들이다.

"마음이 가난한 자는 복이 있나니, 천국이 저희 것임이요." 가난한 심령들이 성대한 피로연을 베풀어 주었다. 모두 한국 음식들을 한 가지씩 마련해 온 것이다. 지금 보면 눈물겨운 광경이었지만, 그때 나는 그걸 당연하게 받아들였다.

결혼식 사진과 반주는 함께 유학하던 전 D대 음대 교수님 몫이었다. 그분은 사진 찍으랴 오르간 반주하랴 정말 바빴다. 현재 부산의 S대에 재직 중이신 음대 교수님 한 분은 허드렛일을 도맡아 해 주셨다. 화장실에서 대기하고 있으면, 이 분이 알려 주고 문도 열어 주고 하는 식이다. 두 분 다 남자다. 당시 모두가 그랬다. 참 '좋은' 결혼식이라고!

피로연으로 밤이 깊어지자 프랑크푸르트에 사시는 목사님은 독일

아우토반(고속도로)으로 1시간 30분 정도가 걸리는 거리를 마다치 않고 만하임의 우리 집으로 바래다주셨다. 감사에 대한 보답으로 얼마를 드렸다. 그리고 바로 한국에 전화를 했다. 우리 오늘 결혼했다고! 전화비가 아까워 1분 통보로 끝냈다. 나중에 들었지만, 그 황당무계한 소식을 접한 후 가족들은 당황과 충격 그 자체였단다.

1주일 후 교회에서 목사님을 다시 뵀다. 목사님께서는 또 그 먼 거리의 우리 집까지 바래다주신다. 그리고 중국집에서 우리에게 축하 밥을 사 주시지 않는가. 가난한 유학생이 독일에서 중국 음식을 먹다니!

식당을 나서자 목사님께서 우리에게 봉투를 건네셨다. 우리가 드린 사례금을 되돌려 주시는 것이다. 이렇게 검소한 유학생들에게서 그 돈을 절대 받을 수 없다고 하신다. 결혼에 지출된 총비용은 약 20만 원이었다. 30년 전 우리의 전설이다.

친구들 앞에서 최소한의 결혼비용을 실천한 사례로 침을 튀겼지만, 이 글을 쓰며 고마움을 잊고 있던 청년 시절을 떠올리니 쥐구멍이라도 찾고 싶은 심정이다. 진심으로 축하해 주는 마음이 가난한 십여 명의 하객, 마음을 다해 우리의 앞길을 축복하신 주례자, 한참 어린 학생들을 위해 저 낮은 곳으로 내려와 봉사하신 두 분 교수님께 감사드린다. 이제야 고맙다는 생각이 드니, 나이 먹어도 이리 철딱서니 없다. 진심이 가득한 작은 결혼식! 가난하지만 정말 '좋은' 결혼식이었다.

요즘 아들에게 여자 친구가 생겼나 보다. 아마 결혼을 염두에 두고 있는 것 같다. 나는 아들의 연애사에 절대 개입하지 않는다. 자기들

끼리 좋아야지 내 맘에 들 필요는 없기 때문이다. 나아가 나는 아들의 결정을 항상 신뢰하고 존중한다. 하지만 부모로서 그 관계에 아무런 지분이 없다고 할 순 없다.

나는 아들과 그 여자 친구가 '좋은' 사회를 이뤄나가는 데 약간의 보탬이 되어주면 좋겠다. 좋은 사회를 위해서는 국가 차원의 '거시적' 정책이 필요하다. 하지만 개인의 '미시적' 일상생활 안에서 이루어지는 실천도 필요하다. 곧, 과시적 낭비를 버리고 실용적 소비를 일상에서 하나씩 실행하는 것 말이다. 그리고 이런 실천은 떼 줄 돈 없는 부모 만나 출발선 한참 뒤에서 경주를 시작해야 하는 불운한 친구, 결혼은 물론 모든 것을 포기한 'N포 세대' 친구들을 생각해서라도 필요하다.

추신: 이 글을 쓰면서도 친구들 얘기가 여전히 머리에 맴돈다. "아파트값이 천정부지로 치솟는 현실에서 자녀에게 그 정도 보태주는 건, 요즘 상식이다." "자네 철학 구현한다고 아들 너무 힘들게 하지 마라. 그 녀석도 저쪽 가족과의 관계 속에서 골머리 많이 아플 거다."

30장

객관, 과학, 수학, 그리고 양이 전부가 된 반쪽 경제학

: 뭣이 중헌디, 뭣이 중허냐고?

근대는 과학의 시대다. 과학이라는 시대정신은 19세기 후반 들어 객관적 태도로 해석되기 시작했다. 그것은 사물이나 대상object을 있는 그대로 바라보는 정신이다. 사물 그 자체Ding an sich를 제대로 이해하자면, 나라는 주체subject의 관점을 객체에 개입시키지 않아야 한다는 것이다.

종교와 달리 과학은 사실에서 출발한다. 사실fact은 눈으로 볼 수 있고, 손에 잡히는 자료data로 그 모습을 드러낸다. 자료는 주체와 거리를 두고 존재하는 객체다. 확인 불가능한 요설과 '주장主張'에 몸을 맡기기보다 감각 가능한 자료와 객체에 따라 판단하고 예측하는 것은 분명 바람직한 태도다. 그것은 맹신해 왔던 미신과 익숙한 통념으로부터 나를 해방시켜 주면서 가치 있는 삶으로 인도해 준다.

이뿐만이 아니다. 객관적 정신 덕분에 나는 나 자신의 신념으로부터 거리를 유지함으로써 타인의 신념에 귀 기울일 수 있게 된다. 객관적 태도는 합리적이면서 민주적이기도 하다. 이런 이유로 나는 지식의 발전은 물론 바람직한 삶을 영위하기 위해 객관적 태도가 일정 정도 필요하다고 생각한다.

하지만 사물 그 자체는 존재하지 않는다. 수집되는 자료의 방향은 수집자의 주체적 이론theory으로 정해지고, 수집되는 자료의 양과 범위는 수집 방법method으로 제한된다.

현대사회의 조사방법은 수많은 오차를 내포하고 있는데, 거기에는 단순한 표본오차sampling error뿐 아니라 불포함오차coverage error, 무응답오차, 측정오차measurement error 등 막대한 규모의 오차를 포함한다. 여기서 모든 오차를 설명하는 것은 적절치 않다. 하지만 이 막대한 규모의 오차는 '사물 그 자체'의 존재를 주장할 수 없게 만든다.

한편 눈으로 본 '자료'는 그 자체로 믿어야 할 '사실'이 아니다. 우리가 본 사실은 자료가 망막에 있는 그대로 '반영'된 것이 아니라 복잡한 인식과정을 거쳐 최종적으로 우리에게 인지된 것이다. 이 과정에 정신적 요인, 곧 주관적 이론과 세계관이 개입된다. 똑같은 사물을 두고 다르게 보는 생물학적 이유다.

또 '사실'은 제도에 의해서도 '오염'된다. 인간은 문화적 존재다. 다른 어떤 동물보다 문화를 창조하고 학습하는 능력이 탁월하다. 개에게

글과 음악을 가르치는 것은 거의 불가능하지만, 인간은 이를 빨리 학습해낸다. 이런 문화적 본능이 있어 인간은 그 시대와 지역의 문화에 쉽게 적응하며, 이에 따라 자료를 판단한다. 예컨대, 이스라엘의 가자지역 침공이라는 자료를 두고 유대인과 팔레스타인은 다르게 인식한다. 트럼프가 미국 대통령에 당선된 자료에서 중국인과 한국인은 다른 '사실'을 취한다.

결국, 객체와 주체는 결코 완전히 분리될 수 없다. 양자는 얽혀 상호작용한다. 객관적 태도가 바람직하지만, 그 자체로 객관적이지 않다는 것이다. 객체와 주체의 완전한 분리는 바람직하지도 않다. 현실적으로 분리 불가능한 것을 억지로 분리한 결과가 바람직하지 않을뿐더러 유익하지도 않을 것이기 때문이다. 몸에서 심장을 분리했을 때 몸은 죽으며, 사랑하는 연인을 억지로 떼어 놓으면 불행해지는 것과 같다. 객관적 태도는 필요하다. 하지만 그것의 과잉, 곧 객관주의objectivism는 바람직하지 않다. 주체와 객체의 관계를 바라보는 제도경제학의 관점이다.

나의 희망과 달리 유감스럽게도 객관적 태도는 그 후 객체와 주체의 완전한 분리를 지향하는 객관주의로 진화했다. 이 관점에 따르면 대상과 주관적 관계를 완전히 끊고 냉정히 관찰하는 태도야말로 가장 과학적이다. 곧, 객관주의적이면 과학적이고, 과학적이면 바람직하다. 따라서 객관주의는 선이요, 미덕이다. 그리고 객관주의는 근대적이다.

반면, 객체에서 주체가 분리되지 못한 상태는 과학적이지 못하며,

바람직하지도 않다. 따라서 객체와 주체와 '연대'는 악덕이다. 나아가 둘이 얽혀 뒹구는 모습은 객관주의자들 눈엔 봉건적이며 촌스럽다.

'근대-과학-객관-미덕-객관주의'의 이런 논리체계는 19세기 후반 인문학과 사회과학계를 지배했다. 특히 이런 생각의 초석으로 간주되는 실증주의 철학positivism은 경제학, 그중에서도 특히 신고전학파 경제학에 큰 영향을 주었다.

극우 경제학자 하이에크Friedrich Hayek 등은 이를 왜곡된 방식으로 적용해 주류경제학의 연구방법론을 극단적 방식으로 바꿔버렸다. 그리고 주체를 혐오하는 대신 객체를 선호했다.

객체 선호사상이 극단적으로 발전하자 이때부터 경제학은 수학방정식의 체계를 갖추기 시작했다. 그 과정에서 양quantity이 질quality을 대체하고, 수number가 가치value를 일소해 버렸다. 합리적이었던 '객관적 태도'가 교조적이고 편향적인 '객관주의'로 진화해 버린 것이다.

이때는 가치판단논쟁의 결과, 신고전학파 경제학이 '가치중립성'을 기본 입장으로 정해가던 시기이기도 하다. 앞에서 살펴본 가치판단 논쟁도 따지고 보면 객체와 주체의 분리, 곧 양자의 '연대'가 무너지는 객관주의의 산물이다.

결과적으로 신고전학파 경제학에서 주체, 곧 행위자, 질, 그리고 도덕적 가치는 완전히 떨어져 나가는 대신 객체, 법칙, 메커니즘, 나아가 양만 홀로 남게 됐다. 이제 경제는 주체들의 삶이 아니라 수학적 기호와 기계원리에 따라 작동되는 '메커니즘'으로 오해된다. 객관주의의 함정에 빠진 신고전학파 경제학은 객관성마저 잃게 된 것이다.

내가 '사랑스러운' 영화로 이름 붙인 〈시네마천국〉에는 웃음과 눈물을 함께 안겨주는 장면이 나온다. 영화가 세상 전부인 꼬마 소년 토토와 낡은 마을 극장의 영사기사 알프레도의 애틋한 우정을 그린 영화인데, 작고 낡은 영화관에서 마을 토박이 관객들은 알프레도가 틀어주는 영화에 모두 울고 웃는다.

영화 속 착한 주인공이 실패하면 관객들은 함께 탄식하며 눈물 흘리고, 승리하면 환호하며 박수 친다. 심지어 영화에서 흘러나오는 노래를 제창하며 누구랄 것 없이 주먹을 위아래로 흔든다. 실로 객체와 주체가 혼연일체된 것이다. TV와 비디오가 대중화되기 직전 상황을 묘사한 영화인데, 내가 기억하기론 이탈리아가 배경이 아니었나 싶다.

내가 태어나 자란 곳은 남해안의 작은 섬 창선도다. 지금은 '한국의 아름다운 길' 대상을 받은 곳으로 유명하지만 내가 자랄 당시엔, 정말 시골 깡촌이었다. 열 살 정도 때 전기가 들어왔으니 꽤 낙후한 지역 중 하나다.

우리 마을에도 영화관이 한 곳 있었는데, 그 내부 분위기는 이탈리아의 〈시네마천국〉과 다르지 않았다. 좀 다른 점이 있다면, 허술한 화장실 창문을 통해 동네 머슴애들이 공짜로 진입하다, 반은 실패해 붙잡혀 쫓겨나고 나머지 절반은 진입에 성공해 그다음 날 무용담을 들려주는 것 정도다.

도시로 이주하는 바람에 그 기회를 맞이할 수 없었지만, 나중에 소식을 들으니 TV가 한 대씩 들어오면서 그 박진감 넘치던 거사도 역사의 뒤안길로 급하게 사라졌단다. 당시, 〈저 하늘에도 슬픔이〉를 관람하던 옆집 아저씨, 아주머니, 담임 선생님, 교장 선생님, 지서장님은 어린 주인공 이윤복이 험난한 세파 속에서 겪는 고난의 삶에 모두 울었다. 그리고 노름꾼 아버지가 잘못을 뉘우치며, 집 나간 어머니가 돌아오고 어린 주인공이 역경을 딛고 일어서는 인간승리에 함께 기뻐했다. 마치 제 일처럼! 나는 이탈리아와 창선에서 영화와 관객이 완전한 연대를 이루는 모습을 보았다.

대한민국 검사 강철중이 〈공공의 적〉을 처단하는 모습에 안도하며 용기를 얻고, 〈화려한 휴가〉에서 전남도청을 끝까지 사수하다 계엄군의 총탄에 장렬히 전사하는 시민군들의 최후에 관객들 모두 숙연해졌다. 두 영화 앞에서 관객은 주인공들과 함께 환호하며 분노했다.

〈암살〉에서 정의를 향한 그 지치지 않는 열망으로 주인공들과 관객은 하나 되고, 불의를 단죄하지 못한 수치심으로 관객은 배우에게 자기감정을 실었다. 들고 갔던 팝콘을 차마 다 먹지 못하고 퇴실했다. 물론 박수 소리는 더 이상 들리지 않았다. 연대는 고요한 모습으로만 이어졌다.

그런데 〈곡성〉은 지금까지 내가 느낀 것과 사뭇 달랐다. 불의에 대한 정의의 심판보다 스릴러와 미스터리를 동반하는 끔찍한 살인, 이편과 저편의 단순한 싸움이 아니라 다양한 행위자 간 중첩적 관계, 나아가 도덕적 가치를 향한 치열한 격투와 전투보다 개별 사건을 둘러싼 복잡한 심리대결이 주를 이뤘다. 〈저 하늘에도 슬픔이〉, 〈시네마천국〉,

〈공공의 적〉, 〈화려한 휴가〉, 〈암살〉에 익숙한 내게 이런 구도는 매우 낯설었다. 영화가 던지는 메시지를 대체 알 수 없고, 난해했다. 이 난해한 관계를 이해하자면 먼저 객관주의적 태도를 갖고 냉정한 분석에 몰두해야 하는가? 그와 함께 영화에 대한 나의 연대를 과감히 끊어야 하는가?

아니다. “뭣이 중헌디? 뭣이 중허냐고, … 씨발놈아!” 귀신의 못된 짓으로 고통을 겪고 있는 자신에 연대하지 않는 무심한 아버지 종구에게 딸 혜진이 악을 쓰며 한 말이다. 귀신 잡는 데 정신이 팔린 종구에게 퍼부은 욕이지만 영화의 맥락을 이해하느라 혼이 나간 내게 한 말이기도 했다. 객체와 주체의 분리를 강요하는 객관주의적 영화라고 착각했었는데, 알고 보니 객관적 태도를 유지하면서 오히려 양자의 연대를 촉구하는 ‘제도경제학적’ 영화였다.

31장

수와 통계의 경제학이 범하는 치명적 오류

: 한국 근현대사의 오만한 날조

경제학은 뜻밖으로 철학의 영향을 많이 받는다. 인간을 이해하는 방식이 경제학의 연구방향과 경제정책에 결정적인 영향을 미친다는 사실은 지금까지 나의 글에 온통 도배되어 있다. 하지만 '과학철학' 논쟁도 그에 못지않게 경제학에 쓰나미를 몰고 왔다.

통계자료나 만지고 수학의 함수식이나 전개하며 자신을 차별화, 성역화하는 얼치기 경제학자들은 무슨 소리냐고 눈알을 굴리겠지만, 철학자들의 논쟁에 직격탄을 맞아 경제학은 정말로 '패러다임적 변화'를 겪게 된다.

앞의 여러 글에서 언급한 적이 있지만, 경제학의 방법논쟁

Methodenstreit과 철학의 실증주의positivism는 경제학 연구에 패러다임적 변화를 가져왔다. 이런 연구방법론은 20세기 신고전학파 경제학의 토대를 형성했다. 그것들이 준 중대한 영향은 경제학을 '정치경제학'에서 '수학'과 '통계학'으로 바꿔버렸다.

이제부터 '수학적 부호로 처리될 수 있는codifiable' 것만 경제학이다. 수학적 방정식을 통과할 수 있는 것은 수number밖에 없다. 이 때문에 경제학은 '측정 가능한 것measurable'만 연구대상으로 다루게 된다.

경제학자가 보는 세계는 이제 자동차(수학적 함수식)에 가솔린(수)이 주입돼 에너지와 배기가스가 배출되는 기계장치, 곧 일종의 '메커니즘'과 똑같다. 그 결과 수학적으로 형식화할 수 없는 것들은 경제학 연구대상에서 배제되고, 그 기계장치를 통과할 수 있는 독특한 연료만 주입될 수 있다. 신고전학파 경제학자들은 그것을 객관적이고 중립적이라고 자랑한다. 수학자들이 보면 유치하기 짝이 없는 낮은 수준의 수학인데도, 일반인은 물론 다른 사회과학자들과 인문학자들을 주눅 들게 하기에 충분하다.

뻥이나 치고 사는 이들을 보면 참 웃긴다. 이게 얼마나 뻥인지 알아보자. 인간사회가 왜 기계장치와 같은가? 사회는 살아 꿈틀거리는 인간들로 가득 차있다. 그들은 경제적 계산에만 따르지 않는다. 그들은 정치적, 사회적, 문화적으로 행동한다. 경제적 행동을 할 때도 이성뿐 아니라 감성에 따른다. 이런 '질적인' 행동들을 수학적 방정식으로 정식화할 수 없다. 그러니 실제 사회가 기계처럼 움직일 리 만무하다.

정치적, 사회적, 문화적 행동은 수로 쉽게 측정될 수 없다. 측정되더라도 지극히 부분적이며, 그마저도 대부분 불완전하기 이를 데 없다. 신고전학파 경제학의 이 메커니즘은 인간 사회의 비경제적 측면을 전혀 반영하지 못한다.

경제적 요인이 비경제적 요인의 영향을 중대하게 받는다는 사실을 고려해보면, 이 수학식이 측정할 수 있다고 자부하는 경제적 요인마저 극히 불완전하다. 나아가, 복잡한 상호작용을 거쳐 나타난 것 중 비경제적이거나 질적인 성질들을 세척해 버려야 이 기계에 투입될 수 있다. 이것들은 '순수한' 인간사회를 움직이는 결정적 요인임에도 이들의 메커니즘에서는 '불순물'일 뿐이다.

심각한 문제는 다른 곳에도 존재한다. 동물과 달리 사람은 이념 ideology에 따라 행동하고 제작한다. 이 명제를 부정하면 사람을 동물로 잘못 본 것이다! 신고전학파 경제학의 연구방법을 따르는 사람들도 자기만의 가치관, 곧 고유한 이념을 갖고 있다. 그러므로 자신들이 구축해 놓은 이 기계적 구조, 곧 수학식 또한 이런 가치관에 따른 것이다. 그러니 이 기계는 자신들이 보고 싶은 것만 보도록 설계되었을 뿐이다. 신고전학파 경제학자들의 메커니즘은 '성장'만 보도록 설계되어 있다. 그 메커니즘으로는 분배, 불평등, 불공정, 착취, 불의의 현실을 조명할 수 없다.

그 때문에 이들은 결코 객관적이거나 중립적이지 않다. 오히려 지극히 주관적이며 편향되어 있다. 수학적으로 형식화되는 것만 선별하고, 측정 가능한 것만 선호하며, 성장 쪽만 바라본다, 이처럼 제멋대로 기준을 세워 선별해 놓았는데, 이게 어떻게 객관적이며 중립적이란 말인가? 독선적이라고 말하지 않을 수 없다.

동아일보가 역사교과서 국정화 고시와 관련해 〈논란의 근현대사, 통계-자료 위주로 객관적 사실 담아야〉라는 제목으로 기사를 실었다. 이 신문은 "정부 주도로 만들어지는 국정역사교과서가 친일과 독재를 미화할 것이라는 우려가 많다. 이에 대해 관련 학과 교수들과 교사들은 근대사 이전 부분은 학계의 정립된 통설 위주로 쓰고, 논란이 되는 근현대사 부분은 다양한 통계와 자료 위주로 객관적인 사실만 전달해야 한다고 조언한다."고 썼다.

나도 통계학 교과서를 집필했으므로 통계적 기법과 자료의 중요성을 충분히 인정한다. 하지만 통계자료에는 한계가 있다. 수로 표시되는 통계자료는 정치, 사회, 문화 등 인간의 질적인 삶을 충분히 측정하거나 반영해 낼 수 없다. 통계는 지극히 일면적일 뿐이다. 통계자료가 일제강점기 나라를 잃은 정치적 설움, 식민지 민중으로서 차별과 멸시, 민족문화 말살을 드러내 줄 수 없다.

또, 일반적으로 경제는 비경제적 요인이나 질적인 측면과 상호작용하는데 손쉽게 수집되는 통계자료에는 이런 질적인 성격이 거세되어 버린다. 그러니 나라 간 물자이동은 전부 수출과 수입으로 측정될 뿐이다. 통계자료는 제국주의의 약탈과 부등가교환이라는 질적이고 제도적 측면을 드러내 주지 못한다.

신고전학파 경제학자 중에 역사교과서 국정화에 찬성하는 사람들이 많다. 그들은 주로 식민통치 덕분에 한국이 발전하게 됐다는 '식민지근대화론'을 암묵적으로 받아들인다. 왜냐하면, 그들은 본질에서 성장론자들이기 때문이다.

성장이야말로 '객관적'이며 중립적인 경제활동인데, 일본 제국주의는 우리나라에 바로 이런 성장의 기반을 선물해 주었다! 그러니 이들이 제시하는 통계자료도 성장에 관한 것이 전부일 수밖에 없다. 이들이 분배와 불평등에 관련한 통계자료를 제출할 리 만무하다.

현대 경제학에서도 분배와 불평등에 관한 통계자료의 역사는 그리 길지 않다. OECD 자료 중에도 불평등도를 측정하는 '지니계수'와 빈곤율 등의 자료는 매우 빈약하다. 아마 『21세기 자본론』에서 세계적 불평등을 통계적으로 드러내 준 토마 피케티 교수조차도 연구하기가 쉽지 않았을 것이다. 그러니 1910~1945년 일제강점기에 분배와 불평등에 관한 통계자료를 집필자들이 제시하리라고 기대하는 것은 연목구어에 불과하다.

"어차피 행정 고시됐으니 이제 국정교과서 여부에 관한 논란을 접고 교과서 집필에 집중하자. 통계자료를 가지고 근현대사를 중립적이고 객관적으로 서술하도록 노력하자." 뻔뻔한 주장이다. 통계로 식민지 민중의 정치적 억압과 사회적 차별과 문화적 멸시를 은폐하는 대신 일제강점기를 미화하고 성장에 기여한 매국적 행위를 덮고자 하는 꼼수일 뿐이다.

수식과 통계자료는 결코 중립적이거나 객관적이지 않다. 신고전학파 경제학은 이처럼 곳곳에서 대중을 기만하고, 못된 기득권자들의 악행을 은폐하는 데 쓰인다.

32장

우리의 일상이 경제학이다

: 나의 작은 송년회

우리가 사물을 새롭고도 통찰력 있는 시각으로 이해했다고 생각하면서 회심의 미소를 짓곤 하지만 사실은 편견일 뿐인 경우가 대부분이다. 왜냐하면, 우리의 눈과 생각은 이 시대, 이 지역, 이 가족이 우리에게 덮어씌운 해석 프레임의 산물이기 때문이다.

예컨대 신고전학파 경제학의 프레임을 열심히 습득한 사람의 눈엔 세상의 모든 일이 긍정적으로 보인다. 그 경제학은 우리에게 현실의 자본주의가 조화와 균형을 선물해 준다는 생각을 심어주는 것을 최대의 목표로 삼고 있기 때문이다.

반대로 케인지언이나 진화적 제도경제학의 프레임으로 세상을 보면 불균등, 불평등, 부조화, 불일치로 가득 차있다. 이 경제학은 자본주의가 조화와 균형은커녕 실업, 불평등, 독점을 심화시키는 기막힌 제도라고 생각하기 때문이다.

둘 다 이념적이다! 하지만 어떤 이념이 세상의 진실을 조금이라도 더 잘 보여주고 있으며, 세상을 좀 더 아름답게 해 줄지는 개개인이 판단할 일이다. 하기야 그 판단마저도 사회가 덮어씌운 프레임에 따라 내려질 것이니 믿을 수가 없다. 영화 〈곡성〉을 다루면서 지적한 객관주의의 한계를 기억해 보면 좀 더 쉽게 이해될 것이다. 주체와 객체는 상호 작용하기 때문에 주체의 완벽한 객관성은 보장되지 않는다. 실로 인간은 프레임 없이 생각조차 할 수 없다. 그래서 나는 인간을 '프레임적 존재'라고 부르고 싶다.

프레임에 갇힌 나는 어쩌면 아무런 주체성이 없는 존재일지도 모른다. 모든 것을 시장원리에 따라 보거나, 모든 인간을 계급적 존재로 해석할 때 정말로 많은 현실을 놓치게 된다. 앞에서 얘기한 경제학 모형이 대표적 사례에 해당하는데, 각자의 모형이 담을 수 없는 내용은 전부 예외로 취급해 버린다.

할 수 있는 한 이 프레임의 한계로부터 해방되고 싶어 나는 일상의 일을 존중해 보기도 한다. 그리고 한 개인의 삶 그 자체를 들여다보기도 한다. 동시에 나는 내 글에서도 일상을 보여주고자 시도해 보기도 한다.

앞에서 나는 경제학에서 역사라는 인문학이 중요하다는 사실을 강조했다. 역사를 무시하는 신고전학파 경제학과 달리 비주류경제학에서 역사적 방법은 큰 비중을 차지한다. 역사를 이해하는 방법은 다양하다. 많은 이들이 특정 역사관을 이용해 인간의 역사를 조명하며, 다른 이는 거대담론을 중심으로 역사를 바라본다. 하지만 이런 역사연구방법론은 우리의 통찰력을 특정 프레임 안으로 가둬 버린다. 이처럼 역사도 프레임에 오염될 수 있다.

이에 대한 반성으로 '일상사적 역사연구방법론'이 제안됐다. 독일의 역사학자 알프 뤼트케Alf Luedtke가 시작한 방법이다. 일상사Alltagsgeschichte는 개인의 기록과 일상적 행동으로부터 사회적 의미를 찾아내는 방법론이다.

그것은 시대가 규정하는 틀 안에서 개인이 체제의 요구를 어떻게 수용하고 저항하는지를 드러낸다. 나아가 그것은 거대담론 속에 묻히고 가려진 개인과 소수자의 의미와 역할을 조명하고자 한다. 블로그에서 내가 종종 나의 일상을 보여주는 이유는 이런 역사관의 장점을 활용해 보고 싶었기 때문인지도 모른다.

이러한 시도는 나름대로 의미를 지닌다. 내가 비록 교수 신분이지만, 본새가 특별히 나지 않는다. 지방대 출신이자 지방의 작은 사립대 교수니 교수 중에서도 사회적 지위가 그리 높지 못하기 때문이다. 한국사회란 외모와 타이틀을 보고 사람을 평가하니 내 말이 틀리지는 않을 것이다. 이런 점 때문에 나는 '서민' 교수에 가깝다. 서민들의 삶이 별 볼 일 없지 않은가! 그런데 서민 중에 자존심이 강한 사람도 많다. 그런 사람들은 쉽게 고개 숙이지 않는다. 기죽지 않으려 몸부림도 치고 열심히 노력하며 애쓴다.

나는 내 일상사를 통해 별 볼 일 없으면서도 사회에서 기죽지 않고 열심히 살아가는 수많은 서민의 모습을 대변해 주고 싶었다. 그래서 나의 일상적 삶과 감정을 고스란히 드러내 보인다. 그 속에서 나의 사랑과 이타심, 성공은 물론 증오와 실망, 이기심과 좌절도 보여주고자 한다. 우리네 삶이 그렇지 않은가!

대학을 졸업하자마자 외국으로 나갔으니, 나는 한국 사회인들의 송년 문화를 잘 모른다. 부모님이 모두 독실한 기독교 신자라 12월 31일엔 '송구영신 예배'로 한 해를 보내는 모습만 보았다. 자다가 끌려 한두 번 따라간 적이 있는데, 성찰하는 송년회였다. 그때까지 내가 경험한 송년은 조용한 명상의 날이었다.

독일에 건너간 지 첫해가 저물었다. 연말이 가까워지자 마트 진열대엔 크고 작은 규모의 폭죽이 선보였다. '질베스터 아벤트Silvesterabend'로 불리는 12월 31일 저녁은 뭔가를 기다리는 듯했다. 제야의 종이 울리자 온 천지는 폭죽 소리로 소란스러웠고, 청춘남녀는 포도주와 샴페인을 터뜨리며, 얼싸안고 열렬한 키스를 나눴다. 내가 경험한 조용한 명상과 완전히 달랐다. 아, 서양인의 송년은 이런 것이구나! 과거의 성찰보다 새로운 미래를 희망하다!

7여 년의 세월이 지나 다시 내 땅으로 돌아왔다. 연말이 되자 한국의 '사회인'들은 들썩거렸다. 모두 분주하다. 이런저런 사회적 관계를 맺고 있는 사람들과 약속을 정한 후 차례로 만난다. 그리고 술잔을 부딪친다. 대한민국 사회인으로서 나도 그 방식을 따랐다. 그리곤 '건배'와 '위하여'를 외쳤다. 시끄러운 잡담이 이어지니 목만 쉬고 내용은 없다. 기억될 필요 없는 말들이다. 시끌벅적 송년회는 3차까지 이어졌다. 코가 비뚤어지게 마셔대니 생각할 겨를이 없다. 이런 자리가 연일 이어진다. 성찰은 고사하고 새로운 미래에 대한 희망도 없다. 그 대신, 고요를 조롱하는 분주함, 성찰을 부정하는 술잔, 의미를 배척하는 잡담만이 지배할 뿐이다.

언젠가부터 나는 이런 정신 나간 송년 문화를 탈퇴하기로 선언했다. 성찰과 의미를 되찾기로 한 것이다. 그 날만이라도 '사회인'을 잊고 '자연인'에 회귀하기로 했다. 함께 성찰할 가족을 찾았다. 그리고 의미를 공유할 친구를 찾았다.

그렇게 나의 작은 송년회가 열렸다. 대학시절 동아리의 오랜 친구들이 왔다. 문화를 공유하고 있으니 말이 통한다. 수다를 떨어도 흠이 되지 않는다. 공유하는 역사가 담겨 있으니 작은 농담에도 함께 웃고 함께 울 수 있다. 오랜 시간 희로애락을 겪었으니, 격의 없이 말할 수 있다. 진실을 얘기한다. 그래서 친구는 좋다.

J는 기계설계학과를 졸업한 후 굴지의 대기업 포스코에 입사했다. 이 친구는 공돌이답지 않게 무척 철학적이다. 만나면 인생을 논한다. 어떻게 살아야 할 것인가? 탈출을 꿈꾸며, '엑소더스Exodus'를 열창하다 모래밭에 머리를 묻고 거꾸러진다. 그래서 별명도 엑소더스다. 엑소더스의 얘기다.

정년퇴임을 한 달 앞둔 아버지의 명령에 따라 선본 지 25일 만에 결혼식을 올렸다. 직장 있을 때 결혼해야 그동안 뿌려 놓은 축의금을 회수할 수 있기 때문이다. 정말 번갯불에 콩 구워 먹는 식이었다. 기계에는 전혀 관심이 없었던지라 기계설계는 할 줄 모른다. 공부를 전혀 안 했기 때문이다. 그런데도 우연히 포스코에 입사했다. 포스코가 눈이 멀었던가 보더라.

다른 이들처럼 나도 정리해고의 격랑을 수차례 겪었다. 기계설계 못 하는 나를 그냥 내버려두는 포스코가 신기하다. 눈먼 포스코가 나를 이사로 승진시켜 브라질 공장건설 책임자로 임명했다. 엄청난 프로젝트다. 벌써 3년 반이 지났다.

그 사이 두 아들과 딸 하나를 두게 됐다. 딸을 꼭 갖고 싶어 셋째를 시도했는데, 처방(!)이 적중했다. 자네는 아들 하나로 경제적 부담을 덜어 기뻐하지만, 나는 바라던 딸을 얻어 지금 엄청 행복하다. 그런데 자식이 몸이 매우 아프구나. 아내와 손을 잡고 함께 울기도 많이 했지. 하지만 평생 짊어지고 살아야 할 것 같아. 처음엔 하늘을 원망도 했지만, 인생에서 진정한 행복이 무엇인지를 곰곰이 생각해 봤다.

주어진 삶을 있는 그대로 받아들이고 최선을 다해 긍정적으로 살아가는 것, 그리고 내 이웃과 직장 동료를 사랑하며 함께 잘 지내는 것, 나는 이런 걸 행복이라 생각하며 살고 있다. 이런 내 행동으로 나는 무능한 상사로 보일 수도 있다. 기계설계 못 하는 나를 이사로 앉힌 이유는 아마 나의 이 '무능 철학(?)' 때문인지도 모른다, 허허! 3년 반의 해외파견 생활을 마치고 이제 퇴직하려고 한다. 그동안 회사 일만 했으니 이제 내 삶을 돌아보며, 인생의 의미를 느껴가며 살고자 한다.

Y는 전기과 출신으로 포스코 만년 팀장이다. 그는 J의 입사 동기다. 자기는 이사가 아니라 찝찝하겠지만, 우리는 모두 그렇게 생각하지 않는다. 이사 되면 빨리 잘리기 때문이다. 입이 커 우리는 그를 '아구(아귀의 사투리다)'라고 부른다. 물론 내가 붙여 준 이름이니, 내가 가장 많이 부른다.

아구에게 물었다. "나는 상경대 출신이다. 학과 동기들은 거의 모두 전멸했는데, 무슨 재주로 그렇게 건재하냐. 공돌이들의 막강 기술

덕분인가?" 아구는 30년 직장 생활을 처음으로 들려줬다.

기술자라 하더라도 400명 입사 동기 가운데 살아남은(!) 자는 50명이 채 안 된다. 그 많은 기술자가 정리될 때마다 수차례 가슴을 쓸어내렸다. 관두고 싶었지만, 처자식 때문에 속앓이하며 버텨 온 지 30년! 엊그제 또 한 차례 희망퇴직의 한파가 몰아쳤다. 모두 포기한 채로 스마트폰을 주머니에 쑤셔 박는다. 외면하고 싶지만 그렇게 할 수 없는 형국이다.

불안, 초조, 포기, 체념은 물론 절망과 실낱같은 희망이 뒤섞이는 기간은 입맛도 없고 선잠마저 이루지 못한다. 찍어 내리면 맞아야 한다! 다행히 이번에도 명단에서 빠졌다. 그런데, 부서에서 이제 오십을 갓 넘은 부하직원이 블랙리스트에 올랐다. 고등학생인 자녀 둘이 있는데 방법이 없겠느냐고 펑펑 울며 내게 상담을 요청했다.

자식도 다 키워 보낸 나이 많은 나는 살아남고 처자식을 한창 먹여 살려야 할 청춘이 일자리를 잃어야 하니 죄책감이 들었다. 아내와 의논했다. 이번에 내가 나가는 대신 이 사람을 살리고자 회사와 거래하려 하는데, 어떻게 생각하느냐고. 그런데 아내 왈, 뜻은 좋으나 회사가 그 호의를 수용할지 의심스럽단다. 당신이 사표를 내면, 회사는 아마 이참에 당신은 물론 그 사람도 함께 정리해 버릴 것이란다. 지금까지의 회사 처사를 보면, 그럴 가능성이 없지 않을 것 같아 그 무모한 전략은 포기하는 대신 다른 방법을 찾아보기로 했다.

마침 나와 관련된 연구부서에 머지않아 한 사람이 필요하다. 그 자리에 전환배치가 가능해, 최선을 다해 그 자리를 확보할 것이니 절대 사직서 쓰지 말고 기다리라고 했다. 백 퍼센트 희망을 품을 순 없지만, 최선을 다해 보자. 그런데 이 전략이 내 자리를 결정적으로 위협한다. 내겐 아주 위험한 방법이다. 하지만 그 양반 여기에만 희망을 걸고 있는데, 사정이 정말 딱하다. 내 자리와 바꿀 수 있다면, 정말 그렇게 하고 싶다.

K는 어릴 때부터 남달리 음악을 좋아했다. 여자도 기술을 가져야 한다는 아버지의 말에 따라 음악 중에서도 그나마 당시 화폐를 가장 많이 생산하던 피아노를 택했다. 열심히 공부한 덕분인지 입학시험에서 실기 수석을 차지했다. 대학의 합창단 동아리에 음악대학이 반주자로 파견한 친구라 특별한 모습은 없다. 그래서 이름 뒷글자를 따 그냥 '숙씨'라 부른다. 숙씨의 얘기다. 사연이 많은지 말이 좀 거칠다.

한국에서 대학원을 마친 후 독일 유학길에 올랐다. 다시 석사과정K.A을 마치고 각 학교에서 1년에 한두 명 뽑을까 말까 하는 최고연주자과정K.E에도 입학했다. 적어도 나 이런 사람이야! 공부를 마친 후 푸른 꿈을 안고 귀국했다. 귀국독주회를 열 때만 해도 가족은 물론, 선후배들도 축하해 주고 관심을 가져주더라. 그런데 막상 들어갈 자리가 없더라. 그냥 거리로 팽개쳐진 거야.

겨우 대학과 예술고등학교에 시간강사자리를 얻었다. 그래도 당시엔 능력을 발휘해 레슨 학생도 많아, 수입이 짭짤했다. 하지만 사정이 나빠지기 시작했다. 신진들이 유학을 마치고 대거 몰려오는 대신, 음악을 배우는 학생의 수는 줄어들었다. 정규직 교수는 이미 포기한 지 오래지만, 시간강사를 얻는 것도 '하늘에 별 붙이기'였지.

대학 강의를 가면, 교수들의 횡포와 경멸을 참기 어렵더라. 연주실력은 꽝인 자들이, 사람을 막 대하는 거야. 자존심이 엄청 상했지. 아는 것이 힘이 아니라 '자리가 힘'이라는 사실을 똑똑히 봤지. 나는 교수들, 특히 실력 없으면서 위세 부리는 교수들을 가장 경멸한다.

자리가 없으니 조교들도 내게 명령하며 큰소리를 치더군. 4년짜리 음대 학사가 14년을 제대로 수련한 연주자를 조롱하는 건 참을 수 없더군. 사람 취급을 않더라. 눈물로 2년을 보냈다. 지금 생각하니 우울증 같은 심리상태에도 빠졌지. 그래서 나는 우울증 환자들을 잘 알아볼 수 있다. 그거 무서운 병이다. 그냥 내버려두지 말고, 함께 고통을 나누어라. 그렇지 않으면 그 사람 무슨 짓을 할지 몰라.

자리가 없으니 내가 자리를 만들기로 했다. 이른바 자영업이지. 두어 명 남아있던 학생을 기반으로 삼아 입시학원을 열었다. 수모와 멸시로부터 해방됐지만, 연습실에서 평생 피아노만 두드리던 연주자에게 영업은 장난이 아니었어. 함부로 권하고 싶지 않아. 인쇄한 수천 장의 전단을 밤새 봉투에 넣어 보내기를 거의 3년 동안 했다. 전단과 봉투 접느라 손에 물집이 생겼지. 전봇대에도 전단을 붙이고, 인터넷 모바일 광고도 수년간 했다. 지금 나는 컴퓨터 박사다, 히히. 온갖 프로그램을 스스로 조작해야 했기 때문이지.

덕분에 많은 입시생이 오지만, 그중 한 녀석이 악담을 퍼뜨리고 나머지 학생들을 꼬드겨 나가는 경우도 수차례 경험했지. 주로 역량이 안 되는 학생들이 그러더군. 뭐가 잘 안 되니 물귀신작전을 쓰는 거지.

그때마다 경영위기를 겪었는데, 완전히 망할 뻔하던 때가 한두 번이 아니야. 학생이 없어 덩그런 홀에 다른 알바 선생과 마주 보며, 황급히 얼굴을 피하던 때가 일상일 때도 잦았지.

불안, 초조, 좌절, 절망의 연속이었지만 학생들이 몰려오면, 그것은 보상되기도 했지. 많이 울었고, 죽고 싶을 때도 있었지. 물론 덕분에 그간 자유를 누리고, 돈도 제법 벌어 가정생활에도 크게 이바지했지.

독립이 두려워 교수들이 주는 시간에만 매달려 노예처럼 사는 동료들에 비하면 나는 지금 행복해. 하지만 눈물과 탄식의 시간이었다는 건 사실이야. 지금은 직업과정에서 얻은 허리통증 때문에 일을 그만두려고 한다. 그리고 예의도 없고, 선생을 장사꾼처럼 취급하는 별종 같은 요즘 학생들 꼴 보기 싫어 일을 그만하려고 한다. 무엇보다 내 삶을 찾고 싶어. 이제 내 또래와 함께 작은 연주회도 열려고 한다. 나는 행복하지만, 광야에서 고생하고 있을 사람들을 생각하면, 마음이 아프기도 해. 내가 이런 '호사(!)'를 누려도 되는가 하고.

나는 담담하게 서술하는 친구들의 소회를 마음속으로 울면서 들었다. 이 위대한 삶을 축하해 주고 싶었다. 그리고 이런 친구들을 둔 게 자랑스러웠다. 내가 친구들에게 건배를 제의하며, 거창하지 않은 소박한 멘트를 바치고 싶었다. "그동안 험난한 인생을 견뎌내느라 수고 많았습니다. 당신들이야말로 위대한 사람들입니다. 이거 진심입니다."

그런데 제 버릇 남 못 주는 건지, 또 초를 치고 말았다. "우리의 삶이 아무리 고생스럽다 해도 여기 있는 우리는 상위 소득층에 속합니다. 우리의 삶이 이럴진대 다른 사람들의 삶은 어떠할지 생각해 봅시다. 실로 눈물과 탄식으로 장식되는 위대한 삶일 겁니다."

위대한 사람들의 삶은 '역사'로 기록된다. 그것을 위인전이라고 부른다. 위인전을 들춰보는 이유는 그들의 역사 속에서 성공의 흔적을 찾아, 감동하며, 교훈을 얻고자 함이다. 그러나 어떤 삶이 위대하지 않을까? 모든 개인의 삶은 감동적이다. 그들의 삶도 위대하다. 그래서 장삼이사들의 삶도 치하받아야 한다. 이름 없는 모든 블로그 이웃님과 페이스북 친구님들, 올 한해 힘든 삶의 파고를 견뎌내시느라 수고하셨습니다. 진심으로 드리는 인사입니다.

어때요, 우리 친구들 좋죠? 앞으로도 우린 평생 이럴 겁니다. 군불로 뜨뜻하게 데워진 우리 집 황토방에서 닭백숙과 캔 맥주 몇 개로만 말이죠. 좋은 친구들과 함께 성찰하는 작은 송년회도 의미 있다. 그 싱싱하고 아름답던 모습은 어디 가고 주름만 남았구려, 그래도 당신들은 내게 가장 아름다운 친구들입니다.

33장

사회적 자본은 길들이기 나름

: 신안군과 사회 곳곳의 '나쁜' 사회적 자본

주류경제학자들은 순수경제학을 구축하고자 경제학으로부터 사회, 정치, 문화 등 비경제적 요인을 몰아낸다. 반면 비주류경제학은 경제적 요인과 비경제적 요인을 결합해 경제를 분석하고자 한다. 그래야 현실경제를 올바르게 이해할 수 있다고 생각하기 때문이다. 이런 노력의 하나로 1990년대부터 '사회적 자본'에 관한 논의가 비주류경제학계에서 활발히 이뤄졌다.

사회적 자본social capital은 '사회social'와 자본capital의 합성어다. 곧, 자본과 같은 '경제적' 항목에 협동, 참여, 신뢰, 연대 등 '사회적' 행동이 결합한 개념인데, 이런 사회적 행동이 경제적 결과를 낳는다는 것이다. 이때 사회적인 것은 '사람 사이의 관계'로 드러나니, 결국 사람 사이의 끈끈한 관계망, 즉 강한 연결고리strong tie가 이득을 낳는 자본의 역할을 하는 셈이다.

진보주의자들은 사회적인 것에 연민을 느끼기 때문에 사회적 요인이 경제적으로 긍정적인 결과를 유발하기를 기대한다. 협업의 경제적 편익과 기회주의와 배신이 낳는 '거래 비용'을 기억하면, 사회적 자본이 풍부할 때 경제가 성장한다는 생각은 설득력이 없지 않다.

사회적 자본의 논의도 사실 이런 생각에서 출발했다. 원래 진보적 경제학자들의 주제였지만 돈벌이 좋아하는 주류경제학자들이 눈독을 들일 만한 개념이기도 하다. 실제로 우리나라 주류학자들과 신문사 주필들이 단상이나 칼럼을 통해 사회적 자본의 성장 친화성을 높이 평가한 적이 적잖다.

사회적 자본의 효과는 경제성장에만 있지 않다. 더 중요한 사실은 사회적 자본의 유형과 내용에 따라 성장의 내용도 달라진다는 점이다. 이를테면 모든 국가 구성원 사이에 '보편적' 신뢰와 협동, 참여를 촉진하는 '좋은' 사회적 자본이 풍부하면 국민경제는 '좋은' 방식으로 성장한다. 사회적 자본으로 경제성장은 물론 연대와 정의, 나아가 더욱 평등한 세상도 얻어낼 수 있다는 것이다.

로버트 퍼트남Robert Putnam은 북부 이탈리아와 남부 이탈리아의 경제성장 차이를 이러한 사회적 자본의 차이로 설명했다. 그는 이 두 지역의 공식적 정부조직이 너무 흡사하기 때문에 경제성장의 차이를 적절히 설명할 수 없다고 봤다. 또한, 정당정치나 이데올로기, 자원과 경제적 풍요도 등도 경제성장의 차이에 직접적인 영향을 미치지 못했다.

그는 북부지역의 성공을 보장해준 요인을 시민적 유대의 전통들(투표율, 신문구독자 수, 합창단과 문학 서클, 라이온스 클럽과 축구모임의 회원 등)에서 찾았다. 에밀리아, 로마냐, 토스카나 등지에서는 왕성한 공익활동을 벌이는 많은 커뮤니티 조직이 공통으로 존재한다는 것이었다.

이들 지역의 시민들은 정부 후원이 아니라 공동의 관심사 때문에 자발적으로 서로 연대했으며, 서로가 공정하게 행동하리라 믿으며, 법을 존중했다. 또 사회적, 정치적 네트워크들은 수평적으로 조직되었고, 이들 시민공동체는 단결, 시민참여, 통합을 소중히 여기는 풍토를 지니고 있었다.

이와 대조적으로 칼라브리아와 시칠리아 같은 남부지역의 공통점은 '비시민적uncivic' 문제 때문에, 사회문화 조직에 참여율이 저조하고, 준법정신이 미약했으며, 그에 따라 엄격한 제도에 의존하는 경향이 상대적으로 강했다. 결국, 규범이나 시민적 연대의 네트워크(참여) 속에서 구현되는 사회자본이 정치적 발전은 물론 경제성장의 기초가 됐다는 것이다.

이런 관점은 이후 실리콘밸리에 관한 애너리 색스니언AnnaLee Saxenian의 연구에서도 확인됐다. 실리콘밸리에 풍부하게 축적된 신뢰, 협력, 참여의 사회적 자본은 정보, 지식을 교류하고 공유할 수 있게 했으며, 이는 다시 혁신활동을 크게 도왔다. 덕분에 실리콘밸리는 새로운 정보통신기술의 시대를 열어 주었다.

하지만 그 후 사회적 자본론에 비판이 제기됐다. 그중 하나가 사회적 자본이 경제적 이익은커녕 손실을 낳으며, 사회적으로 정의롭지도 못하다는 것이다. 개발도상국들에 관한 다수연구로는 단지 높은 수준의 사회적 연대나 비공식적 집단들이 존재한다고 해서 반드시 경제적 번영이 일어나지 않는다.

케냐의 농촌 지역에서 20만 개 이상의 참여적 빈곤집단들이 발견됐지만, 이 집단의 빈자들은 대부분 가난에서 벗어날 수 없었다. 세계은행의 보고서에 따르면 르완다에는 협동단체와 농민단체가 3,000개 이상 등록돼 있었으며 3만 개의 비공식적 집단이 있을 것으로 추정됐으나, 이들은 역사상 소름 끼치는 시민전쟁 중 어느 하나도 예방할 수 없었다. 이와 비슷하게, 다수의 라틴아메리카 국가들의 토착 집단들은 높은 수준의 사회적 자본이나 사회적 연대성을 보유하고 있지만, 이들의 빈곤수준은 무척 높다.

최근 연구들은 네트워크, 공통의 규범, 참여, 신뢰와 같은 사회적 자본이 일으키는 부정적인 몇 가지 결과들을 구체적으로 확인했는데 외부자의 배제exclusion, 집단구성원을 향한 과잉요구, 개인적 자유의 제한, 전체 사회의 파괴가 그에 해당한다.

첫째, 강력한 유대관계와 신뢰는 한 집단구성원들에게 편익을 가져다주지만 바로 이 때문에 타인은 이를 이용할 수 없게 된다. 원칙적

으로 네트워크 구성원이 사회적 자본의 편익을 얻는다면, 이에 포함된 사람들은 효율성 증가의 혜택을 입지만 배제된 사람은 손해를 입는다. 네트워크 때문에 구성원들 사이에 거래가 쉬워져 비회원과의 거래가 중단됨은 물론 더 근본적으로는 동질적 집단들이 집단 내 강력한 신뢰와 협력 규범을 강고히 하면서 나머지 사회에는 지극히 낮은 수준의 협력과 신뢰를 보여주기 때문이다.

둘째, 공동체나 집단의 참여는 필연적으로 순응conformity을 요구한다. 모든 이웃을 서로 알고 있는 소도시나 마을에서는 아무 곳에서나 신용을 공급받을 수 있으며, 이웃 어른들의 감독 아래 자녀들이 거리에서 자유로이 뛰놀 수 있다. 그러나 그러한 환경에서 사회적 통제는 매우 강하므로 개인적 자유가 크게 제한된다. 이 때문에 청년들과 독립성이 강한 사람들은 대부분 이 환경을 떠나버린다.

셋째, 사회적 자본은 역설적으로 지극히 반사회적이며 정의롭지 못할 수 있다. 강력한 네트워크와 신뢰는 불법적인 연인거래sweetheart deals를 촉진하며 부패를 조장하고 친족 등용을 쉽게 함으로써 불편 부당성이 공공으로 확산되지 못하게 하거나 공공제도의 효율성을 훼손할 수 있다. 예컨대, 마피아가족, 매춘, 도박 패거리, 청소년 갱은 사회적 자본의 일종으로 간주되는 신뢰가 사회 전체적으로 얼마나 바람직하지 않은 결과를 초래할 수 있는지를 보여주는 사례들이다. 이러한 현상은 한국의 학벌 사회와 지역주의의 폐해에서도 극명히 드러난다.

제한된 범위에만 적용되는 강력한 '폐쇄적' 신뢰는 이처럼 경제활동의 윤활유 역할보다는 외려 '동맥경화'를 유발해 사회 전체를 파괴할 수도 있다. 곧, 신뢰는 성장에 무관함을 넘어 그것에 부정적인 영향을 적극적으로 미칠 수도 있다. 총체적으로 볼 때, 네트워크와 신뢰 등 사회적 자본은 지속 가능한 성장을 훼손할 수도 있는 것이다.

많은 사회학자가 연구한 결과로 보면, 빈곤은 대체로 무권력powerlessness과 배제exclusion의 함수인 반면, 부는 권력과 통합inclusion의 함수인 경우가 허다하다. 사회조직 가운데 더 잘 조직된 분파일수록 경제정책은 이들에게 더 유리하게 영향을 미치겠지만, 그렇지 못한 집단과 사회 전체에는 더 큰 역기능을 유발할 수 있다. 그러므로 경제발전 과정에서 사회적 자본은 '분배 중립적이지 않다.' 결국, 원칙적으로는 사회적 자본의 증가로 사회가 더 평등하게 된다는 보장은 없다.

사회적 자본은 이처럼 성장은 물론 사회통합에 장벽이 될 수 있다. "묶어 주는 끈이 눈을 가리는 수건"으로 변질하는 꼴이다. 2세기 전 이미 애덤 스미스도 상인들의 회합은 불가피하게 공공에 대한 '공모collusion'로 종결됐으며 이때 일반 국민은 그 네트워크와 공모집단을 연결해주는 상호지식에서 배제됐다고 한탄했다. 이렇게 사회적 자본 자체는 그 주창자들이 기대하는 만큼 '사회적'이지 못할 수도 있다.

마피아, 조폭, 학벌, 지역 등 소집단 범위 안에서만 특수하게 적용되는 사회적 자본은 배타적 결속행위만을 조장해 반경제적임은 물론 반사회적이고 반도덕적인 결과를 초래한다. 이런 '나쁜' 사회적 자본이 축적되면 경제성장은 지체될 뿐 아니라 성장하더라도 불신과 배제 그리고 갈등과 분쟁이 만연한 채로 성장한다.

나쁜 사회적 자본이 일반화된 모습은 곳곳에서 발견된다. 학벌을 기반으로 하는 '끼리끼리 해먹기', '우리가 남이가' 식의 지역 패거리, 과점기업들의 짬짜미 가격은 대표적인 나쁜 사회적 자본이다. 이들의 특징은 외부자를 배제하고 억압함으로써 부당 이득을 취하는 것이다. 그 속에서 내부자들은 함께 '똥창'에 빠져 불법을 마음대로 저지른다. 똥창이 주는 달콤한 이익에 빠져 아무도 서로를 비판하지 않고, 불의를 고발하지 않는다.

나쁜 사회적 자본은 우리 일상사에도 만연해 있다는 것을 알게 된다. 직장 안에도 있다. 나아가 작은 마을에도 존재한다. 예컨대, 오랜 역사를 품은 농촌이나 어촌의 작은 마을에는 주민들 사이에 강한 사회적 자본이 존재한다. 그것은 공동체의 생산성에 기여해왔다. 물론, 품앗이, 두레, 상호부조, 천재지변에 대한 공동대응 등은 사회적 자본의 긍정적 모습들이다. 하지만 이 마을의 사회적 자본은 매우 배타적이다. 마을의 공동이익을 위해 함께 정의를 배반한다.

두 개의 영화가 생각난다. 장철수 감독의 〈김복남 살인사건의 전말〉과 강우석 감독의 〈이끼〉가 그것이다. 나는 이 영화 속에서 경제학의 중요한 주제를 보았다. 두 영화는 모두 전통적 사회에 만연한 나쁜 사회적 자본의 존재를 드러내 주었다.

〈김복남 살인사건의 전말〉에서 감독은 내부구성원들이 공유하는 나쁜 사회적 자본을 보여준다. 김복남은 남편에게서 노예 상태를 강요받는다. 시동생은 그녀에게 성적 학대를 일삼는다. 남편은 어린 딸을 성적 노리개로 삼는다. 하지만 일할 노동력이 귀한 섬에서 주민들은 남자들이 저지르는 성추행과 성폭행을 눈감아주고 정당화해 준다. 김복남은 복수를 시작한다.

〈이끼〉는 대표적 흥행작이라 긴 설명이 필요 없을 것이다. 해국은 아버지의 부고 소식에 아버지가 거처해 온 시골 마을을 찾는다. 그런데 해국을 본 마을 사람들은 하나같이 이유 없이 경계하고 그에게 불편한 눈빛을 던진다.

아버지 장례를 마치고 마련된 저녁 식사 자리에서 해국은 '서울로 떠나지 않고 이곳에 남아 살겠노라'고 선언한다. 순간, 마을 사람들 사이에는 묘한 기류가 감돌고, 묵묵히 있던 이장은 그러라며 해국의 정착을 허락한다.

이장의 말 한마디에 마을 사람들은 태도가 돌변한다. 마을의 모든 것을 꿰뚫고 있는 듯한 이장과 그를 신처럼 따르는 마을 사람들. 해국은 이들 사이에 존재하는 강한 사회적 자본에 위압감을 느낀다. 그리고 조사과정에서 그 마을에 얼마나 강력한 사회적 자본이 존재하고, 그 자본으로 마을의 '추잡한 안정'이 확보되며, 그 속에서 온갖 불의가 자행되는 현실이 차츰 드러난다.

신안군의 섬마을도 그렇다. 이곳은 염전 노예를 부리던 곳이다. 노동자와 장애인을 잡아 비인간적 대우를 일삼으며 극도로 착취하다가 일반에 널리 알려진 섬이다. 도망치면 주민들이 서로 알려주기 때문에 바로 붙잡힌다. 경찰도 관공서도 한통속이며, 법원마저도 공모한 사실이 드러났다. 섬은 나쁜 사회적 자본이 풍부한 감옥이자 지옥이었다. 사회를 떠들썩하게 한 여교사 집단 성폭행 사건도 내부구성원들 사이에 존재하는 '나쁜' 사회적 자본이 일으킨 범죄다. 많은 내부구성원이 쉬쉬하며 대수롭지 않게 생각한다.

그 섬에만 나쁜 사회적 자본이 만연하진 않았을 것이다. 우리 사회 곳곳에 독버섯처럼 피는 나쁜 사회적 자본을 분쇄해야 한다. 사회적 자본이 항상 나쁘지는 않다. 그것은 성장, 혁신, 그리고 연대를 촉진할 수도 있다. 사회적 자본의 반사회성과 반도덕성 못지않게 그 사회성과 도덕성도 곳곳에서 실증되고 있다. '좋은' 사회적 자본을 축적하자. 좋은 사회적 자본은 우리를 행복하게 한다.

34장

'지위'의 경제학

: 학벌장사와 학벌 프리미엄 독점 사이의 줄다리기

자연의 높고 낮음은 위치로 표현되지만, 인간의 높고 낮음은 지위status로 측정된다. 각 위치의 한 점이 위치에너지를 가지듯이, 사회의 특정 지위는 일정한 힘power을 부여한다. 항상 그렇지는 않지만, 우리 인간의 삶은 자연과 닮은 점이 종종 있다. 경제학이 자연과학적 기반을 갖는 이유다.

지위는 어떤 권능을 부여하는가? 지위가 높으면 다른 사람을 마음대로 시켜 먹을 수 있다. 시키는 대로 따라 하는 사람은 자율성을 상실했으니 지배당하는 사람이다. 지위가 높으면 지배와 피지배 관계

속에서 타인을 지배할 수 있게 되는 것이다.

나는 이런 관계에 별로 익숙지 못하고, 이를 별로 좋아하지도 않지만 적지 않은 사람이 남을 지배하기를 좋아한다. '가방모찌' 한 명 꼭 데리고 다니는 사람, 후배들한테 함부로 대하는 사람, 정치권력에 관심을 두는 사람들이 주로 이런 부류에 속한다. 우리 주위에 자주 보인다.

정치적 지배는 타인의 의사를 무시함으로써 자기 의지를 일사천리로 관철할 수 있게 해 준다. 나아가 지배하면 타인을 맘껏 조롱하거나 면박 줄 수 있고, 내 앞에서 벌벌 떨게 할 수도 있다. 관계 속에서 얻는 완전한 자유, 타인을 맘껏 모욕할 수 있는 권능! 아, 얼마나 멋진 일인가?

지위는 이런 정치적 이익만 주지 않는다. 지위가 높으면 뽐내고 자랑해, 나 자신을 돋보이게 할 수 있다. 낮은 지위에 있는 사람은 주목받지 못하나, 높은 지위에 서면 작은 일도 금방 주목받는다. '살아 있네!'

무시당하지 않고 인정받으니 존재감을 얻게 되고, 경멸당하지 않고 존경받으니 살맛 난다. 뽐내면서 타인의 시기와 질투를 불러일으키고, 그를 비참함으로 몰아넣을 수도 있으니 기분 고소하다!

어디 가서 '꿔다 놓은 보릿자루' 취급당하고, 발에 차이다 와 보라. 비참할 것이다. 하지만 지위가 높으면 헛소리를 해도 박수받고, 화장실 가서도 인사받는다. 지위는 이처럼 인간의 인정 욕구와 과시 욕구를 충족시켜 준다.

지위는 또 사회적 이익은 물론 경제적 이익도 안겨준다. 신고전학파 경제학의 영향을 받아 많은 사람이 직장인의 경제적 보수가 노력, 능력, 나아가 사회적으로 필요한 직종의 순위에 따라 결정된다고 믿는다. 하지만 그건 착각이다. 경제적 보수를 결정하는 핵심 요인은 지위다! 지위가 높으니까 보수가 많다.

삼성의 이재용이 평사원으로 낮은 지위에 있으면 바리바리 기며, 죽으라고 일해도 그는 기껏해야 연봉 6~7,000만 원에 만족해야 했을 것이다. 회장님, 사장님, 총장님의 월급은 자기가 정한다. 그래도 아무도 찍소리 못한다. 지위가 높으면 이처럼 경제적 가치를 합법적으로(!) 갈취할 수 있다. 1% 부자들이야 별 관심이 없는 항목이겠지만, 없는 사람들에겐 정말 중요한 프리미엄이다.

높은 지위가 주는 프리미엄, 곧 '손 안 대고 코 풀며 얻을 수 있는' 쾌감과 물질의 규모는 이처럼 크다. 일단 그 지위에 오르기만 하면, 타인에 대해 완전한 자유를 얻고, 타인을 맘껏 비참하게 만들 수 있다. 나아가 못 가진 자들은 추가 이윤을 덤으로 얻을 수 있다. 그러니 지위를 향한 경쟁은 격렬해질 수밖에 없다.

예로부터 매관매직이 성행하고, 양반직이 거래되며, 지금까지 합법의 탈을 쓴 '음서제도'가 존속하는 이유는 지위가 제공하는 이 다양한 프리미엄 때문이다. 프리미엄은 아주 달콤하고 아름답다. 향기롭고 달콤하면 사람들이 몰려든다. 배타적 사용이 필요한데, 그게 쉽지 않다. 한데 한 사람이 막으면 효과가 없지만, 여럿이 힘을 합치면 타인의 접근을 막아낼 수 있다. 프리미엄을 지키기 위해 '집단'이 형성된다. 군

벌, 재벌, 그리고 학벌!

오늘날 대한민국 사회에서 온 국민이 거국적으로 학벌에 목매는 이유는 지위가 가져다주는 엄청난 프리미엄 때문이다. 학벌은 지위를 주고, 지위는 권력, 과시, 물질을 덤으로 가져다준다. 지위는 권능을 부여한다.

대한민국에서 학벌은 출신 대학을 중심으로 형성된다. 모든 대학이 학벌의 이름을 다는 건 아니다. 내가 졸업한 지방국립대는 학벌을 형성하지 않는다. 그래서 지위의 프리미엄도 누리지 못한다. 서울대를 나와야 학벌이 형성돼, 지위의 프리미엄도 얻을 수 있다. 그들은 지위 프리미엄을 보호하려고 타인의 접근을 배제한다. 콩고물 얻어먹으려 끼어들었다간 이용만 당하고 만다. 얼씬거리지 않는 게 제일 좋은 방법이다.

학벌의 높고 낮음은 대략 수능성적으로 평가되는데, 나로선 좀 의아하긴 하지만 이화여대도 그런가 보다. 2006년 〈타짜〉라는 영화를 본 적이 있다. 도박세계의 냉혹한 현실을 리얼하고 재밌게 그려낸 영화인데, 김혜수가 던진 한마디는 잊히지 않는다. "나 이대 나온 여자야!"

사설 도박판을 단속하러 나온 형사에게 쏘아붙인 말이다. '나를 우습게 생각하지 말라'는 뜻이다. 형사도 제압할 수 있는 당찬 발언이다. 허접스러운 사기꾼이 거룩한 공권력을 앞에 두고 그런 위용을 발휘할 수 있는 저력은 어디서 나오는가? 바로 이화여대 학벌의 권능이다.

이 권능을 향한 욕망이 새로운 단계를 맞았다. 이화여대가 미래라이프대학을 설립하고 실업계 고등학교 출신의 고졸재직자 혹은 30세 이상의 무직 성인을 대상으로 4년제 대학 학위를 취득할 수 있게 한 것이다. 미래라이프대학 정원은 150여 명이다.

이대가 제공하는 학위니 오죽할까? 엄청난 수요가 발생하리란 건 대한민국 사람이라면 누구나 100% 확신할 수 있다. 학위와 함께 학벌을 주기 때문이다. '학벌에 주리고 목마른 자, 다 이대로 오라. 내가 너희에게 권능을 주리라!' 내가 재직하고 있는 대학이 이런 제도를 도입했다면 그건 '학위장사'쯤으로 욕을 먹었겠지만, 이대 프로그램은 '학벌장사'로 욕을 먹어도 틀리지 않을 것 같다.

학생들의 속내는 어떨까? '아, 내가 그처럼 경멸했던 실업계 고등학교 출신 재직자, 비루한 30세 이상 무직 성인들이 이 향기롭고 달콤한 프리미엄을 향해 달려 들고 있다. 권능의 배경이 훼손되는 건 참을 수 없는 일이다. 이 비루한 자들과 정체성을 공유하면 학벌의 프리미엄

은 훼손될 게 뻔하다. 결사항전의 정신으로 막아내야 한다.'

내가 보기에 학벌장사를 하는 학교 당국이나 학벌 프리미엄을 독점하겠다는 학생들이나 손들어 줄 대상이 아니다. 그렇다고 학벌을 향해 달려들 실업계 고등학교 출신 재직자, 30세 이상 무직 성인들을 불쌍히 여길 필요도 없다. 모두 '학벌', 곧 손 안 대고 코 풀며 역겨운 쾌감과 불의한 물질을 장사하고, 독점하거나 탐하고 있기 때문이다.

이런 역겨운 싸움은 학생들 요구로 일단 종결됐다. 그러나 학생들 요구란 무엇이던가? 학위장사 하지 말라고 주장하지만 실은 학벌 프리미엄을 줄 수 없다는 것 아닌가.

물론 나는 학교 당국의 학위장사와 비민주적 의사결정과정에 문제를 제기하는 학생들의 순수한 의지를 깎아내릴 의도는 없다. 민주주의에 대한 그런 학생의 열망을 오히려 높게 평가한다. 하지만 그런 학생은 소수일 뿐이라고 생각한다. 대다수는 훼손될 지위 프리미엄을 두려워해 투쟁에 나섰을 것이다. 누구도 부인하지 않는 이명박의 불통과 박근혜의 독단적 국정운영에 철저히 침묵하던 대다수 이대생이 학교 당국의 '비민주적' 태도에 대대적으로 항거한다는 것은 이해하기 어렵기 때문이다. 나아가, 이대 동문과 학부모의 '반독재' 투쟁은 더더욱 그렇다.

나는 이런 해결책을 제시하고 싶다. 21세기는 평생학습시대다. 그리고 늦게라도 학문을 연구하고자 하는 사람들에게 배움의 기회는 항상 열려 있어야 한다. 그게 평생교육원이든 정규과정이든 상관없다. 이 때문에 이대 당국이 실업계 고등학교 출신 재직자와 30세 이상 무직 성인들에게 학위를 주고자 하는 정책에 반대하지 않는다. 그런 점에서 나는 이대학생들과 동문의 행동방식과 주장에 찬성하지 않는다.

하지만 이대가 개설한 미디어 콘텐츠 기획·제작과정과 건강·영양·패션을 다루는 웰니스산업 전공을 개설해, 이 분야의 현장에서 실무를 경험한 재직자들에게 학위를 준다는 생각에는 반대한다. 전공과정과 교육과정이 잘못됐다는 것이다.

이런 전공은 굳이 4년제 대학에서 가르쳐야 할 내용이 아니다. 나아가 그 분야의 현장실무자에게 필요한 것은 이대가 초빙한 실무전문가의 가르침이 아니다. 사회와 소통하고, 사회와 인간을 체계적으로 해석해 종합적으로 의사결정을 내릴 수 있게 하는 기초인문학, 현장의 실무경험을 체계적으로 해석해 새로운 지적 발전을 이루어낼 수 있는 자연과학적 지식과 공학적 원리, 곧 4년제 대학이 기필코 가르쳐야 할 내용이 배움의 토대가 되어야 한다.

우리 학교는 이런 인력을 교육한 경험이 있다. 예컨대, 작년에 우리 과에 K라는 학생이 입학했다. 공기업에 다니는 실업계 출신 학생이다. 격일제로 근무하며 학교에 다니니, 겨우 출석 미달을 면할 정도다.

그래도 공부는 열심히 한다. 기능사 자격증은 물론 기술자 자격증을 합해 무려 십수 개를 딴 유능한 친구다. 하지만 실무능력을 제외하곤 독서능력, 체계적 사고방식, 시민적 소통방식, 종합적 의사결정능력, 그리고 인문 사회적 기초상식이 현저히 결여되어 있다. 실력은 좋은데 인간적으로 매력이 없다. 나이 들어 제대로 된 리더십을 발휘할 수 있을지 의심스럽다.

결코 나쁜 친구는 아니며 훌륭한 자질의 청년이지만 소통방식은 영 어색하다. 인문학적 기초, 사회과학적 해석방법, 대학의 이론 교육이 정말 필요한 것을 절감했다. 이 학생은 이 교육을 정말 긍정적으로 받아들인다. 근무 때문에 결석이 잦은 것을 무척 미안해하면서 말이다. 나는 우리 학교가 이 훌륭한 학생에게 평생교육의 기회를 줘 학위를 얻게 한 것을 정말 잘한 일이라고 생각한다. 불우한 환경 때문에 대학을 가지 못한 친구라 더욱 애착이 간다.

이대가 학구열을 갖춘 학생들에게 전문대의 전공과 교육방식이 아니라 이렇게 교육해 학위를 부여하면, 내 학생처럼 학위와 학벌보다 진정한 학문을 구하는 학생이 입학할 것이다. 이대는 이 훌륭한 시민들에게 교육의 기회를 제공할 필요가 있다. 이들은 대부분 불우한 환경 때문에 대학을 가지 못한 사람들이다. 그런데도 이대 학우들과 동문이 이 학생들의 입학을 반대한다면 나는 거기에 찬성할 수 없다. 그들은 지위의 향기롭고 달콤한 프리미엄을 독점하고자 하며, 학벌의 권능으로 공적 권위마저 조롱하는 천박한 '이대 나온 여자'에 지나지 않기 때문이다.

35장

바보야, 문제는 경제가 아니라 정치요 사회야!

: 김영란법과 깨어있는 시민

경제학자인데도 자주 '경제주의'를 비판하며, '호모에코노미쿠스' 곧 인간을 경제적 존재라고 하는 경제학의 가정을 표적 삼아 연일 공격하는 나를 보고 많은 사람이 의아해할 것이다. 일반인 집단은 이렇게 질문을 던질 것이다. "먹고사는 것이 가장 중요한 인간에게 경제야말로 가장 우선성priority이 주어지며, 그 때문에 인간이 그렇게 행동하는 것이 가장 자연스럽지 않은가 말이다. 인간이 별건가. 등 따습고 배부르면 최고고, 그게 마련되어야 딴생각도 할 수 있지. '바보야, 문제는 경제야!'라는 말이 괜한 소리가 아님은 누구보다도 잘 알 텐데!"

이 글을 읽는 경제학 비전공자들 분께서도 내심 이런 불만을 품고 계심을 모르지 않는다. 그런 분 중 어떤 이는 이렇게도 생각할 수 있겠다. '이 양반 경제학 교수라고 허풍 떨지만, 사실은 경제학 잘 모르고, 수학도 잘못하니 요런 식으로 빠져 자신의 지적 빈약함을 슬며시 은폐하고 있을 것이다. 교수 말이라고 하니 그래도 모르는 척하고 들어나 보자.'

이 글을 경제학 비전공자들만 읽지는 않을 것이다. 대학에서 경제학을 제대로 배운 사람은 물론 경제학 석사, 박사, 나아가 운 좋아 학교에 자리를 얻어 경제학을 계속 연구해 온 교수들도 있으리라. 강호의 고수들이겠다. 이분들에겐 '경제주의'와 '경제적 존재'에 대한 나의 비판이 아예 황당하게 들릴 것이다.

"아니, 경제학이면 경제적 요인을 '독립변수'로 선정하는 것이 당연하고, 인간의 경제적 모습에 초점을 맞추는 게 분석의 편의를 위해서뿐 아니라, 경제학 모형을 간결한 방식으로 구축하기 위해 바람직하지 않은가. 그거 경제학의 자명한 전제며, 학문의 ABC 아닌가. 이 양반 별걸 가지고 시비 거네. 당신 지금 하는 것 경제학 맞아? 그리고 사실 경제만 해결되면 모든 문제가 저절로 해결되는 건 맞잖아." 주류경제학자인 신고전학파 경제학자들의 생각이 바로 이거다.

물론 마르크스 경제학자라고 해서 나를 비판하는 지점이 크게 다르지 않다. 언젠가 어느 단체에 강연 갔을 때, 마르크스를 철저하게 공부한 경제학자 한 분이 그렇게 의문을 제기했었다. "한 교수님, 지금 강연하신 내용이 경제학 맞습니까? 제겐 아무래도 사회학처럼 들리는데요."

나의 방법론에 이의를 제기하면서, 일반인 비전공자와 경제학 전공자들이 갖는 공통적 생각은 이렇게 요약된다. '인간에게 먹고사는 일이 가장 중요하니, 인간은 경제적 존재(호모에코노미쿠스)란 게 맞다. 경제 문제가 해결되면 경제 외적인 문제, 곧 비경제적인 문제들은 저절로 해결된다. 아 참, 사회, 정치, 문화 중요하다. 하지만 그것들은 경제와 관계없다. 그러니 경제에 집중하자! 이런 생각을 한 교수가 신고전학파 경제학과 마르크스경제학으로 부른다고 하니, 이 두 경제학파를 믿고 따르자. 신고전학파 경제학, 마르크스경제학 만세다!'

그럼 나도 내 생각을 써 보자. 먹고사는 일, 그것 정말 중요하다. 그걸 부정하지 않는다. 하지만, 먹고사는 일을 혼자서 해낼 순 없다. 내가 농사도 짓고, 고기도 잡고, 옷도 짜고, 집도 짓고, 애도 낳아 기를 수는 없다. 혼자 북 치고 장구 치면 2, 3년 버틸지 모르나, 결국 지쳐 죽고 만다. 경제생활도 '함께해야' 한다. 동물도 그러한데, 생물학적으로 가장 취약한 호모사피엔스는 오죽할까! 서로 돕지 않으면 인간은 먹고살 수 없다. 인간은 사회적 관계 안에서 경제생활을 영위하는 '사회적 존재'라는 말이다.

사회적 존재는 서로 돕기만 할까? 그렇지 않다. 희한한 사람들과 함께 살고 있으니, 어떤 이들은 경쟁하고 지배하면서 남을 괴롭힌다. 그리곤 남의 재산을 약탈한다.

사회적 존재이기 때문에 일어나는 일이 또 있다. 서로 짜고 약한 자를 왕따로 만든다. 그리고 나서 좋은 걸 자기들끼리 독차지한다. 이른바 내가 신안군 여교사 강간 사건의 앞글에서 다룬 '나쁜' 사회적 자본이 그것이다. 이처럼 사회적 요인이 경제적 결과를 낳는 경우는 많다.

경제사회학자인 칼 폴라니Karl Polanyi는 이런 현실을 다음과 같이 정식화했다. "인간은 사회 없이 존재할 수 없다. 인간의 경제생활은 사회체제 안에서 이루어진다. 따라서 경제와 사회가 서로 독립적으로 존재하지 않고, 서로 강력한 영향을 미친다. 그 속에서 전체집합인 사회 안에 경제가 부분집합으로 포함된다. 인류의 모든 역사단계에서 사회적 뒷받침 없이 경제는 영위될 수 없었다." 대가족이라는 사회적 관계망과 부모에 대한 자식의 부양 의무관계 없이 봉건시대의 장원경제는 작동될 수 없었다. 인과관계로 설명하면, 사회가 원인cause이고 경제는 결과effect다.

저명한 진화적 제도경제학자인 제프리 호지슨Geoffrey Hodgson은 더 흥미로운 주장을 내놓는다. 먼저, 경제와 사회가 포함되는 방식이 폴라니와 다르다. 폴라니와 반대로 호지슨에게는 경제가 사회를 포함한다. 그림으로 상상해 보면, 경제라는 큰 원 안에 사회라는 작은 원이 들어있다. 반대로 폴라니의 그림에서는 사회가 더 큰 원이고, 경제는 그 안에 들어있는 작은 원이다. 이런 포함관계의 차이는 폴라니가 근본적으로 '(경제)사회학자'이고 호지슨이 '(제도)경제학자'이기 때문이다.

이런 차이에도 공통점이 존재한다. 신고전학파 경제학이 가정하는 것처럼 호지슨에게도 경제와 사회는 서로 독립적으로 존재하지 않는다. 폴라니가 제안한 바처럼 그것들은 서로 강력하게 연결돼 있다.

폴라니와 같이 호지슨에게는 어떤 경우에도 경제와 사회는 무관하지 않다. 나아가 사회는 경제를 강력히 결정한다. 어떻게 결정하는가?

경제 측면에서 볼 때 사회는 분명히 '불순물'이다. 그런데 이 불순물 없이 경제는 '제대로(!)' 작동할 수 없다. 오히려 경제라는 큰 원 안에 사회라는 작은 불순물이 포함되어 있으므로, 이 불순물 '덕분에' 경제는 원활하게 작동된다는 것이다. 호지슨에게 사회는 약간 부정적이다. 폴라니가 사회를 긍정적으로 본 것과 다르다.

폴라니와 호지슨이 경제와 사회의 포함관계, 사회적인 것에 대한 평가를 서로 다르게 했지만, 둘은 중요한 면에서 공통점을 보인다. 사회와 경제의 인과관계가 그것이다. 둘은 사회가 경제를 결정한다고 본다. 곧, 경제가 사회를 결정하지 않는다. 그러니 경제적 요인에만 집중하는 사람은 강호의 고수는커녕 진정한 경제학자도 아니다. 진정한 경제학자는 경제를 사회로부터 혹은 적어도 사회와 연관성 안에서 이해하는 사람이다.

사회적 관계와 사회적 요인을 고려하지 않고 경제를 제대로 이해할 수 없다. 사회적 연관성 안에서 비로소 경제는 올바르게 이해된다. 폴라니와 호지슨(그는 베블런의 강력한 추종자다)의 이런 생각에 따라 경제를 분석하는 경제학자들을 '제도경제학자'라고 부른다.

다시 호지슨으로 넘어가자. 그의 생각은 '불순성의 원칙principle of impurity'이라고 불린다. 왜 그런가? 경제는 사회는 물론 정치, 문화 등 순수하지 못한 것들 없이 작동될 수 없기 때문이다. 예컨대, 자본주의

시장은 자동으로 등장하지 않았다. 농민을 강제로 내쫓던 영국의 인클로저 운동enclosure movement과 한국의 박정희 시대에 횡행한 노동탄압을 통해 확인되듯이 자본주의 시장은 정치적 폭력으로 확립됐다. 지금도 국가의 법적 장치와 공권력 없이 자본주의는 지탱되지 못한다.

주류경제학자들이 그토록 소리 높여 갈구하듯이 시장을 정치적 제도로부터 '완전히' 자유롭게 만들어 보라. 완전한 규제 완화는 자본주의 시장경제의 붕괴를 초래하고 말 것이다. 제 죽을 줄 모르고 저리 소리 높이니 정말 철없는 자들이다.

불순한 사회적 관계도 마찬가지다. 2015년 10대 그룹이 주총에서 선임하는 사외이사 119명 가운데 47명(39.5%)이 장·차관, 판검사, 국세청, 공정위 등 권력기관 출신이다. 직업별로는 장·차관 등 정부 고위직이 18명으로 가장 많았고, 법조계(12명), 공정위(8명), 국세청(7명), 금감원(2명)이 뒤를 이었다.

이들이 그냥 존재하는 보편적이고 순수한 인간일까? 아니다. 그들은 정책결정자로서 '과거 역사'를 지닌 특수한 존재다. 과거는 대부분 현재로 연결된다. 그들은 정책을 실제로 결정하는 '현직'과 끈끈한 유대관계를 맺는다. 그들의 이 강력한 '사회적 자본'이 기업, 나아가 국가의 경제적 결과에 영향을 미치리라는 점은 불을 보듯 뻔하다.

자본주의 시장은 '주류경제학의 공정성'에도 부합하지 않는다. 이 때문에 대기업과 중소기업 사이의 하도급 관계를 감시할 목적으로 '공정거래위원회'라는 국가기관이 존재한다. 얼마나 불공정하면 이런 '경제검찰'이 존재하겠는가? 그런데 이들의 퇴직 후가 흥미롭다. 지난 2012~2016년 공정위 출신 4급 이상 퇴직자 20명 가운데 13명(65%)은 대기업에 재취업했다.

이들 퇴직자가 취업한 곳은 KT, 롯데제과, SK하이닉스, 하이트진로, 삼성카드, 기아자동차, 현대건설, GS리테일 등 국내 굴지의 대기업 집단이다. 또한, 김앤장 법률사무소, 법무법인 태평양, 법무법인 바른, 법무법인 광장 등 대형 로펌에도 4명이, 회계법인(안진회계법인)과 언론사(파이낸셜뉴스)에도 각각 1명이 재취업했다.

이들이 현직 공정위에 영향을 끼칠 강력한 사회적 자본은 중소기업에 대한 불공정거래를 판정할 때, 결정적인 영향을 미칠 것이다. 자본주의 경제는 그 자체로 절대 공정할 수 없다. 불공정하며, 그 불공정 때문에 자본주의는 굴러간다!

그걸로 끝이면 다행이다. 신고전학파 경제학자들의 눈에는 재벌과 재벌이 서로 경쟁하는 관계로 보이겠지만, 실은 서로 강력한 협력관계를 형성한다. 무엇으로 협력하는가? 혼인관계를 통해서다. 참여사회연구소의 〈30대 재벌 혼맥도〉에 따르면 삼성, LG, 롯데는 자식들의 혼인을 통해 사돈 관계로 강력히 맺어져 있다. 놀라지 마시라. '문화적' 매체인 조선일보와 중앙일보의 자식들도 이 경제적 집단인 재벌과 자식을 서로 주고받고 있다.

폴라니식으로 말하면, 대한민국의 자본주의 경제는 실로 정치적 관계는 물론 '사회적 관계 안'에서 작동한다. 호지슨식으로 해석하면 어떨까? 자본주의 경제는 정치적, 사회적 관계라는 '불순한 요인' 덕분에 '제대로(!)' 작동할 수 있다. '순수한 자본주의'는 원래 불순하며, 부도덕하다!

우여곡절 끝에 〈김영란법(부정청탁 및 금품 등 수수의 금지에 관한 법률)〉이 합헌결정을 받아 2016년 9월 28일부터 시행됐다. 공직자는 직무와 상관없이 100만 원 이상의 금품을 받으면 형사 처벌을 받게 된다. 3만 원 넘는 음식 대접, 5만 원 이상 선물, 10만 원 이상 경조사도 처벌받는다. 공직자의 강연비도 최고 50만 원을 넘길 수 없다. 이 책을 끝까지 읽어 온 독자들은 내가 이 법을 반대할 사람이 아니라는 건 금방 알 것이다. 실제로 나는 이 법이 강화되기를 바란다.

하지만 이 법은 주로 금품수수와 같은 '경제적' 행위에만 주목하고 있을 뿐이다. 나 같은 잔챙이들이야 10만 원이 아쉬우니, 주는 대로 챙길 수 있다. 이 때문에 김영란법이 잔챙이들에 주는 타격은 클 것이다. 아, 경제는 중요하구나! 꽃 장사, 한우·갈비 장사, 굴비 장사 등 중소상인들도 나 같은 심정일 게다.

그런데 상위 1% 엘리트, 곧 자본주의 경제의 진정한 수호자들에겐 이 법이 대수롭지 않다. 그들이 이 경제를 이끄는 원동력은 돈으로 환산되는 '경제적' 뇌물이 아니다. 내다 버려도 좋을 정도로 곳간에 돈이 쌓여 있는데, 굳이 돈이 더 필요할까? 그들에게 돈은 어차피 휴지와 같다. 흔해 빠진 돈을 주고받으며 거래하지 않는다. 그들은 '정치적 지위'와 '사회적 관계'를 수단으로 삼아 자신들의 목적을 달성한다. 자본주의 경제는 정치적, 사회적 요인과 같은 불순한 것들 덕분에 잘 작동된다. 바보야, 문제는 경제가 아니라 정치요 사회야!

김영란법이 이 불순한 것들을 잡아내지 못해 아쉽다. 물증주의에 따르는 법의 한계다. 돈으로 표현되지 않는 비경제적인 불순물들을 고발하는 것은 깨어있는 시민들이 감당해야 할 몫이다. 내가 왜 이처럼 항상 깨어있어야 하는지, 참으로 피곤하다. 경제주의와 호모에코노미쿠스의 가정을 극복하기 위해 제도경제학 함께 공부합시다!

36장

인플레이션과 실업이 물에 빠지면 무엇부터 구해야 하나

: 덜 나쁜 것에 한 표를

경제학자지만 나는 한국경제신문, 매일경제신문 등으로 대표되는 경제신문을 읽지 않는다. 왜 그런가? 온통 주식, 채권, 펀드, 부동산, 수출, 수입, 기업매출, 이자 등 나와 무관한 기사로 도배되어 있기 때문이다. 엄밀한 의미에서 그건 경제가 아니다. 그건 시장이며 도박이다! 이런 걸 경제라고 착각하며, 자신이 경제를 많이 알고 있다고 자부하는 사람들을 보면 서글프다.

경제는 인간 삶의 질을 높이는 데 필요한 유·무형의 재화를 생산, 분배, 소비하는 활동과 그것을 관리하는 행위다. 주식, 펀드, 부동산투기, 이자는 인간의 삶의 질을 향상시키는 활동이 아니다. 그것은 경제활동이라기보다 투기활동이다!

물론 '시장' 경제이기 때문에 이들 존재를 외면할 수 없다. 하지만 시장경제에서도 이런 것들보다 더 중요한 시장적 항목들은 많다. 생산과 소비만큼 분배라는 경제활동이 중요한 건 두말할 필요도 없다.

더욱이 금수저 물고 나온 부자가 아니라면 중산층, 저소득층에게 일자리만큼 중요한 것은 없다. 물가는 부자든 가난한 사람이든 모든 사람에게 관심사다. 보통 전자를 고용employment, 후자를 인플레이션inflation이라고 부른다. 그리고 고용의 반대말은 실업unemployment이니 인플레이션과 실업은 중산층, 서민, 나아가 노동자의 최대관심사다.

경제신문은 분배, 노동, 실업, 인플레이션 등 진정한 '경제적' 주제를 더 많이 담아야 하지만 오히려 도박과 관련한 반경제적 내용을 더 많이 다루니 내가 경제신문을 안 읽는 것이다.

투기보다 진정한 의미의 경제가 중요하며, 그중에서도 내 삶과 가장 가까운 인플레이션과 실업이 그만큼 중요하다. 그런데도 많은 독자가 '나는 경제 잘 몰라, 그런 데 별 관심 없어'라며 시큰둥하게 반응할 것이다. 과연 여기에 관심을 끊고 살아도 괜찮을까? 물가가 오르면 같은 월급으로 이전보다 더 적게 살 수밖에 없고, 직장 잃으면 굶어 죽는다. 인플레이션과 실업은 외면해도 되는 가벼운 잡담거리가 아니라 직시함으로써 해결책을 찾아야 할 숙제다.

인플레이션을 좀 더 구체적으로 알아보자. 작년에 100만 원 월급으로 한 대에 100만 원짜리 TV 1대를 살 수 있었다. 하지만 TV 가격이 200만 원으로 뛰면, 똑같은 월급으로 1/2대, 곧 반 대밖에 못 산다.

명목임금nominal wage은 같은데, 실질임금real wage이 감소한 결과, 살 수 있는 능력, 곧 구매력이 감소했기 때문이다. 그래도 상관없는가? 허탈한 기분이며 열불이 난다. 같은 월급으로 장바구니를 반밖에 못 채웠는데도, 열불이 안 나면 무책임한 가장이다.

일자리를 잃으면 어떨까? 말할 필요도 없이 끔찍하다. 들어오는 돈이 없으니, 아무것도 살 수 없다. 소득이 없으니 소비할 수 없는 것이다. 굶거나 초라한 행색이 된다. 자신감을 잃어 사람들 앞에 나설 수가 없다. '방콕족'으로 진화한다. 처음엔 친구들이 위로 술을 사주던데, 이젠 전화도 안 받는다. 사회적 존재인 인간이 사회적으로 고립된다. 우울증, 알코올중독, 그리고 극단적 선택! 실업은 가장 무서운 질병이다.

인플레이션도 실업도 모두 피하고 싶은 '나쁜 것bad'들이다. 어쩌면 둘 다 최악the worst일지도 모른다. 그런데 경제학의 실증연구결과에 따르면, 한꺼번에 둘 다 피할 방법은 없다. 이건 영국의 경제학자 필립스William Phillips가 1861~1957년간 영국의 물가상승률(임금변화율)과 실업률에 관한 연구를 통해 밝혀진 사실이다.

'열불 나는' 물가상승과 '죽음으로 이끄는' 실업, 이 못된 것들을 동시에 피할 수는 없다는 게 일반적으로 인정되는 사실이다. 그러니 둘 중 하나는 반드시 선택하지 않으면 안 된다. 그렇다면, 둘 중 어떤 것을 선택해야 하나?

실질소득을 유지하기 위해 인플레이션을 억제하는 전략을 선택하면, 일자리를 잃게 된다. 제품가격이 하락하면 이윤이 감소하므로 기업이 생산규모를 줄이게 되고, 그 결과 실업자가 늘기 때문이다. 반대로, 일자리를 유지하기 위해 고용확대전략을 선택하면, 물가가 상승해 실질소득이 감소한다.

이런 서로 배반적인 상황에 직면할 때, 사람들은 골치가 아파 손을 놓아 버린다. 답이 없기 때문이다. 실제로 정책을 연구하는 경제정책 교과서는 이런 관계를 '마의 삼각관계(성장, 안정, 국제수지)'로 부르기도 한다. 고용을 확대하는 성장, 물가 안정, 국제수지의 균형을 동시에 달성할 수 없다는 말이다.

하지만 실제 현실은 교과서가 가르치듯이 그렇지 않다. 먼저, 다음과 같은 사실이 중요하다. 인플레이션은 모든 이에게 불리하다. 봉급생활자에게는 말할 것도 없지만, 부자들에게도 그렇다. 그런데 그 효과가 계급에 따라 다르다.

은행에 엄청난 돈을 저축해 두었는데, 물가가 상승하면 돈의 가치가 결딴난다. 100억의 명목예금이 50억의 실질가치로 하락하면, 청천벽력이 된다. 반면 예금과 현금이 비교적 적은 서민층에게는 그런 효과가 크지 않다. 노동자와 서민들에게 인플레이션은 부자들만큼 중요하지 않다.

그러나 실업은 다르다. 부자들에게 실업은 없다! 스스로 일자리를 만들기 때문이다. 반면, 노동자와 서민에게 실업은 곧바로 죽음이다! 은행에 돈이 좀 있는 중산층도 예외가 아니다. 코딱지만 한 예금의 실질가치가 하락하는 것보다 실업상태로 수년간 아무것도 못 버는 상황이 더 위험하다. 또, 일터에 못 나가면 고립되어 폐인으로 전락한다.

자, 중산층, 서민, 노동자들이여! 무얼 선택할 것인가? 모두 똑같이 나쁜가? 그렇지 않다. 둘 다 나쁘지만 '가장 나쁜 게' 있고, '덜 나쁜 게' 있다. 나쁜 것 중에서 최악the worst과 차악the second worst이 구별된다는 것이다.

중산층, 노동자, 서민이라면 둘 다 나쁘다고 선택을 포기하거나, 골치 아프다고 남에게 미룰 것이 아니라, 스스로 선택하며, 선택할 기준도 존재한다. 물가가 올라 똥 씹은 느낌이 들겠지만 굶어 죽거나 폐인이 되는 것보다는 낫다!

중산층, 서민, 노동자에게 인플레이션과 실업은 모두 나쁘다. 하지만 그중에서도 실업이 더 나쁘다. 이들에게 인플레이션은 차악이지만 실업은 최악이다. 그놈이 그놈 아니다. '좀 덜' 나쁜 놈이 분명히 있다. 외면하는 것보다 직시함으로써 그것이라도 선택하는 게 낫다.

총선이 치러졌다. 많은 사람이 자조한다. 정치판을 보니 그놈이 그놈이라고! 그럴 수 있다. 하지만 분명히 그중에도 최악이 있고, 그와 구별되는 차악도 있다. 최악이 미워 차악마저 포기하면 이 세상은 최악이 창궐할 것이다. 허탈한 기분이 들겠지만 굶어 죽거나 폐인 되는 것보다는 낫지 않은가?

분열된 야권 때문에 패배주의에 젖어 투표를 포기하려고 생각했었다. 하지만 그러면 안 되겠다고 생각해 먼저 투표했다. 이 글을 쓰기 위해서다. 사전 투표해 투표를 촉구하는 게 진정한 실천이라고 생각했기 때문이다.

최선의 후보는 투표지에서 물론 발견되지 않았다. 오히려 최악의 정당 후보자들이 눈에 먼저 들어왔다. 다행스럽게도 모두가 그 후보자와 같지 않았다. 차악도 발견됐다. 그 후보자라도 선택할까 도장을 들었다. 하지만 적극적 태도로 임해보니 차선의 후보자들로 없지 않았다. 처음엔 차악이라도 선택할 요량으로 투표장에 마지못해 나갔지만 차선 중 하나를 고를 수 있어 기분이 썩 나쁘지 않았다. 그놈이 그놈 아니다. 모두 투표하자.

37장

풍요로운 엘리트와 빈곤한 대다수는 법칙인가

: 알파고의 예견된 미래

인간의 좋은 삶에 필요한 유·무형의 재화를 생산, 분배, 소비하며 관리하는 활동을 경제라고 한다. 단순한 언명 같지만, 여기에는 중대한 의미들이 숨겨져 있다. 그중 무엇보다 중요한 것은 경제활동이 인간에게 고유한 활동이라는 점이다. 곧, 경제는 인간의, 인간에 의한, 인간을 위한 활동이다.

인간적임이 가장 분명하게 드러나는 활동은 생산 활동이다. 생산은 자연의 산물을 그대로 거두는 수렵과 채취활동과 다르다. 그런 활동은 동물도 한다. 생산은 자연의 산물에 인간적 요소를 가해 새로운 것을 창조하는 활동이다. 거기에는 인간의 경험과 통찰력이 집약된 도구instrument가 사용된다. 그러나 원시시대의 석기와 같은 도구는 자연을 변형시키거나 가공할 뿐이다. 이런 도구는 인간에게 지극히 작은 의미만 전달할 뿐이었다.

변형과 가공을 넘어 새로운 것을 창조하기 위해, 곧 생산하기 위해서는 좀 더 높은 수준의 도구, 숙련, 기법technique이 필요하다. 중세에는 농기구, 물레방아 등 단순한 도구를 넘어 더 복잡한 도구로 생산이 이뤄졌다. 이런 도구는 당시 인간의 기법과 숙련을 보조해 주는 역할을 했다. 그것은 동반자로서 인간에게 의미 있는 존재였다. 인간과 도구는 공존했다. 그 속에서 인간은 도구를 지배했다.

18세기 들어 산업혁명이 일어났다. 인간에게 체화됐던 숙련과 기법은 도구로 이전됐다. 인간의 주체적 역량이 객체로 대상화하기 시작한 것이다. 인간 능력의 객관화현상은 여기서 멈추지 않았다. 물리학, 화학, 전기 등 자연과학의 시대가 열리자 이런 지식-ology은 종래의 기법, 기능techne과 결합하게 됐다. 기능과 지식의 변증법적 종합techne+ology으로 기술technology이 탄생한 것이다.

기술은 기계화된 생산도구와 체계화된 생산지식의 앙상블이다. 기술이라는 용어는 생산기법이 복합적으로 되는 산업혁명 단계에 비로소 사용됐다. 1861년 MITMassachusetts Institute of Technology의 설립 뒤 이 용어가 본격적으로 사용됐다. 산업혁명은 기술혁명이다.

기계화된 생산도구를 통해 기술은 인간에게서 어느 정도 자립성을 얻게 됐다. 하지만 기계로서의 기술은 이제 생산 현장에서 인간을 축출하기 시작했다. 인간의 육체적 역량을 보조하던 도구가 도리어 인간을 쫓아낸다! 종이 주인을 몰아내기 시작한 것이다.

쓸모없게 된 인간들은 기계와 싸웠다. 1811~1817년 사이 영국 북부지방에서 일어난 러다이트운동Luddite movement, 곧 숙련노동자들에 의한 기계파괴 운동이 대표적인 사례다. 파괴금지법이 시행되고 군대에 계속 탄압받자 러다이트운동은 좌절됐다.

기계화된 기술은 대륙 건너 신대륙에서 새로운 모습으로 진화했다. 내수시장은 거대했고, 산업의 역사가 없는 신생국이라 숙련노동자는 크게 부족했다. 이 때문에 미국의 기업가들은 노동을 기계로 대체하는 동시에 숙련노동자보다 불숙련 노동자를 더 많이 쓰게 하는 기술을 발전시켰다. 이에 부응하는 기술이 바로 대량생산체제mass production system인데, 대량생산기술은 본래 미국에 고유한 '지역기술'이었다.

자동차왕 헨리 포드는 디트로이트에 있는 하일랜드 파크 공장High Land Park Plant에 처음으로 이 대량생산기술을 도입했다. 공장은 새로운

전문 산업 기술자와 일단의 십장(작업반장)들에 의해 통제되고 조정됐다.

규율은 엄격했다. 현장의 생산노동자는 가장 낮은 수준의 인지능력만으로 생산 활동을 진행할 수 있었다. 이 불숙련 노동자들은 단순 반복 업무를 지루하게 수행하는 부속물이자 종으로 전락했다. 포드는 "실수할 수 없는 인간기계를 만드는" 도자기왕 조시아 웨지우드의 원칙을 실행코자 열심히 노력했다.

대량생산기술체제 아래 불숙련 노동자들의 초라한 모습을 제임스 워맥James Womack과 그의 동료들은 다음과 같이 기술했다.

> **"포드의 대량생산 라인에 서 있는 조립공은 단지 하나의 업무만을 가지고 있었다. 두 개의 너트를 두 개의 볼트에 끼우거나 한 개의 바퀴를 각각의 차에 부착하는 것이다. 그는 부품을 정리하고, 자신의 도구를 조달하거나 장비를 설치하지 않았으며 품질을 검사하거나 자신의 양쪽에 있는 동료의 작업을 이해할 필요도 없었다. 오히려 그는 머리를 처박고 다른 것을 생각했다. 그가 동료 조립공이나 십장과 같은 언어를 사용하지 않는다는 사실도 중요하지 않았다. … 조립공이 되기 위해서는 단지 몇 분의 훈련으로 충분했다."**

인간의 작업은 이제 인간의 작업능력이 아니라 '기계에 의해' 좌우됐다. 불숙련 단순노동은 기계의 부품으로 전락해 버렸다. 생산 현장에서 인간의 역동성과 창의성이 사라지고 무감각한 기계가 주인이 됐다.

노동자는 노동의 의미를 잃어버렸다. 조립 라인의 빠른 속도, 지루한 작업 성격, 그리고 기계적 작업규율과 같은 불쾌한 측면들 때문에 이직률은 매우 높았다. 1913년 노동 이직률은 거의 400%에 달했다. 대량생산기술이 빚어낸 패자들의 삶이다.

러다이트운동과 대량생산체제를 눈앞에서 본 대다수 사람은 기계와 인간의 싸움에서 인간이 패배했다고 말한다. 과연 그럴까? 나는 그렇지 않다고 생각한다. 기계를 소유하지 못한 인간은 패배했지만, 기계를 소유한 인간은 패배하지 않았다. 인간 '모두'가 패배하지 않았다. 소유자는 기술 발전 과정에서 승리한다!

기계 소유자는 그것을 통제하고 관리할 인간을 필요로 한다. 자연과학으로 무장한 전문기술자와 이를 관리할 경영자들도 패자가 아니다. 기술을 만들고, 기술을 통제하고, 기술을 조종하는 사람들은 기술 발전 과정에서 여전히 승자로 남는다. 모든 인류가 기술의 패자가 아니라 기술보다 낮은 지적능력을 갖춘 자만이 패자일 뿐이라는 말이다.

바둑에 관한 한 가장 똑똑한 인간 이세돌 9단이 인공지능 알파고에 졌다. 인간의 직관을 흉내 내는 판세, 이해 능력, 형세를 판단하는 능력 등 알파고는 인간의 뇌를 가장 가깝게 흉내 낸 인공지능Artificial Intelligence이다.

이 기술은 인간의 육체적 능력에 더는 관심을 두지 않는다. 인간 육체와의 싸움은 이미 끝났다. 그것이 도전하는 곳은 인간의 정신적 영역, 곧 '지적능력의 영역'이다. 이 인공지능은 인류 대다수에게 모자란 엄청난 지적능력을 이미 갖추고 있다.

5개월 동안 알파고는 학습을 통해 프로 9단에 맞먹는 능력을 보유해 버렸다. 그러니까 공부를 잘해도 정말 정말 잘한다는 말이다. 우리 중에 이 정도 공부 잘하는 사람은 0.1%도 안 될 정도로 지극히 소수다.

앞으로 계산능력이 향상되고, 빅데이터 산업이 발전하면 인공지능은 한층 더 빠른 속도로 발전할 것 같다. 그렇게 되면 인간 고유의 영역으로 여겨졌던 인지, 학습, 추론 등 고차원정 정보처리능력을 갖출 수 있다.

인간은 지금까지 상상한 것을 다 실현했으니, 나는 그런 시대가 오리라고 예상한다. 그러면 기계는 웬만한 창의적 작업도 할 수 있게 된다. 적어도 나보다는 나은 창의성을 시도 때도 없이 발휘할 것이다. 시도 때도 없이 발휘하는 인공지능의 창의력보다 나은 창의력을 타고난 사람은 0.01%도 안 될 것이다. 그러나 그런 사람은 존재하기 마련이다. 그들은 알파고를 만들고, 통제하며, 명령할 수 있는 사람들이다. 반면 이세돌을 포함하는 99.99%는 알파고의 종이 될 가능성이 크다. 여기에는 물론 나도 포함되어 있다.

인공지능이 인문학적 질문을 스스로 던질 정도로 '자의식'을 갖게 되는 순간 인간은 기계에 지배당할 것으로 생각할 수도 있다. 이를 두고 전문가들은 이번 대국을 보며 "지배할 것인가, 지배당할 것인가"로 보는 것보다는 공존을 생각하자고 한다. 구글 지주회사인 알파벳의 에

릭 슈미트 회장도 "이번 대국의 승자는 인류"라고 말한다.

하지만 나는 그렇게 생각하지 않는다. 둘 다 잘못된 판단이다. 인공지능시대가 도래해도 인류는 기계에 패배하지 않는다. 나아가 기술과 인간은 공존할 것이다. 하지만 공존의 방식은 사람마다 다를 것 같다. 온 인류가 승자가 아닌, 0.01%의 승자와 99.99%의 패자, 곧 차별화된 방식으로 공존하는 것이다.

산업혁명 이후 시작된 기술과 인간의 공존방식에서 크게 벗어나지 않을 것 같다. 곧, '기술을 소유하고 창조하는 승자'와 그것에 의해 '쫓기고 지배받는 패자'의 공존이다. 다른 점이 있다면, 산업혁명 이후 기술은 육체노동자만을 패자로 만들었지만, 인공지능시대의 기술은 육체노동자는 물론 대다수 정신노동자마저 패자로 만들 가능성이 커졌다는 것이다.

안전한 삶이 박탈된 비정규직이 우리 사회에 이미 지속해서 증가하고 있다. 그 속에서 상대적 빈곤의 증가는 물론 절대적 빈곤마저 줄지 않고 있다. 참고로 대한민국 경제는 세계 13위를 자랑하고 있으며, 연구개발투자와 특허활동이 가장 활발하게 일어나고 있는 지식기반형 경제다. 2013년 나는 〈기술경제패러다임변화에 따른 한국자본주의 진화〉라는 실증연구논문에서 우리나라 경제를 '반복지적 지식기반경제'로 정의한 바 있다.

최고 기술에 의해 최대의 인구가 지배당하는 경제, 그 속에서 최고 수준의 '알파고'를 소유한 극소수는 풍요와 안전을 누리면서 자유를 만끽하지만, 나머지 대다수는 빈곤과 불안에 떨며 자유를 박탈당하는 경제, 더 나아가 발전된 생산기술로 모든 인간에게 좋은 삶을 부여하지 않고, 소수 엘리트가 그것을 이용하여 사람을 쫓아내고, 대다수를 지배하는 경제가 인류에게 무슨 의미일까? 이세돌도 살 수 없는 경제라면 내 인생도 뻔하다. 빨리 태어나 죽을 것이니 다행이다.

38장

시시포스를 위한 경제학

: 양향자와 흙수저들의 눈물을 닦아줄 좋은 혁신

인간의 삶에서 변화를 일으키는 요인은 여럿이다. 첫째 요인은 자연법칙이다. 자연의 일부인 인간은 자연법칙을 완전히 벗어나 생존하기 어렵다. 둘째 요인은 사회법칙이다.

경제학만큼 사회법칙을 찾아 헤매는 학문도 드물 것이다. 마르크스경제학은 법칙을 좋아하는 대표적인 경제학파다. 역사법칙은 말할 것도 없고 가치법칙, 잉여가치법칙, 축적의 법칙, 이윤율 저하의 법칙 등 온통 법칙으로 구성되어 있다. 전형적인 물리학이다. '사회물리학 social physics'이라는 평가가 근거 없이 나오지 않았다.

법칙에 대한 신고전학파 경제학의 애착도 마르크스경제학에 못지 않다. 우리가 잘 알고 있는 수요·공급법칙이 대표적이다. 후속 이론과 각론들은 모두 이 두 가지 법칙으로 환원된다. 두 경제학파의 세계관은 18세기 중반부터 19세기 중반까지 유행하던 고전물리학의 자연법칙 위에 서 있다. 신고전학파의 일반균형이론이 아이작 뉴턴의 우주론과 그것을 뒷받침하는 만유인력법칙에서 상상한 것이라는 점은 자주 지적됐다.

이 경제학파들의 실천전략은 다음과 같이 요약된다. '자연법칙에 맞게 계급투쟁하고 물리 법칙에 따라 경제정책을 수립하라. 그렇게 하면, 인류는 공산주의 사회로 이행하고, 시장은 파레토최적 상태인 일반균형으로 수렴한다. 거기서 인류는 지복을 누린다.' 역사는 이처럼 법칙에 따라 진보한다. 그리고 그러한 진보적 미래는 필연적이며 확실하다.

고전물리학 덕분에 18세기 경제학자들은 세상을 낙관적으로 전망할 수 있게 됐다. 내가 평소 경제학이 인문학적 기반을 갖는다고 강조하지만, 새롭게 강조하고 싶은 것은 경제학이 자연과학 위에도 서 있다는 사실이다. 경제학은 인문학은 물론 자연과학의 산물이기도 하다.

그런데 자연은 물질로만 구성되어 있지 않고 생물을 품고 있다. 1859년 찰스 다윈의 『종의 기원』은 자연이 품은 생물에 관한 연구를 촉발해, 급기야 '생물학'을 자연과학의 목록에 새롭게 추가했다.

일단의 경제학자들이 자연과학의 새로운 변화를 놓칠 리 없다. 혁신적 자연과학인 생물학은 경제학자들에게 경제현상을 죽은 물질들의 함수관계가 아닌, '살아 있는 생물들의 사회관계'로 이해하는 길을 터주었다. 나아가 다윈의 진화론은 우연적이며 불확실한 인간사회의 현실을 똑바로 보게 해주었다. 진화적 세계의 미래는 맹목적blind일 뿐이며, '진보'를 약속해주지 않기 때문이다.

생명 세계의 미래는 법칙으로 결정되어 있지 않고 실로 개방되어 있다. 19세기가 저무는 즈음 베블런은 경제학을 이런 '진화적' 관점에서 바라볼 것을 제안했다. '경제학은 왜 진화적 과학이 아닌가?' 1898년 그가 「경제학 계간지」에 기고한 논문 제목이다.

경제생활이 생명체들의 관계이므로 생물학의 힘을 빌려 이를 이해하는 것이 적절하다고 하더라도, 포유류·조류·어류 등과 다른 영장류인 인간이 경제를 영위하는 한, 경제학을 자연과학, 곧 생물학으로 환원시켜 버리면 안 된다. 역사는 실로 맹목적이며 그 미래는 불확실하다.

하지만 미래는 인간의 의지로 '설계'될 수 있다. 그것은 자연법칙을 발견한 인간의 지식, 그것을 응용한 기술, 더 나아가 인간이 만든 제도로써 가능하다. 근본적으로 비법칙적이며, 불확실한 미래를 인간의 기술, 제도, 나아가 창조와 혁신으로 통제하며 설계한다는 생각은 20세기 들어 '제도경제학'으로 발전했다.

이러한 통제와 설계의 결과가 성공할지 실패로 끝날지, 보수적 결과로 끝날지 진보를 달성할지, 좋은 삶으로 발전할지 나쁜 삶으로 귀결될지는 결정되어 있지 않다. 그렇다면 제도경제학에서 진보와 좋은 삶은 전망될 수 없는가? 제도경제학은 이런 근본적인 불확실성 fundamental uncertainty 아래서도 진보와 좋은 삶에 대한 실낱같은 희망을 놓지 않는다.

인간은 약육강식의 자연 세계에서 진화한 영장류다. 그러니 경제생활이 야수적일 수밖에 없다. 여기서 진보와 좋은 삶을 기대하기는 어렵다. 하지만 진화과정에서 야수와 구별되는 인간성human nature도 선택됐다. 베블런이 지적했듯이 공동체의 실용성에 이바지하는 제작본능, 공동체 전체를 고려하는 어버이본능, 나아가 창조와 혁신을 도모하는 한가한 호기심본능이 그것이다. 이것들은 진보와 좋은 삶을 위한 '자연적' 기반이다. 이 때문에 약육강식의 법칙에서도 적지 않은 수의 인간들이 진보와 좋은 삶에 대한 희망, 그리고 그 희망을 일구어가는 노력을 멈추지 않는다.

그들은 불확실한 미래를 놓고 고뇌하고 성찰하는 개인이며 물리학적 법칙에 직면해 분투하고 노력하는 '시시포스'와 같다. 그들은 역사법칙에 순응하며, 진화적 맹목성에 자신을 맡겨버리는 대다수 호모에코노미쿠스들과 달리 '좋은' 기술과 '좋은' 제도를 창조하고 혁신한다. 근본적인 불확실성 아래서도 인류사회가 진보와 좋은 삶에 희망을 놓지 않는 까닭이며, 인간사회가 작은 진보나마 점진적으로 이루어낼 수 있는 이유다.

따라서 나는 이런 시시포스들의 모습을 보수주의자의 개인주의적 사고나 신고전학파 경제학의 방법론적 개인주의로 간단히 치부하지 않는다. 나아가 나는 이런 개인들이 천신만고 끝에 이뤄낸 성공을 천박한 공리주의로 단죄하지 않으려 한다. 오히려 나는 그들이 이루어 낸 분투와 노력의 결과에 아낌없는 박수를 보낸다.

내가 그들에게 박수를 보내는 첫 번째 이유가 노력의 결과가 비록 불확실할 뿐 아니라 실패가 명백히 예견됨에도 분투를 멈추지 않았기 때문임은 물론이다. 불굴의 의지만으로 그들은 이미 나의 선생이다.

성공으로 가는 길은 가시밭길이다. 우리의 분투를 좌절시키는 요인은 수없이 많다. 그중 인간사회에서 분투하는 개인의 성공을 가로막는 가장 큰 요인은 제도적 장벽이다. 먼저 성공한 자들이 그 결과를 보호하고 지키기 위해 갖가지 장벽을 설치해 놓는 것이다. 사유재산제도, 교육제도, 선발제도 등 공식적 제도는 물론 성차별, 학력, 학벌 등 '유리천장'과 같은 비공식적 제도 등도 개인의 분투와 노력을 무력화한다.

실로 노력하면 성공한다는 '자연법칙'은 인간사회에서 존재하지 않는다. 나는 기득권층의 이런 필사적 저항을 이겨낸 사람들을 존경해 마지않는다. 이런 '나쁜' 제도적 장벽에 쉽게 좌절하는 내가 그들에게 박수를 보내는 두 번째 이유다.

그런데 내가 그들이 분투한 결과에 감탄하며, 주먹을 불끈 쥐고서 노력해보자는 새로운 다짐에만 머무를 수 없는 이유가 있다. 기득권자들의 제도적 장벽, 나아가 아무도 공감해주지 않는 유리천장의 존재를 홀로 뚫고 나가는 길은 내가 상상하기 어려운 노력을 요구했을 것이기 때문이다. 제도적 혜택을 입으며, 유리천장을 의식할 필요가 없는 사람, 그래서 노력하면 성공한다는 자연법칙을 신봉해도 되는 '금수저 자식'보다 수백 배 더 노력을 기울여야 했기 때문이다. 기록되지 않은 그들의 일상사가 '나쁜 제도적 장벽을 넘을 수 있었다'는 일반적 명제로 간단히 정리될 일이 아니라는 말이다.

더불어민주당이 혁신의 하나로 인재를 영입했다. 양향자 삼성전자 상무를 들인 것이다. 그는 삼성전자 최초의 고졸 여성 임원이다. 입당하면서 눈물을 흘리며 한 말이다. "학벌의 유리천장, 여성의 유리천장, 출신의 유리천장을 깨기 위해 모든 것을 다 바쳐 노력했습니다. … 없는 길을 만들며 무수히 눈물을 삼켰던 주인공이 제가 마지막이 되길 바랍니다." "나처럼 노력하면 된다고 말하지 싶지 않습니다."

나는 명백한 실패가 전망되는데도 저 강고한 '물리' 법칙과 나쁜 제도를 향한 양향자 상무의 분투와 노력에 진실로 경의를 표한다. 그와 함께 그녀에게 부탁을 드리고 싶다. 금수저 자녀만큼만 노력해도 흙수저 자녀들도 성공할 수 있는 좋은 제도를 마련하기 위해 또다시 분투해 달라고 말이다.

더불어민주당의 혁신방향도 이랬으면 좋겠다. 약육강식의 자연법칙을 통제하는 혁신, 불운하게 태어난 수많은 양향자와 흙수저들의 눈물을 닦아주는 혁신 말이다! 나는 그것을 진보적 혁신이자 '좋은 혁신'이라고 부른다.

39장

베블런의 경제학

:초청 특강에서 역량을 교육하다

이런 발언이 생뚱맞게 들리는 사람이 있겠지만, 많은 사람에게 삶은 녹록지 않다. 왜 그런가? 먼저 물질의 결핍 때문이다. 천사는 물 한 모금 마시지 않고, 옷 한 벌로 영원히 살 수 있지만, 인간은 그렇지 못하다. 물질 없이 인간은 하루도 견딜 수 없다.

물질의 결핍은 본래 낮은 생산성에서 비롯되지만, 독점에도 기인한다. 다시 말해, 기술 수준이 낮으면 가난하지만, 누군가 물질을 독점하고 있어도 다른 이들은 가난에 빠진다. 결핍은 기술적 조건과 사회적 조건 모두의 산물이다. 한데 현대사회의 결핍에는 기술적 조건보다 사회적 조건이 더 많은 책임을 지고 있다.

물질의 결핍 문제를 극복하자면, 기술과 지식이 필요하다. 혼자서 용을 바락바락 써가며 자기만의 기술과 지식을 깨칠 수도 있지만, 기존의 거인들이 이미 고민한 과거의 기술과 지식을 이용하면 문제는 한층 쉽게 해결된다. 교육은 그래서 필요하다.

과거에 이뤄낸 기술과 지식을 아무리 열심히 배우더라도 그 결과가 내게 되돌아오지 않으면 헛수고다. 이 문제는 사회경제적 구조를 이해함으로써 해결된다. 곧, 착취 구조, 독점의 원인에 대한 경제학 지식이 필요하다. 이 역시도 배움으로써 빨리 이해된다. 아, 이런저런 이유로 내가 가난하구나! 기술을 배우자. 그리고 경제를 배우자. 교육을 받아야 결핍의 문제가 해결된다. 공부해서 남 주나?

교육을 받는 이유는 비단 이런 경제적 이유 때문만은 아니다. 인간은 물질적 결핍으로부터 오는 욕구와 다른 욕구들이 있다. 심리학자 매슬로Abraham H. Maslow는 인간 욕구를 다섯 가지로 분류했다. 욕망과 욕구 등을 구분하지만 내겐 비슷하다. 그것을 구분하지 않음으로써 경제학 연구에서 아직 큰 난관에 봉착한 적도 없으니 그냥 구분하지 않고 쓰려 한다.

인간에겐 다양한 욕구가 있다. 매슬로는 그것을 생리 욕구, 안전 욕구, 사회 욕구, 존경 욕구, 자아실현 욕구 등 다섯 가지로 체계화한 후 이를 다시 순서대로 이해했다. 그에 따르면 이런 다섯 가지 욕구는 인간에게 본능적이다. 나아가 단계적으로 충족된다. 곧, 다섯 가지 본능과 그 순서는 결정되어 있다.

매슬로의 생각은 어느 정도 수용할 만하다. 하지만, 내가 보기에 인간의 욕구는 사회·문화적으로 더 다양할 뿐 아니라 시간에 따라 그 순서도 바뀌는 것 같다. 욕구를 절대 불변한다고 간주하기보다 변화 가능하다고 바라보는 것이 올바르다.

예컨대, 타인한테 인정받고 배려받기를 원하는 욕구뿐 아니라 자존과 자율 곧, 독립에 대한 욕구도 있다. 자율을 향한 욕구를 가진 자가 타인을 지배하고 과시하려는 욕구도 함께 지닌다. 이런 욕구는 근본적으로 자신을 향한 욕구다.

반대로 '타인'을 향한 욕구도 있다. 연대하고자 하는 욕구, 타인을 이롭게 하는 욕구, 나아가 공공선과 정의를 향한 욕구가 그것이다. 주류 학계에서 이런 욕구들은 무시되지만, 자신을 향한 욕구만큼 이것들도 본능적이다.

매슬로의 욕구들과 내가 지적한 욕구들이 얼마나 본능적이며, 어느 정도로 문화적인 기원이 있는지는 정확히 재단할 수 없다. 다만, 내가 강조하고 싶은 내용은 인간의 욕구가 본능적일 뿐 아니라 역사적 과정에서 끝없이 변하는 동시에 새롭게 생성될 정도로 다양하다는 점이다.

본능적으로 진화했든 문화적으로 학습됐든, 욕구의 개념상 인간은 이런 욕구들을 충족시키고자 할 것이다. 일반적으로 매슬로가 말한 생리 욕구, 안전 욕구, 사회 욕구는 저절로 생긴다. 하지만 존경 욕구와 자아실현 욕구는 그렇지 않다. 비록 본능적일지라도 그것은 문화적 조건에 좌우된다. 인간을 생존의 범위에 묶어두고, 적응과 순종의 문화로 길들이면, 인간은 자존감과 자아를 상실함으로써 존경과 자아실현의 욕구를 잃어버리게 된다.

나아가 인간은 수만 년 동안 사회적 연대와 협력의 압력 아래 놓여 있었다. 여기서는 실로 약탈, 이기주의, 법규 위반보다 호혜주의와 이타주의, '정의'가 더 적절했다. 그 역시 본능적 욕구다.

하지만 그런 '좋은' 욕구도 저절로 발현되지 않는다. 그것이 선택selection될지 도태counter-selection될지는 문화적 조건에 달려 있다. 본능적 욕구마저도 교육으로 발현된다는 뜻이다. 우리 사회가 정글 사회와 헬조선으로 진화한 것은 교육, 곧 주류경제학인 신고전학파 경제학의 문화에서 비롯된다는 점을 누차 지적했다.

결론은 결핍의 문제, 나아가 욕구충족의 문제를 해결하기 위해 교육이 필요하다는 것이다. 기술적, 경제학적 교육으로 결핍의 문제를 근본적으로 극복할 수 있고, '올바른' 교육을 통해 욕구를 올바르게 충족시킬 수 있다.

혹자는 교육을 불필요하다고 생각하며, 가르침을 받고 배우는 행위를 깎아내리거나 수치스럽게 생각하겠지만 나는 절대 그렇게 생각하지 않는다. 나는 과거의 지식을 배우고, 선생의 가르침 속에서 자랐으며, 지금도 배움으로써 발전하고 있다. 가령 나는 SNS에서 작은 글을 쓰기 위해서도 끝없이 배운다. 스스로 완전히 이해하고 확신에 이를 때 비로소 글을 쓰는데, 이를 위해 나는 외국의 석학들이 쓴 논문을 적어도 세 편 이상 읽는다. 교육받고 배운다는 것이다.

내가 그런 방식으로 자랐고, 학습을 통해 계몽되어 가고 있으므로 나는 타인을 볼 때도 마찬가지로 생각한다. 독자들이 내 글을 읽고 내가 배운 것들을 배워나가면 얼마나 좋을까? 이 생각에 어떤 독자들은 매우 기분이 상할지도 모른다. '저 양반 또 나를 가르치려 드네'.

정확히 보았다. 나는 가르치려 든다! 그거 안 하면 내가 글을 쓸 이유가 없다. 돈도 안 되며, 기껏해야 천여 명 정도만 읽는 글을 쓸 이유는 없다. 한 가지 이유, 그것은 내가 받은 가르침을 가르쳐주고자 함이다. 곧, 교육이 목적이다.

무엇을 가르치고자 하는가? 바로 떠오르는 대상은 지식이다. 지식인이라면 적어도 지식knowledge을 가르쳐야 한다. 그런데 이 당연한 것이 지켜지지 않는 게 현실이다.

지식을 정의하긴 쉽지 않지만, 나는 그것을 '대상에 대한 체계적 앎'이라고 생각한다. 이 점에서 지식은 기억, 상상, 억측은 물론 '정보information'와도 구별된다. 앞에서 다룬 내용을 잠시 반복하자.

정보는 매우 단편적이며 단순하다. 그것은 지식으로 발전하기 위한 단초에 불과하다. 따라서 이를 전달하는 과정은 매우 단순하다. '전달비용'과 '학습비용'은 거의 제로에 가깝다. 그런 정보는 유용성이 없다. 워낙 단편적이고 단순하며 개별적이어서 그 범위를 벗어나면 가치를 잃어버려, 다른 곳에 적용할 수도 없기 때문이다.

오늘날 대학이 이런 정보를 가르치고 있다. 주로 현장 경험을 쌓은 실무자들이 제공하는 강의다. 물론, 나는 그런 경험을 무시하지 않는다. 그런 개인적 경험과 정보는 대학생들에게 신선한 자극이 된다. 하지만 이런 강의는 몇 시간 '특강'으로 충분하다.

지식인은 정보가 아니라 지식을 전달해야 한다. 앞에서 정의한 것처럼 지식은 '대상에 대한 체계적 앎'이다. 지식에는 여러 가지가 있지만, 이런 내용의 지식은 대략 과학지식scientific knowledge 혹은 학술지식에 해당한다. 과학지식은 수많은 경험, 오랜 사유, 그리고 창조적 상상의 산물이다.

먼저, 수많은 개별적 경험이 쌓여야 하고, 여기에서부터 그럴듯하고 근거 있는 상상, 곧 가설이 동원된다. 가설들은 깊은 사유 활동과 철저한 검정을 통해 하나의 학설로 자리 잡는다. 결과는 일반성을 갖춰 개별 사건에 적용될 수 있다. 문제를 쉽게 해결해 준다. 유용성이 매우 높다는 의미다.

그 유용성을 내 것으로 만들기 위해서는 많은 노력을 기울여야 한다. 교수는 열성적으로 설명해야 하며, 배우는 자들은 예습과 복습을 철저히 해야 한다. 강의시간에도 설명을 놓치면 이해하기가 어려워진다. 지식이 전달되는 과정에서 높은 학습비용이 필요하다는 것이다. 하지만 학생들은 보통 이 비용을 기꺼이 지출하지 않는다. 그러니 학교에 다니나 마나 한 것이다.

실로 지식을 학습한 자의 능력은 향상된다. 별도의 경험 없이 그가 진출한 전문분야를 어느 정도 꿰뚫을 수 있다. 그 분야에서 주어지는 과제를 낯설지 않게 무리 없이 수행할 수도 있다. 많이 알고 확실히 알수록 유능하다. 아는 것이 힘이다! 열심히 암기하고 연습하자. 공부 많이 하고 잘하는 사람이 선호된다.

하지만 지식 역시 만능선수가 아니다. 지식은 과거의 산물이다. 나아가, 그것은 세계를 주어진 것으로 가정한다. 새로움에 저항하는 것이 지식이며 변화를 수용하기 어려운 것이 지식이라는 말이다. 많이 암기하고 열심히 연습하는 전문가, 이른바 '공부 잘하는' 사람일수록 그런 태도는 두드러진다.

진화경제학에 '족쇄효과lock-in effect'라는 말이 있다. 과거의 지식과 방식에 구속되어 새로운 것을 받아들이지 못하는 현상을 표현한 말이다. '경로의존성path-dependency'도 그런 상황을 묘사하는 또 다른 학술용어다. 과거의 지식에 익숙한 나머지 그 길을 포기하지 못하며, 변화에 부닥쳐 항상 그 경로 안에서만 변화를 시도하는 현상이다. 그 나물에 그 밥인 셈이다.

패러다임이 변하면 새로운 패러다임에서 과거 패러다임의 지식은 쓸모없어진다. 모두 지식의 한계다. 공부 잘하는 사람들이 맹하고, 창의적 연구에 무능한 이유는 역설적으로 지식의 이런 속성에서 비롯된다.

지식인은 정보를 제공하면 안 된다. 지식을 가르쳐야 한다. 하지만 지식의 유용성은 이처럼 제한적이다. 그렇다면 무엇을 교육해야 하는가? 나는 그것을 '역량competence'이라고 부른다. 역량은 기존의 문제는 물론 새로운 문제를 해석하고 해결할 수 있는 능력이다. 곧, 변화를 이해하고 변화에 적응할 수 있는 능력이다. 더 나아가 변화를 주도하는 능력, 기존의 문제를 새로운 각도에서 해석해내는 창의력이다. 이런 능력은 이른바 '공부'를 많이, 그리고 열심히 한다고 향상되지 않는다. 즉, 지식의 암기와 반복은 역량을 높이는 데 결정적인 요인이 아니다.

그것은 변화를 읽어낼 수 있는 유연성, 문제를 꿰뚫어보는 통찰력, 창의적 해석능력, 의심할 수 있는 능력, 그리고 자율적 학습능력이다. 그러한 능력은 지식 그 자체보다 지식에 접근하는 방법approach, 곧 '연구방법'으로부터 나온다. 이를테면, 경제학에서 수요공급곡선, 소비함수, 비용함수, IS-LM곡선, 라그랑쥬함수 등을 아무리 열심히 공부한들 역량은 향상되지 않는다.

나는 경제학 연구에서 그러한 역량이 세계관, 인문학적 질문, 자연과학적 기반과 관련되어 있다고 믿는다. 첫째, 경제체제와 외부환경은 어떤 관계를 갖는가? 둘째, 인간의 본성은 존재하는가, 그렇다면 그것은 무엇인가? 셋째, 인간의 합리성은 얼마나 완전하며, 인간은 어떤 방식으로 존재하는가? 넷째, 인간과 제도는 어떤 관계를 갖는가? 다섯째, 경제현상을 결정하는 요인은 무엇이며 얼마나 많은가? 여섯째, 경제학과 도덕적 판단은 어떤 관계에 있는가? 일곱 번째, 경제학에서 자연과학이 차지하는 지위는 무엇인가?

나는 이런 질문들에 숙고하고 답하며, 의문을 제기함으로써 역량이 높아진다고 믿는다. 따라서 내 경제학 강의의 절반 이상은 이 내용으로 채워진다. 경제학뿐 아니라 모든 강의가 그렇다. 하지만 강의를 듣는 약 20~30%만이 그 의의를 깨닫고 열심히 공부에 전념할 뿐이다. 내가 글을 쓰는 방식도 이러하다. 나는 글에 이 방법을 명확히 대입하지만, 보통 사람들에게 인기가 별로 없다.

부산대학교 교양교육원이 나를 초청해 특강을 했더랬다. 독서토론대회를 준비하는 학생들이 대상이었다. 베블런의 『유한계급론』이 고전 중 하나로 채택돼 내가 전문가로 초빙된 것이다. 많은 학생이 모였다. 아마 『유한계급론』에 대한 개요와 의의 등을 듣고 싶었나 보다. 고

전이 본래 어렵지만 『유한계급론』은 특히 어렵다. 미국 사람들도 영어 사전을 들고 읽어야 할 정도로 어렵기로 악명 높은 책이다. 학생들의 요구가 당연히 이해된다.

하지만 나는 그렇게 하지 않았다. 『유한계급론』 그 자체에 대한 '지식'은 스스로 알아내야 한다. 그런데도 너무 어렵다. 어떻게 할까? 접근 방법을 가르쳐야 한다! '유한계급론 쉽게 읽기', 강의 제목이다.

쉽게 읽는 방법은 무엇인가? 강의를 이렇게 풀어나갔다. 첫째, 베블런을 알아야 한다. 많은 이들이 그를 사회학자로 오해한다. 베블런은 경제학자인가? 그렇다면 이렇게 물어보자. 누가 경제학자인가? 경제현상을 연구대상으로 다루는 사람이 경제학자다. 따라서 유한계급론에서 베블런은 소비라는 경제활동을 연구대상으로 삼았으니 그는 경제학자다. 다만 그는 비경제적 요인을 가지고 경제적 결과를 연구할 뿐이다. 경제적 요인만으로 경제적 현상을 설명하는 신고전학파 경제학과 다른 점이다. 『유한계급론』은 비경제적 요인 중, 사회·문화적 요인으로 소비라는 경제활동을 바라본다.

둘째, 베블런은 경제와 외부환경 사이의 관계를 어떻게 이해하는가? 신고전학파 경제학은 경제를 폐쇄된 기계체제closed mechanism로 이해한다. 이때 외부환경은 경제를 변화시키지 못한다. 경제가 불변하듯이 자본주의 경제도 절대 변하지 않는다.

또, 비경제적 요인과 같은 불순물들은 이 기계를 파괴한다. 불순물로부터 기계를 보호해야 하듯이 정치적으로 행동하는 양심, 연대하는 사회주의자, 따뜻한 휴머니스트 등 불순분자로부터 자본주의를 보호하고 지켜야 한다. 신고전학파가 보수적인 이유다.

하지만 베블런은 경제를 '개방적 유기체open organism'로 이해한다. 따라서 외부환경과 상호작용하면서 경제는 변한다. 자본주의 경제도 양적으로나 질적으로 시시각각 변한다. 비경제적 요인은 유기체의 구성성분이어서 그것을 반드시 파괴하지는 않는다. 그것들은 자본주의를 파괴할 수 있지만 수정할 수도 있다. 『유한계급론』에는 이런 동태적dynamic이고 유연한 시각이 깔려있다.

셋째, 인간의 본성은 존재한다. 그것은 수십만 년의 진화과정에서 선택됐다. 하지만 이기심이나 이타심 등으로 단일하지 않고, 다양한 본능들이 선택됐다. 인간의 본성은 실로 복합적이다. 그러니 사회를 조직하고 관리하며, 그 결과를 예측하기가 쉽지 않다.

이 책에 다양한 '본능'들이 출현하므로 당최 종잡을 수 없을 것이다. 우리는 '단일본성론'에 익숙하기 때문이다. 그땐 베블런의 '다중본능론'을 기억하면서 안정을 찾아야 한다.

넷째, 인간은 절대자가 창조하지 않았다. 인간은 자연 속에서 진화한 존재에 불과하다. 따라서 그 인지능력은 완전하지 않다. 유한계급의 과시적 소비와 낭비, 그리고 일반인들의 모방 소비는 우리에게 익숙한 '합리적 소비론'과 완전히 다르다. 이땐 인간의 인지능력에 관한 그의 관점, 곧 '제한적 합리성' 가정을 기억하면 된다.

다섯째, 베블런이 인간의 본능을 부각시켰다고 그를 주류경제학자들과 같은 '자연주의자'로 오해하면 안 된다. 그는 인간의 경제활동에서 '제도'가 미치는 영향을 강조한 '제도경제학자'다. 중산층과 저소득층은 유한계급이 제정한 '문화'를 따라 소비한다. 문화는 일종의 제도다. 『유한계급론』은 본성과 문화, 그리고 경제와 제도의 상호작용이라는 관점에서 소비를 이해한다.

여섯째, 앞의 논의와 연관된 항목인데, 경제는 한 가지 원인이 아닌, 다양한 요인들의 상호작용과 피드백으로 결정된다. 다원론, 상호작용, 피드백을 합쳐 '총체주의holism'라고 부른다. 베블런은 주류경제학의 '일원론'과 '환원론'을 배격하는 경제학자다. 『유한계급론』은 총체적 방법론을 통해 잘 이해될 수 있다.

일곱째, 베블런 경제학의 자연과학적 기반은 진화생물학이다. 뉴턴의 고전물리학과 미적분수학을 자연과학으로 채택한 신고전학파 경제학과 다른 점이다. 따라서 그는 경제를 기계론으로 설명하는 방식을 거부한다. 기계론은 법칙주의와 결정론 위에 서 있다. 곧, 법칙에 따라 미래는 이미 예정돼 있다. 미래를 이미 결정된 것, 그래서 이미 주어진 목적에 따라 진행하는 것으로 역사를 바라보는 관점을 목적론teleology이라고 부른다.

목적론은 쉽게 말해 운명론이다. 베블런은 기계론과 법칙주의의 합성물인 이런 목적론을 거부한다. 역사에 목적이 없듯이 자본주의에도 일반균형이나 사회주의라는 궁극적 결말이 예정되어 있지 않다. 미래는 불확실하다. 『유한계급론』에서 베블런은 '사회공학social engineering'을 시도하지 않는다. 이 책에서 확실한 예언적 메시아를 발견하고자 하지 말라. 실존하는 우리가 바로 메시아다.

여덟째, 불확실하고 결정되어 있지 않은 미래, 진화하는 역사 때문에 베블런을 극단적인 도덕적 상대주의자로 오인할 수 있다. 하지만 그는 공동체의 실용성에 이바지하는 '제작본능workmanship instinct'과 이타적 성향인 '어버이 성향parental bent'으로부터 도덕의 자연적 기초를 발견했다. 그는 결코 가치중립적인 경제학자나 도덕적 허무주의자가 아니다.

마지막으로 신고전학파와 베블런 둘 다 자연과학을 받아들이지만, 그 수용 정도가 다르다. 다양한 학문의 관계를 이해할 때 우리는 자주 '대상이론object theory'과 '메타이론meta-theory'으로 구분한다. 예컨대, 과학을 철학적으로 연구할 경우, 과학이 대상이론이며, 과학철학이 메타이론이 되는 셈이다. 내가 경제학을 인문학으로 바라볼 경우, 인문학은 메타이론이요, 경제학은 대상이론이 된다.

베블런은 진화생물학으로 경제를 이해하고자 한다. 이때 진화생물학은 메타이론이며, 경제학은 대상이론이 된다. 그렇다면 베블런은 진화생물학을 어느 정도 경제학에 적용하는가? 중요한 사실은 그가 자본주의 시장을 진화생물학으로 환원하지 않았다는 점이다. 적용 범위의 한계가 설정되어 있다는 사실이다. 진화생물학은 메타이론일 뿐이다. 그것은 그 자체로 경제학이 아니다.

이런 관점은 신고전학파 경제학의 자연과학과 다르다. 그들에게 물리학과 수학은 그 자체로 경제학이다. 경제를 물리현상과 수학적 체제로 환원해 버린 것이다. 이들에겐 메타이론과 대상이론의 구분이 없다.

『유한계급론』을 읽을 때, 본능, 선택, 도태, 진화, 적자생존 등 진화생물학 용어가 등장하더라도 그것을 생물학으로 완전히 환원해 생각하지 않도록 주의해야 한다. 『유한계급론』에서 진화론은 메타이론일 뿐이다.

앞선 아홉 가지 관점을 염두에 두면서 『유한계급론』을 읽어보자. 스스로 읽어낼 수 있을 것이다. 약간의 힌트만 드린다. 복잡한 본성과 제도 아래 놓인 소비자는 경제적이며 합리적으로 소비하지 않고, 비경제적이며 낭비적으로 소비한다. 베블런의 『유한계급론』은 '사회적 소비론'의 효시다.

1시간 반의 열강 후 소중한 질문들이 쏟아졌다. 예상된 질문이 많았지만, 미처 생각지도 못한 질문이 더 많았다. 변화를 읽어낼 수 있는 유연성, 문제를 꿰뚫어보는 통찰력, 창의적 해석능력, 의심할 수 있는 능력, 자율적 학습능력, 그리하여 역량을 갖춘 것일까? 이 강의를 통해 『유한계급론』을 읽을 '역량'을 얻어낼 수 있기를 염원하면서 강의실 문을 나섰다.